101가지 흑역사로 읽는

세계사

101 Stumbles in the March of History
by Bill Fawcett

101가지 흑역사로 읽는 세계사

101 Stumbles
in the March
of History

현대 편

빌 포셋 외 지음
김정혜 옮김

대공황의 판자촌에서
IS의 출현까지

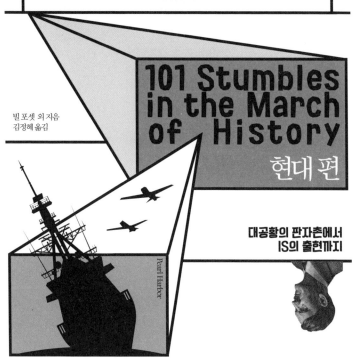

Pearl Harbor

다산
초당

101 Stumbles in the March of History

현대 편

**대공황의 판자촌에서
IS의 출현까지**

흑역사 051

실수에서 탄생한 세계인의 주전부리 : 1930년

빌 포셋
Bill Fawcett

"역시 쿠키는 따뜻할 때가 최고야"

1930년 매사추세츠주 휘트먼에 톨 하우스 인Toll House Inn이라는 질 좋은 게스트하우스가 있었다. 톨게이트와 식당을 겸하는 그곳은 항상 손님들 간식으로 쿠키를 준비했다. 주인이자 제빵사였던 루스 웨이크필드Ruth Wakefield는 지난 며칠간 슈거 쿠키를 여러 번 내놓았고 그래서 그날은 약간 색다른 쿠키를 만들어 보기로 했다. 또 다른 인기 주전부리였던 코코아 쿠키였다. 그런데 코코아 가루가 떨어져 주방에서 작은 소동이 벌어졌다. 대부분의 제빵사들이 그렇듯 웨이크필드도 레시피를 즉흥적으로 응용하는 솜씨가 뛰어났다. 그녀는 껌 대신 닭, 코코아 가루 대신에 네슬레 초콜릿 바를 선택했다.

훗날 웨이크필드는 초콜릿 바를 선택한 까닭에 대해 이렇게 말했다. 초콜릿은 가열하면 잘 녹아서, 초콜릿 바를 잘게 부수어 밀가루 반죽에 섞으면 달달한 초콜릿 슈거 쿠키를 만들 수 있을 거라고 생각했단다. 그런데 오븐에서 쿠키를 꺼내 보니 생각과는 달리 초콜릿이 완전히 녹지 않았다. 작은 초콜릿 알갱이가 점점이 박힌 슈거 쿠키가 만들어진 것이다. 실수였다. 그러나 새 쿠키는 나오자마자 반응이 아주 뜨거웠다. 맞다. 웨이크필드가 실수로 초콜릿 칩 쿠키를 만들었다.

톨 하우스 인의 레시피가 돌풍을 일으켰고 맛있는 새 쿠키에 관한 소문이 삽시간에 퍼졌다. 얼마 지나지 않아 뉴잉글랜드 지역의 빵집들이 너도나도 초콜릿 칩 쿠키를 판매했고, 네슬레의 매출이 덩달아 치솟았다. 마침내 네슬레도 그 지역에서 자사의 초콜릿 매출이 급상승한 이유를 알게 되었다. 네슬레는 루스 웨이크필드에게 자사의 초콜릿 칩 포장에 그녀의 레시피를 소개하자고 제안했다.

이렇게 해서 실수가 환상적인 먹거리로 재탄생했다. 웨이크필드는 네슬레의 제안을 받아들였고, 오늘날까지도 네슬레의 초콜릿 칩 포장에 그녀의 레시피가 나와 있다. 안다, 무슨 말을 하고 싶은지. 그녀가 네슬레로부터 얼마를 받았냐고? 그녀는 평생 동안 원하는 초콜릿을 무한정 제공받기로 했다.

맛있는 쿠키를 탄생시킨 그녀의 실수는 과연 세상을 변화시켰을까? 변화시켰다면 어떻게 변화시켰을까? 웨이크필드의 실수 때문에 세상 사람들이 살이 더 쪘을까? 요컨대 그녀의 실수는 사람들을 행복하게 해 주었다. 따뜻한 초콜릿 칩 쿠키는 생각만 해도 입에 군침이 돈다.

미국의 농지 개발 정책, 먼지 폭풍의 습격을 받다 : 1930년

빌 포셋

"장기적인 계획? 아… 글쎄… 딱히 그렇지도…"

미국 오클라호마, 텍사스 서북부의 팬핸들Panhandle (좁고 긴 모양이 프라이팬의 손잡이를 닮아서 붙여진 별명이다. - 옮긴이) 지역, 캔자스 남서부, 콜로라도 남동부, 뉴멕시코 북동부 등은 더스트볼Dust Bowl 이라고 불린다. 황진黃塵 지대라고도 하는 더스트볼은 1930년대 초이 지역을 강타했던 기후 상황에서 비롯되었다. 강우량 등 기후에 혼란이 생긴 것이다. 인간이 저지른 실수의 산물이요 인간의 탐욕이 부른 참사였다.

미국은 두 차례 세계대전 중에 영국과 프랑스에 무기뿐만 아니라 상당한 양의 식량도 공급했다. 이에 미국 정부는 식량 증산을 위해 농가들이 가능한 한 경작지를 늘리도록 장려했다. 처음에는

경작지 확대가 엄청난 소득으로 돌아왔다. 그러나 결국 자연의 반격이 시작되었다. 극심한 기후 변화와 토양 생태계의 교란이 발생한 것이다.

1930년대부터 더스트볼로 불렸던 이들 지역은 본래 토양이 비옥한 곡창 지대였다. 다만 토양의 표층, 즉 표토가 얕았는데, 다행히 질기고 억센 토착 식물들이 단단히 뿌리를 내려 수분을 저장하고 흙을 고정시켜 토양이 유실되는 것을 막아 주었기에 표층이 얕아도 문제가 되지 않았다. 오히려 소와 양을 방목할 수 있는 환상적인 목초지가 만들어졌다. 값싼 경작지를 원했던 농민들은 1870년대에 더스트볼에 정착하기 시작했으며, 그들 대부분은 관개 농법으로 작물을 재배했다. 1915년 제1차 세계대전이 2년 차에 접어들자 미국 정부는 더스트볼의 농민들에게 사실상 모든 땅에 농사를 짓도록 장려했다. 돌아보면 그런 마구잡이식 농지 개발은 근시안적인 정책이었지만 단기적으로는 효과가 있었다. 또한 제1차 세계대전이 계속됨에 따라 1915년 말경에는 곡물 가격이 폭등했고 농업은 수익성 좋은 산업이 되었다. 수백만 에이커의 목초지에서 풀을 갈아엎고 대신에 밀을 심었다. 전쟁으로 피폐해진 유럽인들을 먹여 살리기 위해 수 톤에 달하는 농작물이 생산되었다.

하지만 난개발에 가까운 방식으로 얕은 토양을 갈아엎었으니 몇 가지 부작용은 피할 수 없었다. 무엇보다도 토양의 자양분을 보존하기 위해 필요한 식물들이 대부분 고사했다. 게다가 땅을 뒤엎었다는 것은 토양을 그 지역의 건조한 대기와 고온에 노출시켰다는 뜻이기도 했다.

1930년 무렵부터 건기가 길어졌고 이는 불행의 서막이었다. 모든 것이 엉망이 되었다. 가장 먼저 흉작이 이어졌다. 아무리 땅이 있어도 농사를 지으려면 돈이 필요했다. 종자를 구입해 파종하고 수확하기까지 해마다 많은 돈이 들었다. 보통 농민들은 곡물을 팔아 1년에 한 번 목돈을 만졌는데, 그들은 그 돈을 저축하지 않고 땅과 농기계를 구입했다. 게다가 대부분의 경작지는 대출 담보로 저당이 잡혀 있었다. 그런데 흉작으로 농민들의 자금줄이 막혔다. 내다 팔 곡물이 없으니 농민들은 대출금을 상환하지 못하거나 일꾼들의 품삯도 치르지 못할 지경에 이르렀다. 설상가상으로 당시는 대공황 시절이라 제 코가 석 자인 은행들도 선택지가 거의 없어 농민들의 사정을 눈곱만큼도 봐주지 않았다. 그래서 한 해 농사를 망친다는 것은 대개의 경우 경작지를 잃는다는 뜻이었다. 이제는 아무도 경작지를 원하지 않았고, 버려진 농가들이 속출했다.

1935년에는 휴면 농지가 말 그대로 수백만 에이커에 달했다. 본래 그곳 초원의 '주인'이던 토종 식물은 번식 속도가 더뎌서 예전으로 돌아가려면 시간이 필요했지만 그럴 시간이 없었다. 더욱이 그곳의 얕은 토양은 이미 상당 부분 심하게 황폐화되어 생명력이 가장 질긴 잡초 외에는 아무것도 자라지 못하는 불모지가 되었다. 그런 상태에서 불청객이 찾아왔다. 바람이었다.

캐나다에서 거대한 저기압 하나가 남하했다. 그것은 단지 시작에 불과했다. 많은 저기압들이 그 뒤를 이었다. 게다가 평균 풍속이 시속 100킬로미터가 넘는 광풍이 짧게는 몇 시간 길게는 며칠 동안 쉬지 않고 몰아쳤다. 허리케인과 열대 폭풍의 중간급 바람이었다. 바람은 표층이 메말라 푸석푸석해진 지역을 훑고 지나가면서 흙 입자를 진공청소기마냥 빨아들였다. 그런 다음 흙 입자들이 바람에 섞여 이동하면서 서로 부딪치며 마찰했고 당연히 정전하靜電荷(static charge)가 만들어졌다. 일단 정전하가 발생했다는 것은 악

순환의 신호탄이었다. 점점 더 크고 더 많은 흙 입자들을 빨아들이고, 그 입자들이 서로 마찰해 정전하가 강해져서 점점 더 많은 먼지를 빨아들인다는 뜻이었기 때문이다. 아니나 다를까, 첫 번째 먼지 구름이 수천 킬로미터를 뒤덮었고, 먼지 입자를 최대 3킬로미터 상공까지 끌어올렸다. 먼지 폭풍이 휩쓸고 지나간 자리에서는 그나마 얼마 안 되던 농작물마저 먼지를 뒤집어쓰고 말라죽었다. 미처 실내로 대피시키지 못해 먼지바람을 고스란히 맞은 가축들도 떼죽음을 당했고, 가끔은 위 속에 먼지가 가득하고 폐가 막혀 질식사한 동물들도 있었다. 첫 번째 먼지 폭풍은 종종 "검은 일요일Black Sunday"이라고 불렸는데, 말 그대로 세상이 검게 변해서였다. 더스트볼 지역의 주민들은 먼지가 집 안으로 들어오지 못하도록 물을 흥건히 적신 수건과 헝겊으로 창문과 문의 틈새를 막아야 했다. 헛간에 가는 것조차 위험해서 많은 주민들은 건물과 건물 사이에 밧줄을 설치했다. 광풍 속을 걸을 때 붙잡기 위해서만이 아니라 사실상 몇십 발짝 앞도 보이지 않아 자칫 길을 잃을 수 있기 때문이었다. 그런 상황에서 길을 잃으면 치명적인 결과를 맞을 수도 있었다.

정전하 현상이 지속됨에 따라 폭풍이 연이어 불어닥쳤다. 먼지 폭풍은 중북부의 시카고와 중서부의 세인트루이스까지 집어삼켰고 급기야는 동북부의 뉴욕까지 뒤덮었다. 사실상 미국 전역을 휩쓸었다. 한번은 먼지 폭풍이 뉴욕 항을 덮치는 바람에 선박들은 수 킬로미터 바깥 해상으로 대피해 폭풍이 지나가고 대기가 깨끗해질 때까지 기다려야 했다. 뿌연 대기로 등대 불빛도 잘 보이지 않았고, 심지어 바람 소리 때문에 항로의 표지 역할을 하는 부표들에서 나는 소리도 잘 들리지 않을 지경이었다. 예전에는 특정 지역의 문제였던 것이 이제는 미국 전역의 문제가 되었다.

더스트볼 지역의 피해는 그야말로 막심했다. 경작지 대부분이 초토화되었다. 작물을 재배하는 것도 가축을 키우는 것도 불가능했다. 몇 년이 지나지 않아 그곳의 많은 주민들은 가난하고 절박한 상황으로 내몰렸고, 열 명 중 여섯 명 이상이 삶의 터전을 버리고 도망치듯 떠났다.

마침내 먼지가 가라앉고 폭풍이 그쳤다. 그러자 확실한 재발 방지를 위한 필사적인 몇몇 노력들이 뒤따랐다.(개중에는 아주 멍청한 조치도 하나 있었다) 하지만 인간은 망각의 동물이라는 말이 있듯 제2차 세계대전이 개전되자 똑같은 실수가 재연되었다. 곡물 가격이 폭등했고 농민들은 또다시 대규모 경작지에 밀을 심기 시작했다. 그리고 오클라호마와 텍사스 팬핸들 지역에 가뭄이 찾아왔다. 사실 미국의 이 지역은 가뭄이 주기적으로 찾아온다. 어쨌든 가뭄이 들자 한동안은 또다시 먼지구름이 형성되는 것처럼 보였다. 다행히도 1950년대의 미국은 1930년대의 미국과는 조금 달랐다. 이번에는 연방 의회가 발 빠르게 대응을 잘했다. 농민들에게 보조금을 지급했고, 덕분에 그들은 한때 밀을 심었던 수백만 에이커의 농지에 풀을 심을 수 있었다. 이런 조치가 성공을 거두었고, 먼지구름이 전국적인 문제로 번지는 것을 막을 수 있었다.

제1차 세계대전은 뜻밖에도 농업 과학을 크게 발전시켰다. 덕분에 더스트볼 지역처럼 메마르고 척박한 토양에 농사를 지음으로써 야기된 문제들을 확인했을 뿐 아니라 사전에 예측할 수도 있게 되었다. 미국 정부가 그 지식에 근거해서 적절한 조치를 취하고 토양을 보호했더라면 어땠을까? 이는 어쩌면 양날의 칼이었을지도 모르겠다. 당연히 오늘날 그 지역은 더욱 푸르고 더욱 비옥하며 더욱 유용한 목초지가 되었을 것이다. 하지만 달리 생각해 볼 문제도 있다. 전쟁으로 피폐해진 유럽에서 미국의 더스트볼에서 생산한 식량으로 주린 배를 채웠던 수백만 유럽인들 말이다. 만약 미국이 토양 보호에만 초점을 맞췄더라면 제2차 세계대전 중에 그들은 굶주리고 심지어 기아 상태가 될 수도 있었다. 그들은 사람들이 먹고 사는 문제가 우선이니 먼지 폭풍 같은 기후 재앙 정도는 충분히 감내할 가치가 있었다고 말할지도 모르겠다. 배를 곯아 보면 다른 걱정거리가 우선순위에서 밀리는 것은 인지상정이다.

대공황 판자촌을 만들어 낸 허버트 후버의 자유방임주의 : 1929년

빌 포셋

"좋은 의도라는 것은 알겠지만
대통령은 정말이지 아무것도 하지 않았다"

허버트 후버Herbert Clark Hoover는 미국의 제31대 대통령으로 당선되기 오래전부터 그야말로 국민 영웅이었다. 당시에는 고층 건물, 교량, 광산 등을 건설하던 토목 기술자들이 오늘날 컴퓨터와 소프트웨어 기업 창업자들과 같은 등급의 슈퍼스타였다. 후버는 뛰어난 광산 기술자였고 꽤 젊은 나이에 상당한 부를 축적했다. 제1차 세계대전이 발발했을 때 미국은 중립적인 입장이었지만, 유럽에 발이 묶인 수천 명의 미국인들은 생사의 위험에 노출되었다. 폭탄이나 대포는 국적을 가리지 않는 법이다. 후버는 미국인들의 구출 작전을 지휘했고, 가끔은 사재를 털어 그들의 귀국 비용을 내 주기도 했다. 아마도 그의 노력 덕분에 줄잡아 수천 명의 미국인들이 목

숨을 구했을 것이다. 제28대 대통령 우드로 윌슨Woodrow Wilson이 그를 미국 구제청American Relief Administration 청장으로 임명했고, 후버는 전쟁으로 폐허가 된 여러 유럽 국가들에 식량 등의 원조를 제공함으로써 세계적인 명성을 얻었다. 그의 명성이 얼마나 대단했으면 구제청이 제공한 비상식량 포장에 '후버 도시락'이라는 별명이 붙었다. 마침내 그는 하딩Warren Gamaliel Harding 행정부에서 상무부 장관에 올랐고 후임인 쿨리지John Calvin Coolidge 행정부에서도 상무부 장관으로 중용되었다.

1928년 후버는 공화당 후보로 대통령 선거에 출사표를 던졌고, 미국의 번영을 이어 가겠다는 공약을 외치며 당선되었다. 하지만 그는 자신의 대선 공약을 지키지 못했다. 1929년 그가 대통령에 취임하고 반 년 정도가 지났을 무렵 이른바 '검은 화요일Black Tuesday'로 주식 시장이 폭락했다. 그리하여 차입을 통한 과잉 투자와 묻지마 식 투기로 얼룩진 '광란의 20년대Roaring Twenties'가 막을 내렸고 대공황이 촉발되었다. 물론 대공황이 후버의 잘못은 아니었고, 처음 시작되었을 때는 앞으로 얼마나 끔찍한 세상이 펼쳐질지 그를 포함해 아무도 알지 못했다. 평생토록 후버는 작은 정부less government 그리고 기업과 국민들에게 자유로운 경제 활동을 보장해 주는 자유방임주의의 가치를 믿었다. 이 점에 있어서 그는 현대의 티 파티 운동Tea Party movement(2009년 버락 오바마Barack Obama 행정부의 의료보험 개혁 정책에 반발하여 등장한 보수주의 정치 운동으로, 주요 지지 세력은 중남부 지방이었으며 1773년에 발생한 보스턴 차 사건에서 이름을 따왔다. - 옮긴이)과 맥을 같이했다. 또한 후버는 자유 시장은 자기 치유력이 있다고 강력히 믿었다. 그리하여 대공황이 악화되고 주식 시장이 회복되지 못하는데도 그는 오직 제한적인 조치만을 취했다. 심지어 후버는 회복 노력을 지원하면서도, 무상 지원금처럼 정부의 보조에 의존하는 사람들을 크게 증가시키는 정책은 불문곡직하고 무엇이든 극렬히 반대했다. 그러자 대공황이 시작되고 채 2년도 지나지 않아 실업률이 3퍼센트에서 23퍼센트로 무려 여덟 배 가까이 증가했다. 문 닫는 은행들이 속출했고 은행 금고에 있던 시민들의 예금도 같이 사라졌다. 당시에는 연방 예금 보험 공사(FDIC, Federal Deposit Insurance Corporation) 같은 제도가 전혀 없었다. 사실 FDIC는 대공황 시절 은행 파산으로 인한 예금자들의 손해를 보상해 주기 위해 1933년에 출범했다. 후버의 일부 정책들은 실질적인 효과를 가져왔고, 차기 민주당 정권들도 후버의 일부 정책을 계속 유지하며 확대하기도 했다. 그러나 일반적으로 볼 때 후버는 오직 자신의 엄격한 정치 철학만을 고수하면서 급진적이고 진보주의적인 행동들에 눈을 감았다고 평가받는다.

　　같은 공화당 소속의 많은 의원들이 미국은 대통령이 더 많은 조치를 시행하기를 바란다고 조언했지만 그는 요지부동이었다. 오히려 미국인들이 정부에 의존하도록 만드는 모든 조치에 반대한다고 공표했다. 이것은 가족을 부양하기 위해 죽을힘을 다하는 수백만 유권자들을 돌아서게 만들었다. 미국 기업들을 앞세워 경제 회복을 꾀하는 시도가 어느 정도 도움이 되었지만, 한계가 있었다. 개중에는 재정 상태가 좋지 않은 기업들도 있었다. 또한 기업들도 금융권으로부터 대출을 받는 길이 사실상 막혔다. 그런데도 1932년 대통령 선거에서 후버는 자신이 신봉하는 자유기업 철학, 다른 말로 자유방임주의 노선에서 한 발도 물러서지 않았다. 미국 유권자들의 반응은 아주 냉담했다. 일례로 실업자들이 모여 형성된 빈민 판자촌을 "후버빌Hooverville", 쉽게 말해 후버 마을이라고 조롱하기도 했다. 당연한 말이지만 후버는 대선에서 참패했고, 이후 공화당은 일반 서민들을 무시하고 오직 부자들의 심기만 '보필'하는 정당으로 오랫동안 낙인찍혔다. 거의 100년이 지난 지금도 공화당은 그 이미지 때문에 곤란을 겪고 있다. 그러나 '부자 당'이라는 부정적인 이미지보다 더 중요한 것이 있었다. 1932년 이전에는 미국인들이 자신들의 경제적 자립성에 자부심을 가졌다. 그런데 후버 대통령은 대공황으로 인해 수백만 미국인들이 느낀 절박함과 절망에 공감하지 못했을 뿐 아니라, 그들을 위해 자신의 철학을 굽혀 타협하려는 의지를 전혀 보여 주지 않았다. 그러자 절망을 넘어 공포를 느끼고 때로는 가난에 허덕이던 서민들이 그에게 적의를 품게 되었다. 프랭클린 델러노 루스벨트Franklin Delano Roosevelt가 대선 공약으로 '뉴딜'을 제안하면서 그 틈을 파고들었다. 한마디로 뉴딜은 후버가 신봉하는 자유방임주의와 정반대라고 생각하면 된다. 미국이 대공황에서 탈출하도록 정부가 적극적으로 개입하고, 지원하고, 고용하고, 규제하겠다는 것이 골자였다. 또한 뉴딜 프로그램은 새로운 시대의 서막이기도 했다. 그때까지 미국인들은 국가인 미국에 대해 부채감을 갖고 있었지만, 이제는 국가가 국민에게 빚을 졌다고 생각하게 된 것이다. 사실 미국은 아직도 그 시대에 살고 있다. 그래서 결론은? 국가가 절실히 필요로 할 때 후버가 자신의 신념을 바꾸지 못한 것이 프랭클린 루스벨트가 백악관 주인이 될 수 있었던 가장 큰 이유였다. 허버트 후버가 우파적 성향을 고수했기 때문에 미국은 그것에 대한 반동으로 좌파 쪽으로 급격히 방향을 선회했고, 지금도 그것에서 완벽히 회복하지 못했다.

자신의 정책들이 대공황의 파괴력과 고통을 완화시키지 못했을 때 후버가 좀 더 유연한 모습을 보였더라면 어땠을까? 무엇보다도 미국이 급진적 진보주의로 핸들을 꺾도록 하는 빌미를 제공하지는 않았을 것이다. 사실 그가 자신의 철학과 소신을 국가의 필요보다 우선하지 않았더라도 어차피 루스벨트가 대통령 선거에 출마하고 당선되었을 가능성이 컸다. 그러나 그랬다면 루스벨트는 자신의 뉴딜 프로그램에 대한 의회의 승인을 얻지 못했을 수도 있다. 그리고 단언하건대, 후버의 비타협적인 태도가 공화당의 이미지에 그토록 깊은 영향을 주지 못했다면 루스벨트의 재선 가도에 심각한 제동이 걸렸을지도 모른다. 미국이 실용주의적인 정치인을 필요로 했을 때 후버가 이념에 목매다는 이론가가 아니었더라면 오늘날 미국은 어떻게 달라졌을까? 정부는 좀 더 작고 개인의 권리가더 강화된 나라가 되지 않았을까? 그리하여 미국 사회 전반에 개인의 책임에 관한 아주 깊은 공감대가 형성되지 않았을까? 누구 한 사람이라도 후버에게 타협하라고 설득할 수 있었더라면 1960년대 '빈곤과의 전쟁'은 없었을지도 모른다.(미국은 빈곤과의 전쟁에서 패배했다. 수십억 달러를 쏟아부은 뒤에도 빈곤율은 제자리걸음이었다) 뿐만 아니라 국민 모두를 위한다는 명목하에 개개인의 자유와 권리가 지속적으로 침해되는 일을 막을 수도 있었을 것이다.

후버가 조금만 고집을 꺾고 타협적인 태도를 보였더라면 오늘날 우리는 지금과는 확연히 다른 미국을 마주하게 되었을지도 모르겠다. 가령 오늘날 미국은 대공황이 닥치기 전에 널리 확산되었던 전통적인 미국적 가치들에 더욱 부합하는 국가일 수도 있다. 반면 유럽의 사회계약social contract(각 개인은 자유와 평등을 최대한으로 확보하면서 공동 이익을 지키기 위해 약속을 하고 국가를 형성한다는 이론으로, 쉽게 말해 국가와 국민은 상호간에 권리와 의무를 수반하는 계약 관계라는 것이다. - 옮긴이) 사고방식을 국정 지침으로 삼으려는 성향은 줄어들었을 수도 있다. 그리하여 미국이 더 좋아졌을지 아니면 더 나빠졌을지는 순전히 견해상의 문제다. 이는 심지어 오늘날까지도 선거 때만 되면 단골로 등장하는 토론 주제 중 하나다. 확실한 한 가지는, 후버가 대공황이 닥쳤을 때 좀 더 유연했더라면 100여 년이 흐른 지금 미국인들의 태도와 정부의 행동 방식은 크게 달라졌을 거라는 점이다.

칡이 녹색 사막을 만들어 내다 : 1934년

빌 포셋

> "토양 침식이라는 심각한 문제를 해결하기 위해
> 극단적인 방법을 동원했다"

미국 사회는 더스트볼 사태로 커다란 정신적 충격을 받았다. 하지만 긍정적인 효과도 있었다. 이것을 계기로 모든 미국인들이 자연 보호와 보존에 관심을 갖게 되었다. 더스트볼 지역에서 먼지 폭풍이 절정이었을 때 토양 유실을 막기 위한 조치들이 취해졌다. 일본이 원산지인 관상용 식물을 이용하는 방법이 대표적이었다. 바로 칡이었다. 일본의 높은 산악 지대에서 자생하던 덩굴성 식물인 칡은 생육 속도가 매우 빠르고 땅속 깊이 뿌리를 내리기 때문에 고산 지대와 돌이 많은 암석 토양에서도 생장할 수 있다. 미국 정부는 바람에 깎이거나 빗물에 씻겨 토양이 유실되는 것을 막기 위해 넓은 면적을 신속하게 도포할 수 있는 방법이 필요했고, 번식 속도가 빠른 칡이 이상적인 방법처럼 보였다. 적어도 처음에는 그랬다. 그러나 칡의 강인한 생명력은 동전의 양면처럼 위험 요소를 갖고 있었다. 그럼에도 연방 정부는 칡을 마치 토양 침식 문제를 해결해 줄 기적을 베푸는 구세주인 양 생각했고, 넓은 지역에 칡을 심도록 앞장서서 장려했다. 이것은 실수였고, 미국은 아직도 그 대가를 치르고 있다.

일본산 칡이 미국에 처음 상륙한 것은 1876년이었다. 당시 필라델피아에서 국제박람회가 열렸는데, 일본 전시관이 칡을 전시했다. 미국 독립 100주년을 기념해 대규모로 개최된 박람회에서 전 세계 강대국들이 자국을 홍보하는 독특한 전시관을 세우느라 눈치 싸움이 대단했다. 그중 일본 전시관은 자국의 유명한 정원 중 하나를 재연해 이국적인 식물들로 가득 꾸몄다. 칡도 그런 식물 중 하나였다. 칡은 이파리가 크고 향기로운 꽃을 피우며 하룻밤 새에도 덩굴이 몰라보게 뻗어 나간다. 특히 칡은 플로리다에서 선풍적인 인기를 끌었다. 일본의 척박한 암석 토양에서 자라던 칡이 플로리다의 습한 모래흙을 만나자 물 만난 물고기가 되었다. 1920년대 연방 정부의 적극적인 지원을 등에 업고 칡은 경이로운 식물로 홍보되었다. 생장 속도가 빨라 가축용 사료로 안성맞춤이었고, 약과 차로 활용하는 것은 물론이고 바구니로도 만들 수 있었다. 심지어 마을마다 칡 동호회를 조직해서 활용할 수 있는 많은 방법을 연구하고 서로 경쟁하듯 칡을 키웠다.

먼지구름이 더스트볼 지역에 도달하자 연방 정부는 바람과 강우로 토양이 계속 유실되다가 급기야 불모지가 될까 봐 우려했다. 루스벨트 대통령이 대공황을 타개하기 위해 많은 기관을 설립했는데 민간 자원 보존단(CCC, Civilian Conversation Corps)도 그중 하나였다. CCC는 토양 유실을 막기 위해 수백 명의 실업자들을 공공 근로자로 고용해서 미국 곳곳에 칡을 심었다. 또한 칡 심기에 자발적으로 참여한 농민들에게는 에이커당 8달러의 보조금까지 주었다. 당시 그것은 농민들이 어떤 작물을 심든 그 땅에서 얻을 수 있는 수입에 맞먹는 액수였다. 심지어 1930년대와 1940년대에는 권위 있는 전문가들이 정기적으로 라디오에 출연해 칡의 경이로운 장점에 대해 침이 마르도록 칭찬했다.

하지만 1950년대가 되자 칡은 골칫거리가 되었다. 마침내 연방 정부조차 무언가가 잘못되고 있음을 깨달았다. 칡은 성장 속도가 너무 빨랐고 제거하기가 너무 힘들었다. 불을 놓고, 제초제를 살포하고, 염소들을 풀어 놓고, 화학약품으로 처리하고, 뿌리를 절단해도, 땅속 깊숙이 내린 칡뿌리를 완전히 제거할 수 없었다. 요컨대 백약이 무효했다. 일본의 건조하고 추운 산악 지대에서 생존할 만큼 강인하고 질긴 칡의 생명력은 미국의 일부 지역에서 고온 다습한 토양을 만나자 그야말로 식물계의 슈퍼맨으로 변신했다.

하루에 최대 20센티미터 가까이 자라는 칡넝쿨은 거의 모든 표면을 타고 올라갈 수 있다. 무슨 나무든 휘감아 말라죽게 만들 뿐 아니라 가로등 금속 기둥도 감고 올라간다. 칡이 자라는 곳에서는 사실상 다른 어떤 식물도 살아남을 수 없다. 크고 두꺼운 이파리가 햇빛을 완벽히 차단할 뿐 아니라 무서운 기세로 땅속 깊숙이 파고드는 뿌리는 주변의 모든 경쟁자를 쫓아내거나 파괴한다. 오늘날까지도 대규모든 소규모든 칡을 완벽히 제거할 수 있는 유효한 방법이 전무한 상태다. 특히 미국 남동부의 피해가 막심해서 700만에이커 이상이 칡으로 뒤덮여 있다. 그토록 넓은 땅이 녹색 사막인 셈이다. 더욱이 칡은 지금도 퍼져 나가고 있다. 자연환경적으로 칡이 생존할 수 없는 기후는 딱 하나다. 바로 혹한이다. 따라서 추운 겨울로 유명한 지역들은 아직 칡의 공격에서 안전하다. 이유 여하를 막론하고 칡을 심은 것은 실수였다. 행정 관료들과 농민들이 심각한 문제를 타개하기 위해 값싸고 쉬운 해결책을 찾았지만, 결과적으로는 해결책이 오히려 더 큰 문제를 야기하고 말았다. 정말이지 여우를 피하려다 호랑이를 만났다.

연방 정부까지 나서서 칡 심기를 장려하지 않았더라면, 오늘날 칡은 정원 한구석에 자리하는 희귀한 관상용 식물에 지나지 않았을 수도 있다. 그랬더라면 많은 숲이 사라지는 일도 없었고, 700만 에이커에 달하는 땅이 녹색 사막 대신 경작지로서 여전히 사용되고 있었을 것이다. 심지어 오늘날 칡이 지천에 깔려 '창문을 열어 두고 자면 밤새 자란 칡이 집 안으로 들어온다'는 미국 남부의 경우, 어차피 바람 때문에 토양이 유실될 가능성은 전혀 없었다. 게다가 강우로 인한 토양 유실은 다른 방법으로도 충분히 해결할 수 있었을 것이다. 칡을 박멸하기 위해 사용된 수천만 달러는 또 어떤가? 요컨대 칡은 해결책이 아니라 문제의 원흉이 되었다. 미국 남부 주들은 칡에게 빼앗긴 많은 경작지도 숲도 살릴 수 있었다. 또한 그곳을 삶의 기반으로 해서 살아가는 수만의 농민과 주민들이 사디스트적인 그 유해 식물과 싸우느라 애먼 힘을 쓸 필요도 없었을 것이다.

스탈린의 공포정치, 군부를 의심하여 숙청하다 : 1937년

빌 포셋

"공포정치는 큰 정부를 축소시키는
최선의 방법이 아니다"

1930년대 중후반 이오시프 스탈린Iosif Stalin 치하의 소비에트연
방에 거센 피바람이 불었다. 스탈린이 수족으로 부리던 비밀경
찰NKVD(내무 인민 위원회라고 불리며 국가 보안 위원회, 즉 KGB의 전신
이다.-옮긴이)은 무수히 많은 사람들을 숙청했다. 이른바 스탈린의
공포정치였다. 솔직히 그들의 만행을 설명하기에 공포라는 단어
보다 더 완벽한 말은 없을 것이다. 숙청의 주요 목표 중 하나가 모
든 소련 인민들에게 공포를 심어 주는 것이었기 때문이다. 그들이
그 목표를 완벽히 달성했다는 데에는 의문의 여지가 없다. 스탈린
이 1930년에 시작한 체계화된 숙청의 주된 대상은 도시의 강제적
산업화나 강압적 농장 집단화에 반대할 가능성이 있는 모든 사람

들이었다. 쿨라크^{Kulark} 계급으로 불리던 우크라이나 농장주들이 1차 숙청의 최대 피해자였다. 수십만 명이 처형되거나 시베리아로 추방당했다. 그러다가 1934년 스탈린의 정적 중 하나였던 세르게이 키로프$^{Sergei\ Kirov}$가 암살당한 사건이 벌어졌다. 암살 사건은 스탈린이 대숙청 시대를 여는 계기가 되었다. 스탈린은 자신의 통치에 반대할 낌새가 보이는 사람들을 닥치는 대로 숙청하기 시작했다. 수만 명이 처형당하거나 강제 노동 수용소에서 죽을 때까지 노역에 시달렸다. 정확하지는 않지만, 스탈린의 측근이자 유력한 후계자로 꼽히던 키로프에 대한 암살 사건의 배후에 스탈린이 있었을 것으로 여겨진다. 이것의 진실 여부를 떠나 확실한 것은, 스탈린이 키로프의 암살 사건을 자신에게 유리하게 이용했다는 점이다. 스탈린은 키로프의 동지들은 물론이고 심지어 그의 잠재적 지지자들까지 공산당 지도자인 키로프의 죽음에 연루되었다는 구실로 숙청했다. 이로써 대숙청 시대의 막이 올랐다.

1938년 소련의 거의 모든 사람에게 NKVD와 스탈린은 공포와 동의어였다. 이제 소련에서 그의 통치 권력은 온전히 완성되었다. 그런 독재자가 자신의 앞날에 먹구름을 드리울 수 있다고 우려하던 걱정거리는 딱 하나였다. 당시는 나치가 독일의 통치 권력을 온전히 장악하기 전이었다. 그런데도 스탈린은 서구가 소련을 (또다시) 침공해 올 것에 대비해 소련은 반드시 자주 국방을 달성해야 한다고 생각했고, 그것에 최우선 순위를 두고 행동했다. 공산주의 이론가 카를 마르크스$^{Karl\ Marx}$에 따르면, 공산주의가 뿌리내릴 수 있는 이상적인 지역은 프랑스, 영국, 독일처럼 고도로 산업화된 국가들이다. 이에 스탈린은 독일이든 어디든 공산주의의 위협을 제거하는 것에 혈안이 된 서구의 산업국가들이 공산주의의 '대부' 격인 소련을 대대적으로 침략할 거라고 예상했다. 그의 걱정은 단순한 기우가 아니었다. 1941년 그의 예상이 적중했다.

스탈린은 10년간 군대를 증강하는 데 힘을 쏟았다. 그러던 중 한 번은 적군赤軍이, 다른 말로 군부가 자신의 절대적인 통치를 위협할 만큼 강력하고 선진적으로 체계화된 유일한 국내 조직이라는 사실을 깨달았다. 스탈린에게 이것은 절대로 좌시할 수 없는 문제였다. 그리하여 1937년 NKVD는 '아주 때마침' 적군의 많은 지휘관들이 독재자 스탈린에 항거하는 음모를 꾸미고 있음을 발견했다. 고위 장교들의 기록과 진술들은 그들에게 적용된 음모 혐의에 대한 어떠한 증거도 되지 못했지만 그건 조금도 중요하지 않았다. 스탈린에게 진짜 문제는 따로 있었기 때문이다. 군부가 스탈린의 권력보다 더 크고 강력한 권력의 원천이 될 가능성이 있다는 점이었다. 아예 싹을 잘라 버리는 것이 상책이었다. 그래서 스탈린은 NKVD에게 장교단을 파괴하고 적군의 모든 병사들을 자신에게 예속시키라는 명령을 내렸다. 적군의 총사령관과 일곱 명의 고위 장군들이 여론 조작용 재판에 회부되어 스탈린 체제를 전복시키기 위한 내란 음모를 꾸몄다고 '자백'했고 모두 총살되었다. 그들이 '자백한' 음모는 있을 수도 없는 일이었지만 진실을 밝히는 것이 목적이 아니었으니 전혀 문제가 되지 않았다. 1938년과 1939년 군부 숙청이 더욱 확산되었다. 숙청이 끝난 후 군대 지휘부는 그야말로 쑥대밭이 되었고 대부분은 총살형으로 사라졌다. 처형된 숙청자 명단에 3명의 원수를 비롯해 군대장 16명 중에 14명, 군단장 67명 중에 65명, 사단장 199명 중에 136명, 여단장 397명 중에 221명이 포함되었으니 군부 숙청이 얼마나 광범위하게 이루어졌는지 알 수 있다. 뿐만 아니라 지위 고하를 막론하고 군사훈련을 받은 거의 3

만 5,000명의 장교들이 숙청되거나 투옥되었다. 요컨대 장교가 군인의 기개나 심지어 실질적인 전투 능력을 보여 주는 것은 총살 부대 앞에 세우기에 충분한 명분이었다.

스탈린의 공포정치는 군부를 숙청하는 것으로 끝나지 않았다. 소련 사회 전체로 마수를 뻗쳤다. NKVD는 공포심을 불러일으키는 전술을 끊임없이 사용했고 처형이나 강제수용소 추방령을 남발했다. 심지어 그런 대다수가 자신도 모르는 죄목으로 유죄판결을 받았다. 중요한 것은 정의를 구현하는 것이 아니라 민중이 계속 두려움에 떨고 복종하도록 만드는 것이었다. 사실상 NKVD는 요원들에게 몇 명을 죽이고 몇 명을 투옥할지 할당량을 정해 주었고, 이웃과 친구들은 물론이고 심지어 부모까지 고발하라고 다그쳤다. 군부 숙청이 마무리된 후 무고한 시민들에 대한 압박이 날로 심해졌지만, 마침내 스탈린도 어쩔 수 없이 한 발 물러서야 했다. 하지만 이미 적군은 초토화되어 도저히 회복할 수 없는 피해를 입었다. 예컨대 1939년 적군은 작은 북유럽 국가 핀란드를 침공했다가 실패했고, 1941년 독일의 기습 공격에서는 패퇴했다. 물론 여러 이유가 있겠지만, 군부 대숙청으로 적군의 전의가 상실되었고 전투 경험이 부족한 것이 이런 군사적 굴욕에 적어도 부분적인 원인으로 작용했을 가능성이 크다. 스탈린에게 가장 덜 위협적인, 다른 말로 가장 무능한 장교들만이 살아남았으니 당연한 일 아니겠는가. 아무리 좋게 봐도 독일의 바르바로사 작전Operation Barbarossa에서 전차들을 상대할 만한 병력은 절대 아니었다.

스탈린이 군대를 손대지 않고 온전히 유지했더라면 어땠을까? 이를 단기, 중기, 장기로 나눠서 생각해 보자. 먼저 단기적으로는, 바르바로사 작전에서 독일의 블리츠크리그blitzkrieg(제2차 세계대전 당시 독일군이 전차, 기계화 보병, 항공기, 공수부대 등으로 기동성을 최대한 끌어올린 전술 교리다. - 옮긴이) 전격전에 대항할 수 있는 군사기술을 보유하고 융통성 있는 작전을 펼쳤을 것으로 보인다. 1942년부터 재건된 적군이 제2차 세계대전 후반부에 거둔 승리들이 이것을 증명해 준다. 또한 수백만 명의 시민과 병사들이 전쟁의 포화를 피해 목숨을 구하고, 소련은 제2차 세계대전의 피해를 덜 입었을지도 모르겠다. 한편 중기적으로 볼 때, 잘 훈련된 적군을 그대로 유지했더라면 냉전 초기 몇 년간의 그림도 달라졌을 가능성이 있다. 반사회적이고 편집증적인 스탈린의 통치를 받던 소련 공산당이 실제보다 훨씬 강력한 위협이 되었을지도 모를 일이다. 물론 냉전이 계속 차갑게 진행되었다는 가정하에서의 일이다. 장기적인 영향도 짚어 보자. 이는 1990년대 많은 사람들이 기대했던 것과 관련이 있다. 소련의 상황이 덜 절박했더라면 공산주의라는 낡은 옷을 좀 더 일찍 벗고 민주주의라는 새 옷으로 갈아입어 실제로 민주주의가 작동할 수도 있지 않았을까? 그랬더라면 오늘날 무소불위의 힘을 휘두르는 철권통치의 1인 독재자 시절로 회귀하는 것은 피할 수 있지 않았을까?

체임벌린, 거짓 올리브 가지를 건네받다 : 1938년

빌 포셋

"동맹에게 믿음을 주지 못하면
원치 않는 전쟁의 부메랑을 맞을 수도 있다"

제1차 세계대전은 모든 유럽 국가와 그 국가 지도자들에게 깊은 정신적 외상을 남겼다. 특히 프랑스와 영국의 지도자들은 그런 외상때문에 뼈아픈 실수를 저지르게 되었다. 그들의 실수는 오늘날 강력한 정치 세력을 상대하는 모든 지도자가 반면교사의 교훈으로삼아야 한다. 그 실수의 이름은 뮌헨 협정이었다. 말이 협정이지 실상을 들여다보면 민주주의 동맹국에 대한 완벽한 배신에 지나지않았다. 그리고 하룻밤 새에 이뤄진 것도 아니었다. 오히려 히틀러Adolf Hitler의 압박으로 상당한 기간에 걸쳐 양보에 양보가 거듭된결과물이었다.

시작은 1938년 3월 독일과 오스트리아의 합병이 성사된 직후로 거슬러 올라간다. 엄밀히 말해 양국 모두의 필요에 의해서가 아니라, 협박에 굴복한 오스트리아가 울며 겨자 먹기로 나치 독일과 합병했다. 히틀러는 독일 국민과 군부에 자신을 지지하지 않는 사람들이 많다는 사실을 잘 알았다. 그는 제3 제국, 다른 말로 나치 독일을 더욱 강건하게 만들고 국내의 잔존 반대파들을 무력화시키고 싶었다. 나치의 통치를 받지 않으면서 오스트리아 다음으로 독일어를 사용하는 인구가 많은 국가는 체코슬로바키아였다. 특히 수데테란트라고 알려진 지역은 주민의 절반 이상이 독일어를 사용했다. 1938년 5월 서방 연합국은 히틀러가 체코슬로바키아 전역을 집어삼킬 계획을 꾸민다는 사실을 알게 되었다. 체코슬로바키아는 프랑스, 영국, 러시아 등과 상호방위조약을 체결했기 때문에 히틀러의 모든 위협에 단호히 저항했다.

하지만 히틀러는 압박을 멈추지 않았다. 그는 일련의 연설을 통해 독일 국민과 독일어를 사용하는 체코슬로바키아 국민들을 자극하며 선동했다. 전 세계 언론들이 히틀러의 이런 모든 행보를 소상히 보도했고, 전 세계 사람들이 또 다른 전쟁을 준비하기 시작했다. 그러나 영국도 프랑스도 전쟁을 원하지 않았다. 그해 9월 네빌 체임벌린Neville Chamberlain 영국 총리가 히틀러에게 단독 회담을 제의했고, 장소는 독일 알프스 지역인 베르히테스가덴에 있는 히틀러의 개인 별장으로 정해졌다. 아울러 히틀러는 회담이 열릴 때까지 모든 도발 행동을 중단하기로 합의했다. 영국의 제의로 회담이 열린다는 사실 하나만으로도 히틀러의 위상이 높아졌고, 여전히 그에 대해 의심을 거두지 못하는 독일의 고위 군사 참모들을 잠잠하게 만들었다. 마침내 회담이 열렸다. 체임벌린은 체코슬로바키아에서 독일어권 지역의 주민들이 국가를 직접 선택하는 투표를 실시하는 것에 동의했다. 주민 대다수가 독일어를 사용하던 지역에서만 투표를 실시할 예정이었기 때문에, 그리고 나치가 압박을 가했기 때문에, 투표 결과는 보나마나였다.

하지만 주민 투표는 실시되지 못했다. 프랑스의 외무부 장관 조르주 보네Georges Bonnet가 런던에서 체임벌린을 만나 수데테란트를 포함해 독일어 사용자가 과반을 넘는 모든 체코슬로바키아 지역을 주민 투표 없이 독일에 할양하자고 제안했기 때문이다. 심지어 그 회담에 당사자로서 초대도 받지 못했던 체코슬로바키아 정부는 당연히 영국과 프랑스의 합의에 반발했다. 하지만 체코슬로바키아의 저항은 오래가지 못했다. 영국과 프랑스가 만일 독일이 침공해도 군사적으로 지원하지 않을 거라고 최후통첩을 날렸고, 그때서야 체코슬로바키아 정부도 마지못해 양국의 제안을 받아들였다.

그런 다음 체임벌린은 독일로 날아가 히틀러를 다시 만났다. 이번에는 독일 총통이 불한당의 면모를 여지없이 드러냈다. 그 지역들을 독일 영토로 합병하는 것은 물론이고, 독일어를 사용하지 않는 그곳 주민들은 며칠 내로 철수해야 한다고 요구했다. 체코슬로바키아인들은 그 요구를 받아들일 수 없었고, 이번에는 프랑스도 예비군 동원령을 내리며 반발했다. 전쟁이 임박한 듯했다. 프랑스와 영국의 국민들은 제1차 세계대전에서 경험했던 상실과 궁핍의 시대로 회귀한다며 불안해했다. 그러자 새로운 전쟁에 반대하는 반전 감정이 들불처럼 번졌다.

체임벌린의 제안으로 뮌헨에서 4자 회담이 성사되었다. 체임벌린, 히틀러, 프랑스 총리 에두아르 달라디에Édouard Daladier, 이탈리아의 베니토 무솔리니Benito Mussolini 이렇게 네 명이었다. 뮌헨 회담의 참석자들은 히틀러가 체코슬로바키아의 영토를 점진적으로 합병한다는 데 합의했다. 당연한 말이지만 소비에트연방은 수동적인 입장을 견지했고 이 모든 과정에서 아무런 역할을 하지 않았다. 4개국 정상은 1938년 9월 히틀러와 불가침조약을 체결했다. 체임벌린은 새로 체결된 뮌헨 협정을 체코슬로바키아의 지도자들에게 전달했고, 자국의 운명을 결정짓는 회담에 체코슬로바키아 사람 누구도 참석하지 못했지만 체코슬로바키아 정부는 받아들이는 것 외에 다른 도리가 없었다.

영국 국민들은 불가피하다고 생각했던 전쟁을 피했다는 사실에 일단 한시름 놓았다. 그래서 런던으로 돌아온 체임벌린을 뜨거운 환호로 맞아 주었다. 체임벌린은 그날 총리 관저에서 히틀러와의 성명서를 흔들며, 이것은 "명예로운 평화이며 우리 시대의 평화라고 믿는다"라고 당당히 선언했다. 하지만 오늘날 그의 연설은 평화를 좇다가 전쟁을 불러왔다는 오명을 쓰게 되었다. 이듬해 3월 히틀러가 체코슬로바키아의 나머지 지역을 침공했고 프랑스와 영국은 또다시 남의 집 불구경하듯 수수방관했다. 그해 9월 독일은 폴란드를 침공했고, 이제 더는 연합국도 마냥 손을 놓고 있을 수 없게 되었다. 체임벌린이 뮌헨 협정을 발표했을 때 그의 가장 큰 정적이었던 윈스턴 처칠Winston Churchill은 이렇게 말했다. "당신은 전쟁과 불명예 중에서 선택할 수 있었습니다. 당신은 불명예를 선택했고 이제 곧 전쟁이 일어날 것입니다."

처칠의 예언은 불과 몇 달도 지나지 않아 실현되었다. 제2차 세계대전이 발발한 것이다.

체임벌린은 굴욕적인 평화를 사기 위해 오스트리아를 팔아먹은 것도 모자라 체코슬로바키아를 배신했다. 그가 평화를 구걸하기 위해 히틀러에게 양보한 것이 결국 히틀러의 독일 통치를 강화했고 전쟁을 불가피한 수순으로 만들었다. 만약 체임벌린이 히틀러의 압박에 단호히 맞서고 그가 건넨 거짓 올리브 가지를 받아들이지 않았더라면 어땠을까? 당시의 기록이 담긴 문건을 보면, 프랑스든 영국이든 무력으로 개입할 조짐이 보이는 즉시 독일의 국방군 베어마흐트가 체코슬로바키아에서 철수할 준비를 했다고 한다. 게다가 당시 독일의 베어마흐트는 프랑스 군대보다 대규모 전쟁을 치를 준비가 미비했다. 따라서 연합국이 용기 있게 대처했더라면 히틀러는 체코슬로바키아에서 철군해야 했을 것이다. 그런데 연합국이 평화를 구걸하는 인상을 주는 뮌헨 협정이 체결되었다. 이것은 아돌프 히틀러에게 비상할 날개를 달아 준 꼴이 되었다. 독일 국민은 히틀러를 전폭적으로 지지하고 노골적일 정도로 숭배했다. 결국 군부든 누구든 그의 바람에 저항하는 어떤 시도도 할 수 없게 되고 말았다. 만약 체임벌린과 달라디에가 용기 있게 나왔더라면 제2차 세계대전은 일어나지 않았을지도 모르겠다. 아니, 전쟁은 불가피했더라도 하다못해 미뤄졌을 것이고, 연합국은 자국 군대를 현대화할 시간을 벌 수 있었을 것이다. 일례로 가짜 전쟁phony war이 끝나고 독일이 블리츠크리그로 프랑스를 침공했을 때, 프랑스는 군대 현대화를 막 시작했을 즈음이었다.(가짜 전쟁은 독일이 폴란드를 침공함으로써 제2차 세계대전이 발발했지만 아직 서방 연합국과 나치 독일 사이에 전면적 충돌이 거의 없었던 시기로, 전면전을 우려한 연합국이 적극적인 공세를 취하지 않아 전쟁 같지 않은 국면이었다는 뜻으로 붙여진 별명이다. 영국에서는 박모전twilight war, 독일에서는 '앉은뱅이 전쟁'이라는 뜻의 착석전Sitzkrieg, 프랑스에서는 우스꽝스런 전쟁drôle de guerre이라고 부른다. ─ 옮긴이) 히틀러는 군사 참모들에 대한 완전한 군통수권을 잃었을 것이고, 그랬더라면 폴란드를 침공하는 일이 벌어지지 않았을지도 모르겠다. 그랬더라면 궁극적 해결책final solútion 즉 홀로코스트도, 전쟁 준비가 더 잘된 프랑스에 대한 블리츠크리그도, 러시아에 대한 바르바로사 작전 등도 없었을 가능성이 컸다. 아니, 이후의 모든 역사가 달라졌을 것이다.

뮌헨 협정이 주는 교훈은 명확하다. 그런데도 (최근에) 좋은 의도를 가진 지도자들이 '우리 시대의 평화'라는 일시적인 환상을 구걸하기 위해 흉악한 적들에게 양보하는 약한 모습을 자주 보게 된다. 도대체 그들은 왜 역사의 교훈을 외면하는 걸까?

전쟁에 대비하지 않았던 프랑스인들이 치른 대가 : 1939년

더글러스 나일스
Douglas Niles

"군대는 전쟁 준비가 되었지만 지도자들은…
딴 세상 사람들이었다"

제2차 세계대전에서 독일은 새로운 군사작전 체계를 선보였다. 바로 전격전이라고도 불리는 블리츠크리그다. 전쟁 첫 해에 블리츠크리그는 무소불위의 맹위를 떨쳤다. 그 위력이 얼마나 대단했던지 사람들이 이 전쟁에서는 독일의 유례없는 승리가 기정사실이라고 생각할 정도였다. 결국에는 연합군도 블리츠크리그 전술을 익혀 전쟁에서 사용하게 되었지만, 그렇게 되기 전까지는 감히 반격은 꿈도 꿀 수 없는 강력한 전술이었다. 하지만 그것은 어디까지나 겉으로 드러난 모습일 뿐 실상은 조금 달랐다. 아돌프 히틀러가 단독 의사 결정권을 거머쥔 나치 정부는 몇 번 중대한 헛발질을 했다. 자칫하면 그 틈을 노린 대항 세력이 등장해 독일 전쟁 기계의 거침

없는 행보를 심각하게 저지하거나 심지어 전복시키는 중대한 변곡점이 될 수도 있었다.

1939년 9월 1일 유럽에서 전쟁이 본격적으로 시작되었다. 강력한 독일군 다섯 부대가 북쪽, 서쪽, 남쪽에서 폴란드의 국경을 동시에 불도저처럼 밀고 들어갔을 때였다. 독일의 군 수뇌부는 독일이 대규모의 장기적인 전쟁을 수행할 준비가 전혀 되어 있지 않다고 생각했다. 그러자 히틀러는 그들이 우려하는 전면적인 충돌은 경제가 뒷받침될 때까지 벌어지지 않을 거라고 그들을 안심시켰다. 빠르면 1944년 정도가 되어야 경제적으로 준비가 될 거라고 덧붙였다. 그럼에도 1918년의 굴욕적인 패배를 생생히 기억하던 독일의 고위 사령관들은 히틀러가 주장하는 폴란드 침공이 무책임하고 무모하다고 생각했다. 하지만 히틀러는 요지부동이었다. 군부 내에서 영향력이 컸던 그들 참모 장교에게 당시 부족한 것이 딱 하나 있었다. 자극이었다. 심지어 커다란 자극일 필요도 없었다. 울고 싶은 사람 뺨 때려 주듯 살짝만 건드렸어도, 그들은 독재자를 몰아내고 전쟁이 발발하기 전에 서둘러 평화를 추진할 용기를 냈을지도 모른다.

마침내 독일은 히틀러의 바람대로 폴란드를 침공했고, 불과 한 달여 만에 폴란드 전역이 나치의 손아귀에 떨어졌다. 이처럼 속전속결로 무기력한 폴란드를 차지한 후에 나치는 폴란드를 소비에트연방과 나눠 가졌다. 그러는 동안 프랑스의 대군은 독일의 서부 전선에 주둔한 채 관망적인 태도로 사태의 추이를 지켜볼 뿐이었다. 물론 속은 까맣게 타들어 갔다. 10월 중순이 되자 동부 전선에 대한 히틀러의 계획이 옳았음이 증명되었고, 이제 나치는 신속하게 서부 전선으로 방향을 틀었다. 프랑스와 저지대 국가들Low

Countries로 불리는 베네룩스 3국의 군대와 영국 해협을 건너 파병된 영국 원정군 BEF를 상대하기 위해서였다.

전쟁을 시작했을 때 독일 군대는 거의 100개에 달하는 사단으로 구성되었지만, 전투 준비가 된 사단은 62개에 불과했다. 그리고 62개 중에서 약 48개 사단은 보병이었고 14개 사단은 기갑, 다른 말로 전차 사단 내지 기계화·차량화 사단이었다. 그들 사단이 운용하던 반궤도식half-track 차량과 트럭은 당연한 말이지만 일반 보병들의 행군보다 훨씬 뛰어난 기동력을 제공했다. 이들 전투 준비가 된 48개 보병 사단 중 40개 사단과 기동성을 갖춘 14개 사단 거의 전부가 폴란드 침공에 투입되었고, 나머지 8개 보병 사단만이 서부 전선에서 프랑스 군대와 대치했다.

프랑스는 총 110개의 사단을 동원했다. 하지만 전쟁이 발발했을 때 어떤 식으로든 곧바로 전투를 할 수 있는 사단은 여섯 개에 불과했다. 게다가 프랑스는 독일과의 전쟁에 군대를 전부 투입할 처지가 아니었다. 일부는 이탈리아 접경지를 수비하고 북아프리카 식민지들을 지키기 위해 파병했다. 그럼에도 프랑스는 독일군을 상대하기 위해 85개의 사단을 투입할 수 있었다. 당시 양국의 전력과 관련해 사람들이 잘 모르는 사실이 하나 있다. 프랑스가 나치보다 전차가 더 많은 데다. 프랑스의 전차들은 비록 기동성과 성능은 떨어져도 독일의 전차보다 더 큰 대포를 장착했고 더 무거운 철판을 사용했다는 점이다. 그러나 프랑스 군대에게는 전차의 수와 화력의 우세함을 활용할 수 없는 커다란 약점이 있었다. 블리츠크리그 체제로 편성된 독일 군대와 달리 프랑스 군대는 전차들을 소규모로 나눠 거대한 군대 전반에 산발적으로 배치했고, 정식적인 기갑 사단은 딱 한 개뿐이었다. 그나마 이 기갑 사단도 전쟁이 발발했을 때는 전투 준비가 되어 있지 않았다.

　여기서 분명히 짚고 넘어가야 하는 사실이 있다. 프랑스가 독일의 침공에 제대로 대응하지 못했던 진짜 문제는 군대의 능력이나 전력과는 하등의 관련이 없었다는 점이다. 프랑스의 참모 수뇌부와 정치 지도자들은 독일과의 전면전을 바라지 않았다. 그런데 자신들의 바람과는 상관없이 전쟁을 할 수밖에 없는 처지로 몰렸다. 그들이 그런 불편한 현실을 직시할 의지가 없었다는 점이 근본적인 문제였다. 비록 독일 군사 지휘관들보다 심하지는 않아도 그들도 제1차 세계대전으로 깊은 상처를 입었다. 더욱이 독일 지휘관들은 최소한 채택할 수 있는 새로운 교리라도 있었다. 프랑스의 융통성 없고 완고한 장군들은 제1차 세계대전이 남긴 가장 큰 교훈만 기억했다. 공격보다 방어가 훨씬 더 쉽고 비용도 적게 들었다는 교훈이었다. 그들은 전차와 항공기 덕분에 이제는 전쟁의 성격이 전혀 달라졌다는 사실을 이해하지 못했다. 당연히 1914년부터 1918년까지의 끔찍한 참호전이 구식 전술이 되었다는 사실도 전혀 깨닫지 못했다. 게다가 프랑스의 경우 군대는 물론이고 일반 국민 사이에도 충격과 낭패감이 널리 퍼져 있었다. 비록 끔찍한 대가를 치르기는 했지만 불과 얼마 전에 '모든 전쟁을 끝내기 위한 전쟁'에 참전해 싸워서 이기지 않았는가? 그런 마당에 어떻게 그 일을 다시 시작할 거라고 생각이나 할 수 있었겠는가?

　프랑스 군대에는 또 다른 치명적인 약점이 있었다. 프랑스의 전략에 영향을 미칠 수 있을 만큼 고위급이면서 공격적이고 선견지명을 가진 장교들이 없었다. 그런 장교만 있었더라면 역사는 달라졌을지도 모를 일이다. (그런 교리를 공개적으로 설파했던 장교가 한 사람 있었다. 샤를 드골Charles de Gaulle이었다. 하지만 당시 그는 프랑스의 정책에 영향을 미치기에는 계급이 너무 낮았다) 그래도 변하지 않은 진실도 있다. 만약 독일이 동부 전선에서 폴란드와 전쟁하는 틈을 노려 프랑스 군대가 라인란트 비무장지대로 단호하게 밀고 들어갔더라면 독일로서는 막을 방법이 거의 없었을 것이다. 프랑스가 독일 국경을 넘어 라인란트를 침공하는 것이, 아니 최소한 침공하겠다고 위협하는 것이 어떤 결과를 낳았을지 정확하게 말할 수는 없다. 그러나 한 가지, 프랑스 군대가 독일의 국경 수비군보다 수적으로 훨씬 우세했으리라는 것은 쉽게 짐작된다.

독일의 고위 장군들이 총통의 전쟁 일정표에 불만이 아주 많았다는 것은 널리 알려진 사실이다. 그토록 놀랍고도 공격적인 총통의 행보는 작전 참모들이 반란을 일으킬 만한 충분한 명분이 되고도 남았을 것이다. 그리고 그들이 정말로 반란을 일으켰더라면 히틀러를 권좌에서 축출하고 전쟁을 즉각적으로 종식시켰을 가능성도 배제할 수 없다. 이는 다시 말해 나치 정부가 홀로코스트를 아예 시작조차 못했을 수도 있었다는 뜻이다. 어찌 되었건 소련이 독일과의 비밀 의정서에 따라서 양도받은 폴란드 동부를 계속 점령했을 가능성은 크지만, 전쟁이 초기에 종식되었더라면 체코슬로바키아, 헝가리, 루마니아, 불가리아, 유고슬라비아 같은 지역들은 소련의 영향력에서 벗어났을 것이 거의 확실하다. 제2차 세계대전이 끝났을 때 이 동유럽 국가들은 본의 아니게 철의 장막의 잘못된 쪽에 서 있게 되었다.

미국은 유럽 땅에서 벌어진 전쟁에 발을 담그지 않았을 공산이 컸다. 오히려 미국은 일본 제국의 식민 야욕에 재갈을 물렸을 것이다. 당시 일본의 파시스트 정권은 아시아와 태평양에서 통치권을 장악할 계획에 골몰하고 있었다. 마지막으로, 제2차 세계대전에서 희생된 3,600만 명의 운명이 달라지지 않았을까? 비록 그들 대부분은 아니더라도 상당수가 목숨을 잃지 않았을 것은 확실하다.

역사가 증명하듯 히틀러가 불사조에 가까운 놀라운 생존 능력을 보여 준 것은 엄연한 사실이다. 그가 집권하는 동안 수차례에 걸친 군부 쿠데타 (그리고 암살) 시도가 있었지만 용케도 진압했다. 게다가 1939년 가을 독일이 폴란드를 침공하기 전에 독일 국민들 스스로 독재자를 끌어내릴 수 있었을 거라는 보장도 없다. 그렇더라도 프랑스 군대가 전쟁 초기에 독일 영토의 상당 부분을 점령했더라면 어땠을까? 당연한 말이지만 전투 경험은 물론이고 사기, 자신감, 공격성 등이 올라갔을 것이다. 그리하여 1940년 5월 독일군 앞에서 추풍낙엽처럼 비참하게 무너지지는 않았을 것이다.

완성되지 못한 마지노선, 그리고 아르덴 숲을 비워 둔 대가 : 1940년

빌 포셋

"적은 당신이 바라는 대로는 고사하고
당신이 기대한 대로 행동하는 경우도 거의 없다"

마지노선Maginot Line(프랑스가 독일과의 전쟁에 대비해 1927년부터 1936년까지 독일과의 국경에 설치한 대형 요새로, 육군 장관 앙드레 마지노André Maginot의 이름을 따서 명명했다. - 옮긴이)이라고 하면 가장 먼저 무엇이 떠오르는가? 무력한 콘크리트 더미에 골칫덩어리라고? 절대 그렇지 않다. 그것은 훗날 일부의 평가일 뿐, 당시 마지노선은 정확히 계획한 대로 작동했다. 독일의 군대 수뇌부가 프랑스를 정면으로 공격할 거라고 누가 생각이나 했겠는가? 누가 보더라도 그것은 멍청하기 짝이 없는 행동이다. 마지노선의 목적은 독일군의 모든 공격을 저지하기 위한 것이 아니었다. 프랑스군에게 유리한 지역으로 독일군을 유도하는 것이 목적이었다. 후대에 들어 여러 비판이 있었지만, 사실 마지노선은 실수가 아니었다. 최소한 프랑스에게 결정적인 패배를 안겨 주었던 실수는 절대 아니었다. 프랑스가 무려 4년 동안이나 나치 독일에게 점령당하는 굴욕을 당하게 만든 실수는 프랑스 영토에서 발생하지 않았다. 벨기에 영토에서 만들어졌다.

프랑스가 대서양 연안으로 이어지는 국경 중간 즈음에서 마지노선 건설을 중단해야 했던 여러 이유가 있었다. 첫 번째 이유는 비용이었다. 이미 건설비로 160억 프랑이 들었던 터라 프랑스의 국방 예산에 엄청난 부담이 되었다. 이것은 프랑스가 전투기와 대전차포 등 전쟁 수행을 위한 다른 부문들에서 근대화 속도를 늦추게 만든 부분적인 이유이기도 했다. 그리고 그런 부문에 충분히 투자하지 못함으로써 독일군이 침공했을 때 프랑스는 엄청난 대가를 치러야 했다. 한마디로 프랑스는 더 많은 요새를 건설할 돈이 없었다. 또 다른 이유는 벨기에의 반감을 사고 싶지 않아서였다. 1935년 벨기에는 독일의 침공 가능성을 사전에 차단하기 위해 중립을 선언했다. 그러나 프랑스는 독일과 전쟁이 벌어지면 벨기에가 연합국에 동참하기를 내심 바랐다. 한편 중립국 선언에 걸었던 벨기에의 바람은 수포로 돌아갔다. 그러나 위의 두 가지 이유보다 더 중요한 이유가 있었을 것으로 보인다. 이는 매우 실질적인 이유였다. 1930년대가 끝나기 전에 영국 해협까지 마지노선을 건설하는 것이 현실적으로 불가능하다고 여겨졌던 것이다. 여하튼 마지노선은 특별하고 중요한 몇 가지 목적을 위해 건설되었고, 그런 본래의 목적을 훌륭히 달성했다.

마지노선의 목적 중 하나는 산업화된 프랑스 북부를 독일의 침공으로부터 보호하는 것이었다. 전쟁 초기에는 이 목적을 달성했다. 프랑스가 독일에 항복했을 당시에도 프랑스의 상당한 병력이 마지노선의 서쪽 즉 프랑스 북동부에 집중적으로 주둔하고 있었다. 게다가 마지노선의 목적은 충분한 방어 시설을 갖춰 최소 병력으로 그곳을 수비하고 나머지 병력은 마지노선이 건설되지 않은 지역을 방어하는 데 투입하는 것이었는데, 이 목표 또한 성공적으로 달성되었다.

아마도 프랑스가 요새화된 마지노선을 건설한 가장 주된 이유는 자신들이 원하는 방식대로 베어마흐트가 행동하도록 유도하기 위해서였을 것이다. 그리고 베어마흐트는 정확히 프랑스가 기대한 대로 행동했다. 벨기에로 우회해서 침공한 것이다. 정말이다. 프랑스의 작전 참모부는 독일군이 벨기에를 통해 침공할 것을 예상했고 그것에 대비한 계획을 세웠다. 그리하여 벨기에를 통한 독일군의 주공主攻에 대비해 상당한 병력을 예상 길목에 배치했고, 독일이 침공해 오자 그들에 맞서기 위해 기동했다. 이처럼 독일군이 프랑스의 작전대로 움직였는데도 프랑스가 독일에 패한 것은 왜였을까? 프랑스는 독일군이 제1차 세계대전 때와 똑같은 경로를 따라 침공할 거라고 예상했다. 그래서 그쪽을 방어하기 위해 주력 부대를 이동시켰는데, 독일군이 다른 경로를 선택해 프랑스의 허를 찔렀다. 이런 계산 착오가 프랑스를 전쟁에서 패하게 만든 진짜 실수였다. 어쨌든 프랑스군과 베어마흐트 사이에 대접전이 벌어졌고, 프랑스가 무너지지 않으려면 '마른 전투의 기적'이 또다시 필요했다. 프랑스의 이번 작전은 현재가 아니라 과거의 전투 방식으로 현재의 전쟁을 준비한 대표적인 사례였다.

그렇다면 프랑스 군대와 영국 원정군은 어째서 엉뚱한 곳을 방어함으로써 재앙적인 결과를 자초했을까? 마지노선과 벨기에 남부 방어선의 연결 지점에 아르덴 숲Ardennes forest으로 알려진 울창한 삼림지대가 있다. 프랑스는 독일이 그곳으로 공격해 올 가능성을 염두에 두고 그 지역을 샅샅이 조사했다. 결론적으로 말해 프랑스는 아르덴 숲이 밀림처럼 나무가 빽빽한데다 도로 사정마저 좋지 않아 독일의 대규모 군대가 진군할 수 없다고 결론 내렸다. 더욱이 대규모 공격을 감행하는 것은 고사하고 단 수 주 만에 대규모 군대가 아르덴 숲을 통과하는 것조차 실현 가능성이 없다는 데 모두가 동의했다. 이는 독일군이 행여 그곳으로 쳐들어온다고 해도 프랑스군이 대비할 상당한 시간을 벌 수 있을 거라는 뜻이었다. 그곳을 빼면 독일군이 주요 공격로로 선택할 곳은 딱 하나뿐이었다. 벨기에 북부였다. 이는 지난 대전에서 독일군이 선택했던 경로와 똑같았다. 그런데 실제로는 어땠는지 아는가? 독일의 주공 부대는 아르덴 삼림지대를 선택했고, 몇 주는 걸릴 거라는 프랑스의 예상과는 달리 아르덴 삼림지대를 관통하는 데 채 일주일도 걸리지 않았다. 그리하여 프랑스는 급소를 강타당했다.

잠시 역사적인 사실을 내려놓고 프랑스의 시나리오를 한번 쫓아가 보자. 아르덴 삼림지대가 실제로 '천혜의 자연 방어 요새'로서의 역할을 충분히 해내고 또한 마지노선이 본래의 목적대로 독일군을 우회하게 만든다면? 독일군의 공격로는 딱 하나뿐, 벨기에 북부다. 그리하여 프랑스의 많은 병력과 영국 원정대 모두가 벨기에 북부에 집중적으로 배치되었다. 그리고 영불 연합군은 독일의 주력 부대가 공격할 거라고 예상한 그곳에서만 적을 격퇴할 만반의 준비를 하고 기다렸다. 여기까지가 프랑스의 대응 시나리오였다. 이제는 역사적인 사실을 살펴보자. 영불 연합군이 벨기에 북부에 집중 배치되었다는 것은 남동쪽을 거의 비워 두었다는 뜻이었다. 그런데 독일군이 허를 찌르며 방어가 취약한 아르덴 숲을 통해 연합군의 남동쪽을 치며 공격해 왔다. 이로써 연합군의 기동부대 대부분이 독일군이 돌파한 공격로의 북부와 서부에 주둔하게 되었다. 아르덴 숲을 파죽지세로 통과한 독일군의 기갑 사단들은 서쪽으로 진군해 영불 연합군과 프랑스 본토의 연결로를 차단했고, 프랑스는 남북으로 두 동강 났다. 결과적으로 프랑스의 최정예 군대와 영국의 원정군은 프랑스 북부에 고립되었고, 단 며칠 만에 보급로와 연락망이 심각한 피해를 입었다. 현대식 장비를 갖춘 군대에는 엄청난 양의 탄약, 연료, 식량 등이 필요하고 따라서 보급로와 연락망이 막히는 것은 재앙이다. 이제 육로가 차단되어 바다를 통해서만 보급품을 받을 수 있었지만, 독일 공군인 루프트바페가 전투 지역의 제공권을 장악하는 바람에 그것조차 여의치 않았다. 프랑스가 놀랄 만큼 짧은 시간 만에 독일군에게 굴욕적으로 참패한 것은 여러 실패가 결합된 결과였다. 먼저 전술적인 많은 실패들이 있었다. 전차를 효과적으로 집중 배치하지 않았고, 독일 전차들을 저지시키기에는 대형 대전차포가 부족했으며, 기동 보병대에게 현대적인 전술을 훈련시키지 못했다. 이외의 여러 전술적 실패에다 심각한 보급품 부족까지 겹치자 프랑스가 버티지 못하고 치욕적인 패전의 멍에를 썼다. 프랑스의 최정예 군대와 영국 원정대는 전부 엉뚱한 곳을 방어하다가 단 수 일 만에 사실상 완벽히 포위되었다. 이 모든 재앙적인 결과는 독일군이 아르덴 숲을 관통해 공격하지 않을 거라고 오판한 것에서 비롯되었다.

프랑스와 영국 연합군이 상당한 병력을 배치해 아르덴 숲을 방어했더라면 제2차 세계대전의 전황은 크게 달라졌을 것이다. 심지어 프랑스의 기동부대와 영국 원정군으로 구성된 대규모 군대가 벨기에 영토로 진격할 필요도 없었다. 아르덴 숲을 통한 독일군의 주공을 막아 냈더라면 영불 연합군과 독일군은 제1차 세계대전 때처럼 또다시 치열한 접전을 벌였을 가능성도 배제할 수 없다. 아르덴 숲을 무방비로 내준 것은 연합군의 주요한 전략적 실수였고, 블리츠크리그가 그 실수를 역으로 이용했다. 다른 말로 연합군에게는 악수였고 독일군에게는 신의 한 수였다. 만약 그 실수가 없었더라면 독일은 프랑스 전역을 무인지경으로 유린할 수 없었을지도 모른다. 그리고 프랑스가 굴욕적으로 항복하고 전쟁을 포기하게 만들 수도 없었을 것이다. 프랑스 군대가 전력을 그대로 유지하고 영국 원정군이 효과적으로 전투를 벌일 수 있는 상태였다면, 비록 독일이 프랑스를 점령했더라도 독일은 승리를 위해 엄청난 대가를 치러야 했을 것이다. 이것은 독일 장군들이 반란을 일으키도록 만드는 또 다른 도화선이 되었을지도 모른다. 만약 연합군이 프랑스 전역戰域에서 독일군에게 커다란 피해를 안겨 주었더라면, 독일은 1년 후 소련을 침공하지 못했을 가능성이 크다. 프랑스 군대가 제1차 세계대전 때처럼 어떻게든 버텨 냈더라면 참호전이 재등장했을지 누가 알겠는가? 만약 참호전이 벌어졌다면 당대의 과학 기술과 축성술을 집대성한 마지노선이 있는 프랑스가 유리했을 수도 있다. 심지어 승리의 대가가 얼마나 혹독할지 나치가 확실히 인지했을 즈음에는 양측 간에 타협안이 도출되었을 가능성도 없잖아 있다. 또한 히틀러를 권좌에 계속 앉혀 두는 평화협정 또는 최소한 정전협정이 강제로 체결되어 또 다른 불씨가 남았을지도 모르겠다.

잠자는 미국을 깨운 진주만 공격과 히틀러의 선전포고 : 1941년

빌 포셋

"적에 대해서는 아무리 많이 알아도 부족하다"

1941년 12월 일본과 독일이 각각 실수를 저질렀다. 두 개의 실수
는 양국이 제2차 세계대전에서 패배하는 직접적인 결과로 이어졌
다. 그 두 가지 잘못된 결정과 관련하여 역설적인 점은 둘 다 일본
과 독일에게 정말로 필요한 것과는 정반대였다는 사실이다. 그 결
정들은 오랜 기간에 걸쳐 잘못되었음을 끊임없이 증명했을 뿐 아
니라 각 실수가 만들어졌던 당시에도 역효과를 불러왔다.

　　일본이 먼저 헛발질을 했다. 일본은 현대적인 산업 대국으
로 제1차 세계대전에서는 영국과 미국의 동맹으로 참전했다. 일본
에는 고질적인 문제가 있었는데 바로 자원 부족이었다. 사실상 일
본은 현대의 산업화된 국가 체제를 유지하기 위해 필요한 모든 것

을 수입에 의존해야 했다. 철강과 석유에서부터 고무와 식량에 이르기까지 거의 모든 원자재를 수입해야 했다. 그리고 1941년까지 일본 정부의 모든 결정과 행동은 이런 필요에서 비롯되었다고 해도 과언이 아니다. 자국에 필요한 원자재의 안정적인 공급처를 확보하기 위한 일본의 눈물 겨운 첫 번째 노력은 1931년 만주 침공이었다.(일본 제국의 관동군이 만주사변을 일으켜 만주를 침공했고, 이후 만주국이라는 괴뢰 정권을 세워 제2차 세계대전 직전까지 지배했다. - 옮긴이) 만주는 일본이 광물을 확보하는 데에는 도움이 되었지만 다른 이득은 거의 없었다. 만주 자체가 춥고 삭막한 황무지였기 때문이다. 일본이 잉여 인구를 만주로 이주시키거나 그곳에서 작물을 대규모로 경작할 가능성은 없었다. 만주를 흡수해 만주국으로 국호를 변경한 후 일본이 다음으로 눈독을 들인 원자재 공급원은 중국이었다.

　중국은 외세의 수탈 침략을 받은 유구한 역사가 있었다. 유럽 국가들이 홍콩, 마카오 같은 자치령을 보유했고, '양해'라는 이름으로 중국에 불리한 무역협정을 강제적으로 체결했다. 또한 네덜란드와 프랑스는 인도차이나 반도 대부분을 점령했고, 미국은 1898년 스페인으로부터 필리핀을 양도받았다. 유럽 선진국들이 아시아를 마음대로 수탈하는데 일본이 그들의 전철을 밟으며 주변 약소국들로부터 원하는 것을 약탈하면 안 되는 법이라도 있을까? 그래서 일본은 1937년 중국을 침략했고 순식간에 중국 북부의 상당 지역과 연안 대부분을 점령했다. 그러나 중국은 극렬히 저항했고 대규모의 항일 전투가 끊임없이 이어졌다. 특히 일본은 1930년대에 중국과의 전쟁에 200만 명의 병력을 투입했는데, 결국 중일 전쟁은 일본의 자충수가 되었다. 자원 공급처를 확보하는 것이 아니라 되레 자국의 자원 고갈을 불러왔고 이것이 제국 통치자들에게 상당한 압박으로 작용한 것이다. 이후 몇 년간 일본은 환태평양 지역에서 필요한 원자재를 조달할 수 있었다. 기본적인 산업 자재의 세계 최대 공급처는 미국이었다. 하지만 중국 내 점령 지역에 대한 일본의 잔인한 만행은 미국이 일부 전략 물자의 수출을 중단하게 만들었다.

　미국의 금수 조치도 천연자원을 자급자족한다는 목표를 향한 일본의 의지를 꺾지 못했다. 그들은 자원 쟁탈전을 벌일 또 다른 먹잇감을 찾아 나섰다. 이번에는 네덜란드령 동인도와 프랑스의 인도차이나 반도 식민지들을 탈취하기로 결정했다. 자원이 풍부한 이들 지역을 통치하던 유럽의 두 식민 열강은 최근 일본의 동맹국인 나치 독일에 정복당했다. 일본이 침략했을 때 두 식민지는 사실상 무방비 상태로 거의 힘을 쓰지 못했고 쉽게 함락되었다. 솔직히 일본은 프랑스나 네덜란드에 대해서는 걱정하지 않았다. 어차피 두 나라는 이미 나치 독일의 군홧발에 짓밟힌 처지인데다 런던에 수립된 그들의 망명 정부가 할 수 있는 것은 거의 없었다. 오히려 일본이 우려한 것은 영국과 미국이었다. 특히 필리핀을, 그리하여 중앙 태평양을 호령하던 미국이 신경 쓰였다. 그 지역을 점령하고 있다는 것은 미국이 제공권을 장악하고 있다는 뜻이었다. 그래서 미국은 제공권을 앞세워 일본 상선이 인도 아대륙에서 물자를 싣고 귀항하는 것을 쉽게 저지할 수 있었다. 이 문제를 타개하기 위한 일본의 궁여지책이 결국 커다란 실수가 되고 말았다. 일본은 진주만에서 미국의 태평양 함대를 분쇄하고 필리핀을 차지하기로 마음먹었다. 태평양에서 일본을 제외하고 대규모 함대를 운용하는 국가는 미국뿐이었다. 따라서 미국의 태평양 함대를 파괴한다면 일본이 바닷길을 완전히 통제하는 것은 물론이고 필리핀을 쉽게 침략할 수 있다는 계산이었다. 그리고 필리핀을 점령한다면 일본 상선들은 적군의 공습으로부터 안전할 거라고 생각했다.

그것은 정말이지 근시안적이었을 뿐 아니라 잠재적인 모든 선택지를 충분히 고려하지 않은 성급한 결정이었다. 미국의 태평양 함대에 대한 일본의 공격 계획은, 미국이라는 나라는 물론이고 미국이 태평양에 주둔시킨 해군과 관련하여 몇 가지 중요한 사실을 간과하고 있었다. 간단히 말해 일본은 미국과 전쟁을 벌일 필요가 전혀 없었다. 그리고 일본 내부에도 미국과의 전쟁이 가져올 위험을 아는 사람들이 많았다. 일본의 정치 지도자와 군대 지휘관 중에 미국에서 일하거나 공부한 인사들이 많았고, 당연히 그들은 미국의 산업적 잠재력에도 훤했다. 일본과 나치 독일은 미국인들을 비방하기 위해 그들이 재즈에나 열광하고 겉멋만 들었다는 흑색선전을 퍼뜨렸다. 하지만 그런 낙인 프레임과는 달리, 그들 지도자와 군대 지휘관은 미국이 만약 공격을 받으면 미국인들이 가만히 앉아 당하기는커녕 강하게 반격해 올 거라는 사실을 잘 알았다. 게다가 만에 하나 태평양 함대가 파괴되더라도, 미국은 어떤 것이든 일본이 제안하는 협정을 절대 받아들이지 않을 것도 확실했다. 심지어 일본이 미국 본토를 공격할 수 있을 가능성은 전혀 없었다. 본토는 고사하고 유의미한 기간 동안 하와이를 점령할 수 있을 거라는 기대도 어불성설이었다.

잠깐 당시 미국의 정치 상황을 짚어 보자. 프랭클린 루스벨트 대통령은 히틀러와 일전을 벌이고 싶어 몸이 근질거렸다. 그리고 나치가 유럽 전역을 점령하도록 내버려 둔다면 무슨 일이 벌어질지 몹시 우려했다. 아니, 두려워했다. 그럼에도 불구하고 미국 사회 전반에 반전 감정이 고조된 탓에 미국 정부는 영국과 소련을 적극적으로 지원하지 못하고 제한적인 지원으로 위로할 수밖에 없었다. 루스벨트 대통령은 미국인들의 깊은 고립주의 정서 때문에 몹시 낙담하고 좌절했다. 그 절망감이 오죽 심했으면, 그가 일본이 진주만을 기습 공격하도록 허락했다는 근거 없는 소문이 아직까지도 회자될 정도다. 단언컨대 미국인들은 유럽의 전쟁에 개입하는 것을 원하지 않았다. 하물며 유럽 국가들이 빼앗긴 아시아 식민지들을 점령하기 위해 아시아에서 전쟁을 한다는 것은 철저히 관심 밖이었다. 심지어 미국인들은 프랑스를 나치 독일의 점령에서 해방시키기 위해 싸우려는 의지조차 전혀 없었다. 그런 마당에 네덜란드가 점령했던 아시아 식민지들을 차지하려고 태평양 반대편에서 힘든 전쟁을 벌인다고? 루스벨트 대통령이 아무리 원해도 미국인들을 설득할 수 있었을 것 같지 않다. 게다가 태평양 지역의 네덜란드령들은 대다수 미국인들이 한 번도 들어 본 적이 없는 지역이었다. 물론 미국의 허울뿐인 자치령으로 실상은 식민지였던 필리핀은 이야기가 달랐다. 만약 일본이 필리핀을 공격했다면 미국은 당연히 강력히 대응했을 것이다. 그러면서도 한편으로는 협상의 여지를 열어 두었을 것이다. 그런데도 일본 지도자들은 외교적인 해결책을 시도하거나 전통적인 방식의 공격을 선택하지 않았다. 하필이면 많고 많은 카드 중에서 한참 잘못된 카드를 골랐다. 그렇게 한다면 전쟁에 미온적인 국가를 맹렬한 적으로 돌려세울 것은 불을 보듯 뻔했다. 미국의 태평양 함대를 분쇄하기 위해 진주만을 기습 공격하는 것, 솔직히 그것은 미국이 전쟁에 두 발을 담그는 것을 모든 미국인들이 전폭적으로 지지하도록 만들 수 있는 거의 유일한 방법이었다. 그런데도 일본은 그 카드를 선택했다.

일본의 궁극적 목적은 인도차이나반도를 차지하는 것이었다.

군사적으로든 정치적으로든 진주만 공격은 일본이 그 목적을 달성할 수 있는 최악의 방법이라고 해도 틀리지 않았다. 진주만 공격은 심지어 일본 해군이 서부 태평양의 제해권을 확보하기 위해서도 필요하지 않은 군사 행동이었다. 행여 태평양 함대가 필리핀에서 맥아더Douglas MacArthur를 지원하기 위해 기동했더라도 도리어 미국에게 재앙이 될 가능성이 컸다. 미국의 태평양 함대가 보유한 항공모함은 세 척뿐이었던 반면 일본 제국 해군에게는 여섯 척의 항공모함이 있었다. 미국의 전함은 여덟 척이었고, 다수의 소형 지원함이 있었지만 대부분이 제1차 세계대전에도 참전한 구형이었다. 이에 반해 일본의 함대는 신형에 훈련도 잘되어 있었을 뿐 아니라 18인치(약 45.72센티미터) 대구경 함포로 무장한 대형 전함도 두 척이나 있었다. 심지어 그들 전함의 성능이 어느 정도인지 미국은 전혀 모르는 상태였다.

그때까지 미국 해군의 공중전 교리가 정비되지 않았고, 기존의 교리에 의거해 교전을 벌인다면 미국이 위험에 빠질 가능성도 배제할 수 없었다. 가령 당시 해군의 공중전 교리에 따르면, 각 항공모함은 서로 약간의 거리를 둔 채로 독립적으로 작전을 수행하도록 되어 있었다. 말인즉, 일본의 항공모함 여섯 척이 합동 작전을 전개하고 미국보다 훈련이 훨씬 잘된 조종사들과 월등한 전투기를 앞세워 공격한다면, 독자적으로 활동하는 미국의 항공모함 각각을 궤멸시켰을 거라는 이야기다. 게다가 미국의 전함들에게 뛰어난 활약을 기대할 수도 없는 형편이었다. 태평양 함대 사령관이었던 킴멜Husband Edward Kimmel 제독이 지휘하던 전함 대부분은 인도차이나반도까지 4,800킬로미터를 항해해야 했고, 다수의 일본 잠수함들(사정거리가 길어 장창長槍이라는 별명을 가진 혁신적인 어뢰가 장착되어 있었다)이 그 길목을 지키고 있었을 것이다. 행여 그들 전함이 일본 잠수함 공격에서 피해를 입지 않는다고 가정하더라도, 일본의 주력 함대와 대치했을 때는 상대가 되지 못할 가능성이 농후했다. 미국 해군은 일본군보다 함포의 사정거리가 짧고 함포 수에서도 밀렸을 뿐 아니라 제공권도 없었기에, 대마도 해전(1905년 러일전쟁 중 대마도 부근 바다에서 일본 함대와 러시아 발트 함대 사이에서 벌어진 전투로 일본 해군이 러시아 발트 함대를 전멸시키며 승리했다. 일본에서는 일본해 해전이라 부른다. – 옮긴이)에서의 러시아 함대에 버금가는 패배를 당할 수도 있었다. 아니, 그럴 가능성이 높았다.

진주만 공격은 모든 면에서 완전한 실수였다. 계획에서 실행까지 수년을 투자했고 공격도 대성공이었지만 전혀 불필요했다. 외교적으로 볼 때 진주만 공격의 목적은 미국으로부터 유리한 조약을 이끌어 내기 위함이었다. 하지만 그 공격의 성격상 그런 조약을 맺는 것은 절대로 불가능했다. 오히려 루스벨트 대통령이 반전 여론을 뒤집어 미국의 참전을 지지하도록 분열된 미국인들을 하나로 규합할 수 있는 빌미를 제공했다. 물론 군사적으로는 일본 제국 해군이 태평양 함대에 상당한 타격을 혹은 참담한 패배를 안겨 줄 수 있을 만큼 월등히 뛰어났던 것은 틀림없는 사실이었다. 그럼에도 불구하고 그것은 궁극적인 패배가 기정사실화된 빛바랜 승리였다.

진주만으로 촉발된 두 번째 결정은 일본의 결정보다 훨씬 비논리적이었다. 1941년 12월 11일 독일의 아돌프 히틀러가 이미 분노로 들끓는 미국에게 선전포고를 했다. 불난 집에 기름을 붓는 이번 선전포고는 다른 누구도 아닌 히틀러 본인의 결정이었다. 당시 히틀러는 이미 유럽 대륙의 대부분을 침략해서 패배시킨 덕분에 독일의 완전한 1인 통치자로 확실히 자리매김했다. 그러나 미국과 공식적으로 전쟁을 해서 그가 얻을 수 있는 것이 전혀 없었다. 반면 루스벨트 대통령은 오래전부터 나치 독일에 대항하는 국가들을 지원하고 싶은 마음이 굴뚝같았다. 하지만 그는 의회의 강력한 저항에 부딪혔고 미국인들도 유럽에서 새로운 전쟁을 수행하는 것을 지지하지 않았다. 심지어 진주만 공격이 발생하기 불과 며칠 전에도 미국에서는 대규모 반전 시위가 있었고, 수천의 군중이 집결해 유럽의 전쟁에 개입하지 말라고 정부에 요구했을 정도였다. 수 톤에 달하는 물자와 식량이 영국을 향해 그리고 얼마 전에 독일의 공격을 받은 소련을 향해 이미 대서양을 건너고 있었다. 물론 전쟁을 선포하면 해저의 암살자라고도 불렸던 독일의 주력 잠수함 유보트U-boat(제1차 세계대전과 제2차 세계대전 당시 독일 해군이 운용한 잠수함으로, 바다 밑의 보트라는 뜻의 운터제보트Unterseeboot의 약자이다. - 옮긴이)들이 미국의 동부 연안을 직접 공격할 수 있는 명분이 생길 터였다. 그렇지만 선전포고만으로는 미국에서 영국과 소련으로 지원 물품을 싣고 가는 선단의 속도를 늦출 정도의 효과도 없었다. 핵심은, 역사의 렌즈를 통해서 보면 히틀러가 미국에 선전포고를 함으로써 얻는 것이 사실상 전무했다는 점이다. 그런데도 그는 왜 미국에 선전포고를 했을까? 어쩌면 일본으로부터 감사를 기대했을지도 모르겠다. 또 어쩌면 일본이 만주와 국경을 맞댄 소련을 공격하기를 바랐을 수도 있었다. 하지만 기록과 자서전들을 보면 당시 일본은 소련과의 어떤 지상전에도 개입할 생각이 전혀 없었다는 것이 분명하다. 일본의 육군은 중국의 많은 지역을 점령하고 억압하는 일만으로도 이미 피로도가 상당했다.

어찌 되었건 나치는 일본이 진주만을 공격하고 불과 나흘 뒤에 미국에 선전포고를 했다. 그리고 이 선전포고로 나치는 자국 잠수함들의 '사냥터'에 대한 제약이 약간 줄어든 것 외에 아무것도 얻지 못했다. 그렇다면 미국에게 선전포고함으로써 히틀러가 잃은 것은 무엇일까? 진주만 공습이 있기 하루 전인 1941년 12월 6일에는 미국의 대다수 유권자와 의회가 어떤 식으로든 유럽의 전쟁에 개입하는 것을 반대했다. 솔직히 반대가 너무 심해서 루스벨트 대통령이 심지어 영국을 지원하기 위해 할 수 있는 일조차 별로 없었다. 그런데 12월 7일 일본이 진주만을 공습해서 미국인들의 분노가 활활 타오르는 가운데 불과 나흘 뒤인 12월 11일에 독일이 선전포고를 함으로써 불난 집에 기름을 부었다. 그러자 12월 12일 모든 미국인들이 일본과 나치를 상대하는 양면 전쟁을 적극적으로 지지하게 되었다. 그야말로 루스벨트는 울고 싶은데 뺨 맞은 셈이었다. 루스벨트 대통령은 자신이 그토록 바라던 대로 미국의 직간접적인 전쟁 노력 대부분을 유럽에 집중시킬 수 있었다. 독일과 싸우는 유럽 국가들에 대한 물자 지원이 늘었고 얼마 지나지 않아 수만 명의 병사들을 유럽으로 파병했다. 이렇듯 미국을 억지로 전쟁터로 끌어들인 여파가 독일에게 그리고 제2차 세계대전에 미친 장기적인 결과는 깊이 생각할 필요도 없다. 자원 빈국인 독일은, 산업화되었고 식량을 생산하며 재정까지 풍부한 세계 최강국을 적으로 만들고 말았다.

그렇다면 일본의 공격으로 이미 전국적인 분노가 활활 타오르던 미국에게 히틀러가 굳이 선전포고하는 실수를 저질러 기름을 부은 까닭은 무엇이었을까? 물론 시기가 최악이었음은 확실하지만 그것은 별도로 치자. 실수에 관한 모든 책이 실수의 최대 원인으로 노상 지목하는 것이 있다. 바로 '승리 병victory disease'이다. 독일의 실수의 가장 유력한 원인도 이 승리 병일지도 모르겠다. 독일은 단

수 주 만에 프랑스를 정복했고, 기세를 몰아 노르웨이, 덴마크, 베네룩스 3국, 폴란드까지 커다란 피해를 입지 않고 점령했다. 게다가 미국에 선전포고할 즈음에는 소련을 침공한 바르바로사 작전에서 혁혁한 전공을 올리고 있었다. 독일 총통의 거침없는 전차 부대는 소련과의 모든 전선에서 소련군을 포위해 파괴했고 적군은 속절없이 무너지고 있었다. 말 그대로 수만 제곱킬로미터에 걸친 소련 영토가 이미 독일에 점령당했다. 그러자 독일 군부에서는 몇 주 안에 최종적인 승리를 거둘 수 있다는 기대감이 하늘을 찔렀고, 누구도 다가올 겨울에 대비해 방한복을 준비할 생각조차 하지 않았다. 독일의 모든 지도자들은 독소전쟁이 추운 겨울이 오기 전에 끝날 거라고 확신했기 때문이다.

일본의 진주만 공격은 자충수였고, 그것에 대한 히틀러의 대응도 그에 못지않은 커다란 헛발질이었다. 일본과 독일은 의도했던 것과 정반대의 결과를 얻었을 뿐이었다. 일본이 진주만을 공격하지 않았더라면 미국이 제2차 세계대전에 참전하기까지 짧게는 몇 달, 길게는 몇 년이 더 걸렸을지도 모르겠다. 또한 독일은 소련에 발이 묶였겠지만, 일본은 한때 희망했던 대로 호주를 침략할 수 있었을지 누가 알겠는가? 아니, 최소한 더 많은 섬을 정복하고 인도차이나 반도의 맹주로 부상할 수 있지 않았을까. 만약 루스벨트 대통령이 자신의 뜻대로 좀 더 일찍 유럽의 전쟁에 개입할 수 있었다면 일본과의 전쟁은 아예 없었을지도 모른다. 루스벨트 대통령의 레이더는 온통 나치와 유럽을 향해 있었다. 그는 나치가 유럽을 통일해 미국에 버금가는 생산 역량을 지닌 나치 유럽이 탄생하는 것이야말로 미국에 가장 큰 위협이라고 생각했다. 그래서 일본이 진주만을 공격한 이후에도 미국은 일본보다 유럽과 소련을 전쟁 노력의 대부분을 집중했다.

일본이 진주만을 기습 공격한 것은 어느 모로 보나 명백한 실수였다. 미국은 고립주의적인 반전 세력들 덕분에 당분간은 전쟁에 개입하지 못했을 것이 거의 확실했다. 이는 일본이 미국과 불가피한 전쟁을 벌이기까지 최소 몇 달, 최대 몇 년의 시간이 주어졌을 수도 있었다는 뜻이다. 어차피 루스벨트의 관심은 일본보다는 나치 독일이었다. 고로 일본이 아무 일도 벌이지 않았다면, 심지어 일본은 손 안 대고 코를 풀 수 있었을지도 모른다. 루스벨트가 오직 나치를 상대하는 데에만 모든 전쟁 노력을 집중하기 위해 일본과 협상했을 가능성도 배제할 수 없기 때문이다. 또한 일본의 진주만 공격에 화답해 히틀러가 미국에 선전포고를 하지 않았더라면, 히틀러 자신은 물론이고 제3 제국에게 시간이라는 귀중한 선물을 안겨 주었을지도 모른다. 미국인들이 또다시 세계대전에 직접적으로 개입하기까지 적어도 몇 달은 걸렸을 것이기 때문이다. 이 모든 것을 종합해 볼 때 일본이 진주만을 기습 공격한 실수도, 독일이 미국에 선전포고한 실수도 전혀 불필요했다. 독일과 일본의 실수는 각자 원하던 것을 얻기 위해 잘못된 방식을 선택한 것과 관련이 있었다. 그리하여 그들의 행동은 본래의 의도와는 정반대되는 결과를 가져왔을 뿐이다. 진주만에 대한 일본의 기습 공격과 그것이 불을 지핀 아돌프 히틀러의 선전포고는, 양국이 제2차 세계대전에서 패전국의 멍에를 쓰게 만든 커다란 실수였다.

실패한 선배들의 전철을 밟은 히틀러의 소련 침공 : 1941년

윌리엄 터도슬라비치
William Terdoslavich

"히틀러는 130년 전 나폴레옹의 실수에서
교훈을 배웠어야 했다"

아돌프 히틀러는 원대한 꿈을 꾸었다. 그러나 독일을 제외한 나머지 유럽 국가들에게 히틀러의 꿈은 그야말로 악몽이었다.

　나치의 독재자가 항상 바라던 것이 있었다. 독일인들을 위한 '레벤스라움Lebensraum'('살 공간, 삶터, 생활권'이라는 뜻으로 1890년대부터 1940년대까지 아돌프 히틀러와 나치 독일의 주요 사상 중 하나이다. 쉽게 말해 독일의 영토를 넓혀서 독일 민족이 살 공간을 마련해야만 독일 민족이 살아남을 수 있다는 팽창 정책이다. 옮긴이)을 넓히기 위해 군대를 동쪽으로 보내는 것이었다. 그런데 그가 소원을 이루는 데 방해가 되는 세 민족이 있었다. 폴란드인, 우크라이나인, 러시아인이었다.

　1941년 6월 히틀러는 자신의 '명백한 운명manifest destiny'을 실현할 모든 준비를 마쳤다. 그것은 소비에트연방을 희생시켜 독일 영토를 크게 확장하는 것이었다. 그리하여 바르바로사 작전이 개시되었다. 17개 기갑 사단을 포함해 독일은 총 162개 사단을 동원했고, 소련은 158개 사단과 11개 사단 규모의 전차 병력으로 독일의 공격에 맞섰다.

겉으로 드러난 전력으로만 보면 바르바로사 작전은 막상막하의 전투처럼 보였다. 하지만 실제로는 결코 대등한 싸움이 아니었다. 이제는 전격전의 대명사가 된 히틀러의 전차 사단들이 선봉에서 일련의 대공세를 주도했고, 겨우 여섯 달 만에 소련 군대를 상당 부분 파괴했다. 그리고 독일 군대는 모스크바에서 불과 30킬로미터 떨어진 지점까지 쇄도해 소련의 심장을 겨누었다.

독일군의 완승이 손에 잡힐 듯했다. 수도를 함락당하면 소련은 무너질 터였다. 물론 일반적인 통념에 따르면 그 예상이 맞았다. 그리고 실제로 소련은 그런 상황에 직면했다. 그러나 그때 뜻밖의 변수가 등장했다. 소련의 야전 사령관 게오르기 주코프Georgy Zhukov 원수가 시베리아에 주둔하던 사단들을 모스크바로 불러들여 공격을 명령한 것이다. 결과적으로 추위에 단련된 시베리아 주둔군들의 공세로 독일군은 승리의 문턱에서 좌절당했다. 여름에 시작한 전쟁은 반년이 흘러 이제는 한겨울이었고, 총탄과 포탄에 맞아 전사하지 않은 독일 잔존 병사들은 혹독한 추위로 인해 동사했거나, 추위의 고통이 얼마나 심했던지 차라리 죽기를 바랄 지경이었다.

그때까지만 해도 히틀러의 군대는 한마디로 정복 기계였다. 폴란드, 덴마크, 노르웨이, 벨기에, 네덜란드, 룩셈부르크, 프랑스, 유고슬라비아, 그리스 등이 히틀러 군대의 군홧발에 짓밟혀 정복

당했다. 그리고 독일군의 파죽지세 승리에 고무된 여러 나라들, 즉 핀란드, 헝가리, 루마니아, 불가리아, 이탈리아 등이 히틀러와 손을 잡았다. 독일의 주력 잠수함 유보트들은 해저의 암살자라는 명성을 증명하듯 보급품을 실어 나르는 영국 화물선들을 닥치는 대로 침몰시켜 영국이 다른 화물선을 대체 투입할 시간도 없을 정도였다. 또한 1940년 6월 말에 벌어진 '영국 본토 항공전The Battle of Britain'에서도 독일 공군 루프트바페는 패한 것이 아니라 저지를 당했을 뿐이었고 그나마 전투에서 입은 피해를 쉽게 극복했다. 게다가 사막의 여우라는 별명을 가진 에르빈 롬멜Erwin Rommel 장군이 지휘하던 아프리카 군단은 수적으로 우세한 영국 군대를 상대로 백전백승을 거두면서 북아프리카 전역에서 상당한 전과를 올리고 있었다.

이처럼 대단한 승리의 역사를 썼음에도 불구하고 독일군은 끝내 소련의 심장 모스크바를 함락할 수 없었다. 이유가 무엇일까?

막강한 전차, 평범한 트럭

위 질문에 대한 답은 의외의 영역에 있을지도 모르겠다. 전시 상황에서 가장 간과되는 영역으로 바로 병참이었다. 병참은 말 그대로 전장의 군대에게 필요한 물자를 보급하는 일을 말한다. 보급품이 안정적으로 공급되느냐 아니냐는 군사작전의 승패에 영향을 미치는 변수가 될 수도 있는 중요한 문제다. 독일을 모스크바의 턱밑에서 주저앉힌 병참 문제는 1930년대로 거슬러 올라간다.

차량화 군대를 대규모로 구축하려면 관련 산업이 뒷받침되어야 한다. 그런데 군사적으로 볼 때 독일은 그런 산업이 미진했다. 히틀러가 최초로 파병한 침략군에서 차량화 병력은 전체의 5분의 1에 불과했다. 차량화에 대한 수요를 공급이 충족시켜 줄 수 있을 때까지, 나머지 군대에 물자를 보급하는 것은 전근대적인 방법에 의존할 수밖에 없었다. 철도를 이용해 전선과 가장 가까운 곳까지 수송한 다음, 보병들이 싸우는 전장까지 '마력'이 아니라 네발로 달리는 말을 이용해 직접 실어 날라야 했다. 말들이 끄는 마차로 총포류와 물자를 수송했다는 이야기다. 그리하여 18세기 독일 프로이센 왕국의 프리드리히대왕Frederick the Great과 19세기 나폴레옹Napoléon Bonaparte이 러시아를 침공했을 때와 똑같은 장면이 연출되었다. 당연히 말들이 끄는 짐마차는 병사들의 행군 속도보다 더 빠를 수 없었고, 강행군을 한다면 하루에 약 30킬로미터 정도가 최대 이동 거리였다.

반면 전차 사단은 하루에 최대 약 80킬로미터를 주파할 수 있었다. 하지만 보병이 합류하기 전에는 어떤 전투도 이뤄질 수 없었다. 그리하여 소련 원정 내내 독일군은 이처럼 가다 멈추다 가다를 반복하는 어색한 행보를 계속해야 했다.

독일도 자동차를 자체적으로 생산할 수 있는 설비를 어느 정도 갖추었지만 미국에 비하면 새 발의 피였다. 서유럽을 정복한 후에 독일은 피정복 국가들에서 네발 달린 탈것과 화물 수송 열차를 모조리 빼앗았다. 덕분에 독일은 세 개 군대의 수요를 부분적으로나마 충족시킬 수 있을 만큼 트럭들을 그럭저럭 끌어모았다. 하지만 제조업체와 모델이 100개가 넘다 보니 정비공들은 트럭들을 제대로 정비하기가 어려웠다. 게다가 부품 상황은 아무리 좋게 말해도 지옥이 따로 없었다.

트럭들은 병참기지에서 전선까지 최대 320여 킬로미터 떨어진 군대까지 물자를 공급할 수 있을 뿐이었다. 따라서 보급품을 더욱 저렴하게 더 멀리 수송하기 위해서는 철도가 필요했다. 그런데 소련의 철도는 궤간이 독일 본토의 철로보다 더 넓었다. 그리하여 독일 열차들이 소련의 철로를 이용할 수 있도록 공병대를 투입해 궤간을 좁혀야 했다. 그나마도 소련의 철도는 아주 허접한데다 설치된 구간도 짧았다. 속도를 올렸다가는 탈선하기 십상이었다.

이런 모든 요인들을 고려해 보면 누구라도 쉽게 답을 알 수 있다. 독일군은 폴란드에서 스몰렌스크까지 480여 킬로미터를 적들과 싸우면서 진군한 후에 보급품이 바닥나서 모든 진군을 중단해야 할 터였다. 당연히 독일의 전쟁 기획자들도 보급품이 커다란 문제가 될 거라는 사실을 잘 알았다.

사면초가에 몰린 블리츠크리그

소련 군대는 1940년 겨울 전쟁에서 북유럽의 작은 국가 핀란드를 상대로 고전했다. 그것을 유심히 지켜본 히틀러는 소련을 얕잡아 보게 되었다. 소련도 폴란드(4주)와 프랑스(6주)처럼 아주 손쉽게 정복할 수 있을 거라고 확신했다. 결과적으로 보면 히틀러가 완전히 틀린 것은 아니었다. 1930년대 후반 권력욕에 눈이 먼 스탈린이 이른바 군부 대숙청으로 수많은 지휘관들을 처형했고, 이제 소련 군대는 유능하고 경험 많은 지휘관이 심각할 정도로 부족했다. 신임 장교들이 유능한 장군들을 대신할 수는 없는 법이다. 그런 상태로 공격적인 독일군의 침공을 받았으니 결과는 예고된 일이었다.

엉성한 지휘 체계로 전투 지휘가 제대로 이뤄지지 않은 소련 군대는 독일군에게 제대로 반격도 못해 보고 포위당했다. 독일은 1941년 6월에서 9월까지 바르바로사 작전의 전반기에 별다른 희생 없이 많은 전투에서 손쉽게 승리했다.

하지만 병참 측면에서 보면 히틀러의 소련 정복 일정표는 차질이 불가피했다. 독일 군대는 필요한 보급품의 절반밖에 제공받지 못했다. 연료와 탄약 부족으로 여기저기서 군사작전이 중단되었다. 오죽했으면 특정 지역으로 수송 중이던 물자를 중간에 내려서 전략적으로 가장 필요한 전장으로 보내는 경우도 비일비재했다. 이런 식으로는 전쟁을 제대로 수행하는 것이 불가능했다.

게다가 독일의 공병대는 어느 순간부터 수백 킬로미터에 이르는 철로의 궤간을 좁히는 일을 포기했다. 그 결과 임시 보급창은 독일의 화물열차에서 소련의 화물열차로 보급품을 옮겨 싣는 환승 지점이 되었고, 이는 지독한 병목 현상과 수송 지연을 야기했다.

가을이 되자 독일군의 상황이 명백해졌다. 세 개 군집단army group 모두 계속 진군하는 것은 불가능했다.(당시 독일 군대는 레닌그라드를 목표로 하는 북부 군집단, 모스크바로 진군하는 중부 군집단, 키예프로 향하는 남부 군집단 세 갈래로 구성되었다. - 옮긴이) 독일군은 선택해야 했다. 모스크바를 공격하려면 나머지 두 개 군집단은 진군을 멈춰야 했고, 모든 보급품을 모스크바에서 불과 400킬로미터 지점까지 진군한 중부 군집단에게 몰아주어야 했다.

독일군의 주공 병력인 중부 군집단의 전력이 보강되었고, 전차 부대와 보병 부대가 각각 세 개씩 짝을 이루었다. 중부군은 단한 번의 포위 공격으로 뱌지마와 50만 명이 넘는 소련 군대를 독안의 쥐로 만들었다. 그런 다음 가을비가 내렸고, 도로가 진흙탕으

독약수 061

로 변해 모스크바로 진군하는 것은 미뤄야 했다.

11월이 되자 혹독한 겨울 추위로 도로가 꽁꽁 얼어붙어 전차와 트럭이 이동할 수 있게 되었다. 그러나 이번에는 또 다른 문제들이 생겼다. 증기 기관의 배수관이 얼어서 동파했고, 맹추위에 트럭의 시동이 걸리지 않았다. 뿐만 아니라 전차의 변속 장치 오일이 얼어붙었다. 심지어 병사들을 위한 적절한 방한복조차 부족했다.

12월 중순 독일 군대는 더 이상 진격할 수 없었다. 설상가상으로 소련 군대가 대대적인 T-34 전차 부대를 앞세워 반격했고, 따뜻한 방한복으로 단단히 무장한 대규모의 시베리아 보병들이 전차 부대를 뒤따랐다. 하지만 당시까지만 해도 독일군이 후퇴할 수 있는 방법은 있었다. 그런데 히틀러는 패주는 있을 수 없다며 어떤 대가를 치르더라도 현 위치를 반드시 사수하라고 명령했다. 사실상 후퇴 엄금 명령을 내린 것이다. 결과적으로 보면 히틀러의 명령 덕분에 독일군이 전멸하는 것은 피할 수 있었다. 하지만 그때가 독일군이 모스크바에 가장 가까이까지 진군한 것이었다. 두 번 다시 그런 기회는 없었다.

소련은 침략자들의 무덤이다

역사적으로 볼 때 소련을 침공하는 것은 절대로 좋은 아이디어가 아니었다. 프랑스의 나폴레옹도 스웨덴의 소년 왕 칼 12세도 러시아를 침공했다가 참패했고 군대를 잃었다. 히틀러도 일찍이 러시아를 침공했던 '선배'들의 전철을 그대로 밟았다. 전쟁 초기에 연거푸 승리하자 자만심이 하늘을 찔렀다.

물론 소련을 아예 침공하지 않는 것이 더 쉬운 대안이었다. 하지만 이것 또한 괜찮은 전략이었을지는 잘 모르겠다. 예컨대 독일이 소련을 침공한 이듬해인 1942년 봄, 소련의 독재자 이오시프 스탈린은 참모들이 독일 점령하에 있던 폴란드를 공격할 계획을 수립하도록 허락했다. 따라서 소련을 침공하지 않는 대안이 비록 불가능하지는 않아도 가능성은 아주 희박했다.

다시 시간을 돌려 독일이 소련을 침공하기 전으로 돌아가 보자. 어차피 소련을 침공할 거라면 독일은 여러 측면에서 준비를 좀 더 잘할 수 있었다. 먼저 산업적인 측면부터 살펴보자. 만약 독일이 자국의 자동차 산업을 확장하는 데 더욱 집중했더라면 더 많은 수송 트럭을 전쟁에 투입할 수 있었다. 또는 자국의 철도 관련 역량을 개선할 수도 있었는데, 그랬더라면 독일의 열차에 맞춰 소련의 철로 궤도를 더욱 신속하게 변경할 수 있었을지도 모른다.

군사작전 측면에서도 독일에게는 다른 선택지가 있었다. 가령 독일 장군들이 소련 침공 계획의 범위를 좁혔으면 어땠을까? 애초 계획대로라면 독일의 세 개 군집단은 레닌그라드, 모스크바, 곡창지대가 있는 우크라이나, 크림 반도, 유전이 풍부한 코카서스 등을 한 번의 전쟁으로 모두 점령할 수 있어야 했다! 게다가 혹한으로 악명 높은 소련의 겨울이 닥치기 전에 점령한 거점들을 확실히 장악했어야 했다! 하지만 독일의 전쟁 기획자들은 목표를 수립할 때 현실보다 욕심이 너무 앞섰던 것 같다. 그래서 달성 가능한 수준으로 목표를 제한하지 못한 듯싶다. 독일군이 전략적인 일부 거점들을 점령했지만, 모든 전략적 목표들을 손에 넣으려고 지나치게 무리하는 바람에 힘이 분산되어 잡은 물고기마저 놓치고 말았다.

가령 레닌그라드를 포기하고 대신에 모스크바와 우크라이나를 집중적으로 공격하는 것이 더 낫지 않았을까? 또는 전격전의 속도를 늦추었다면 어땠을까? 세 개의 군집단 모두가 일단 480킬로미터 정도 동진한 후에 진군을 멈추고, 그다음 비록 보급 상황이 원활하지는 않더라도 단축된 보급로를 사수하면서 겨울을 나는 방법이 더 좋지 않았을까? 게다가 전투가 소강상태일 때를 이용해 소련의 철도 전체를 독일의 궤도로 바꿀 수도 있었고 그런 뒤에 병참기지들을 재건할 수도 있었을 것이다.

벼랑 끝 전술의 귀재였던 히틀러는 소련을 상대로 대담한 도박을 걸어 모스크바의 약 30킬로미터 외곽까지 진격했다. 야망이 조금만 작았더라면 히틀러는 막대한 피해를 입은 1942년 스탈린그라드전투(1942년 8월부터 1943년 2월 2일까지 오늘날 볼고그라드인 스탈린그라드 일대에서 소련군과 독일 주도의 추축국이 대격전을 벌인 전투이다. - 옮긴이)를 피할 수 있었고, 코카서스에서 무리한 군사작전을 펼치는 대신에 모스크바를 손에 넣을 수도 있었다. 물론 이런 대안은 독일 군대의 실제 전쟁 수행 방식과는 달랐을 것이다. 독일 군대는 계획에 의거한 신중한 진군과 보급품의 안정적인 공급보다, 공격과 신속한 진격 즉 속도전을 우선시했다.

독일 군대의 강경 일변도 공세와 임무형 전술(독일군 특유의 부대 지휘 방식으로, 상급자의 지시 없이도 하급 지휘관이 상황에 따라 스스로 능동적이고 결단력 있게 행동할 수 있도록 재량권을 부여했다. - 옮긴이)은 보급품이 부족해지는 순간 '약발'이 떨어졌다.

만약 로널드 레이건이 '카사블랑카'에 출연했더라면? : 1942년

마이크 레즈닉
Mike Resnick

> "레이건이 은막에서 머물고 세계 정치 무대에
> 등장하지 않았더라면 어땠을까?"

《모두 릭의 카페에 모인다Everybody Comes to Rick's》라는 희곡이 있었다. 머레이 버넷Murray Burnett과 조앤 엘리슨Joan Alison의 공동 작품인 이 희곡은 제작자를 찾지 못해 브로드웨이의 무대에 오르지 못했고, 이후 할리우드 영화계의 문을 두드리고 다녔다. 돌고 돌아 마침내 시나리오 작가인 아이린 다이아몬드Irene Diamond가 이 희곡을 본 뒤 가능성이 있다고 판단해 영화 제작자 해럴드 B. 월리스Harold Brent Wallis에게 영화 판권을 매입하라고 권유했고, 월리스는 무려 2만 달러에 판권을 샀다.

그 희곡이 제목을 바꿔 영화로 제작되었는데 바로 로맨스 영화의 고전 '카사블랑카Casablanca'였다. 험프리 보가트Humphrey

Bogart와 잉그리드 버그먼Ingrid Bergman이 주인공을 맡았고 클로드 레인즈Claude Rains와 폴 헨레이드Paul Henreid가 조연으로 출연했다. 또한 피터 로어Peter Lorre, 시드니 그린스트리트Sydney Greenstreet, 콘라트 파이트Conrad Veidt, S.Z. 사칼Sakall, 레오니드 킨스키Leonid Kinsky 등을 포함해 막강 조연 군단이 구성되었다. 희곡을 시나리오로 각색하는 일은 이란성 쌍둥이 줄리어스Julius와 필립 엡스타인Philip Epstein이 맡아 하워드 E. 코크Howard E. Koch의 도움을 받으면서 거의 매일 작업에 매달렸고, 감독 마이클 커티즈Michael Curtiz가 메가폰을 들었다.

'카사블랑카'는 본래 1943년 중반에 개봉할 계획이었다. 그러나 일정을 앞당겨 1942년 11월 26일에 최초로 상영되었고, 공식적인 개봉 일자는 1943년 1월 23일이었다. 이렇게 서둘러 개봉한 것은 어떤 역사적인 사건을 영화 홍보에 활용하기 위해서였다. 1942년 11월 10~11일 연합군의 북아프리카 상륙작전이 그것이다. 한편 제작사인 워너브라더스에서는 누구도 '카사블랑카'가 성공하거나 영화제에서 수상할 거라고 기대하지 않았다. 이는 사람들의 생각이 얼마나 크게 다를 수 있는지를 여지없이 보여 주는 사례다. '카사블랑카'는 아카데미 영화제에서 최우수 작품상을 수상했고 곧바로 고전 영화의 반열에 올랐으며, 미국 영화 연구소(AFI, American Film Institute)가 추천하는 미국 영화 100선에서 언제나 상위 2~3위 안에 이름을 올린다. 하지만 뭐니 뭐니 해도 이 영화의 최대 수혜자는 173센티미터의 단신에 머리가 반쯤 벗겨진 험프리 보가트였지 싶다. 그는 이 영화 한 편으로 로맨스 영화의 단골 남자 주인공이자 미국에서 가장 인기 있는 배우로 일약 등극했다.

좋다, 누구나 아는 이야기는 이쯤 하자. 대신에 '카사블랑카'의 남우 주연과 관련해 널리 알려지지 않은 재미있는 뒷이야기를 해 보자. 정말 그랬다면 어떠했을지 한번 생각해 보자.

험프리 보가트는 주인공인 릭 블레인Rick Blaine 역할에 맨 처음 거론된 배우가 아니었다. 워너브라더스의 창업자 중 한 사람이었던 잭 워너Jack Warner는 조지 래프트George Raft나 제임스 캐그니James Cagney를 주인공으로 원했다. 어쨌든 당시까지 보가트의 유명 출연작은 단 한 편뿐이었는데 1941년에 개봉한 '몰타의 매The Maltese Falcon'이었다. 더군다나 그는 로맨스 영화에서 주인공을 연기한 적이 한 번도 없었다.

뿐만 아니라 보가트와 계약하기 전에 물망에 올랐던 또 다른 배우가 있었다. 워너브라더스의 전속 배우였는데, 누구나 들어 봤음 직한 이름이다. 1942년 1월 7일 워너브라더스 산하 할리우드 뉴스 프레스 서비스가 다음과 같은 성명문을 발표했다. "앤 셰리든Ann Sheridan과 로널드 레이건Ronald Reagan이 영화 '카사블랑카'에 출연할 예정이며, 이는 그들이 워너브라더스에서 세 번째로 호흡을 맞추는 작품이다."

결론적으로 말해 그들의 출연은 불발되었다. 그렇지만 레이건이 정말로 릭 블레인을 연기했더라면 어땠을까? 물론 당시 레이건은 제2차 세계대전에 참전 중이었다. 그러나 그가 돌아올 때까지 워너브라더스가 영화 제작을 미룰 수 있지 않았을까? 전혀 불가능한 것도 아니었다. 어쨌건 연극 무대에서는 아무도 그 희곡을 원하지 않았고 당시까지 보가트도 흥행 배우가 아니었다. 1945년 제2차 세계대전이 끝난 후 레이건이 주인공을 맡았고 보가트의 '카사블랑카'처럼 큰 인기를 끌었다면 어땠을까? 지금부터 이 가정을 토대로 흥미로운 시나리오를 써 보자.

레이건은 단숨에 스타덤에 오르고 이후 워너브라더스가 제작하는 로맨스 영화에서 최고의 남우 주연으로 승승장구한다. 또한 공전의 히트를 기록한 '카사블랑카' 덕분에 팬들은 그를 영화에서 자주 보고 싶다고 아우성치고, 그리하여 그에게 영화 출연 제안이 쇄도한다. 그의 차기작으로는 어니스트 헤밍웨이Ernest Miller Hemingway의 동명 소설을 영화화한 '소유와 무소유To Have and Have Not'가 가장 유력하다. 당연히 주인공 역할이다. 물론 레이건이 '카사블랑카'로 로맨스 영화의 주인공의 입지를 다지지 못했더라면 그 역할은 보가트에게 돌아갔을 것이다.(실제로 '소유와 무소유'에서 험프리 보가트가 주연을 맡았다. – 옮긴이)

'소유와 무소유'가 흥행에 성공하고 갑자기 레이건은 욕심나는 역할 중에서 마음대로 고를 수 있는 '갑'의 입장이 된다. '소유와 무소유'가 없었다면, 1942년에 개봉한 '킹스 로Kings Row'가 배우 경력에서 최고의 작품이었을 그로서는 꿈도 꿀 수 없었을 역할들이다. 그는 영화 '신사협정Gentleman's Agreement'에서 그레고리 펙Gregory Peck을 물리치고 주연 자리를 꿰차고, 영화 '마티Marty'의 주인공으로 비교적 무명이었던 어니스트 보그나인Ernest Borgnine을 제치고 아카데미에서 남우 주연상을 수상한다. 그런 다음 1946년부터 1977년까지 TV 드라마를 리메이크한 '마지막 함성The Last Hurrah'을 끝으로 은퇴할 때까지 총 35편의 영화에 출연한다. 대부분이 막대한 제작비와 홍보비가 투입된 대작이었다.

제2차 세계대전 중에 레이건은 전역 후 전미 영화배우 조합(SAG, Screen Actors Guild)에서 일하고 싶다는 생각을 한다. 심지어 SAG의 조합장에 출마하는 것도 고민한다. 하지만 누적 팬레터가 200만 통에 이르고 14개의 기대작으로부터 출연 제안을 받으면서 그는 SAG에 대한 미련을 접는다. 아니, 최소한 배우 경력에서 다시 오기 힘든 몇 작품에 출연하고 은행 계좌가 두둑해질 때까지라도 영화에만 전념하기로 결심한다.

그러나 당연한 말이지만 연기 경력이 쌓일수록 출연 제안은 더 많이 들어오고, 영화계는 연기력과 인기를 겸비한 그를 잃고 싶어 하지 않는다. 그리하여 마침내 그도 SAG 조합장에 (또는 다른 어떤 직에도) 출마하지 않기로 마음을 정한다.(레이건은 1947년부터 1952년까지 조합장을 지냈다. - 옮긴이)

20년 후 레이건은 캘리포니아 주지사를 연임하던 팻 브라운 Pat Brown(1959년부터 1967년까지 캘리포니아 주지사를 연임했다. - 옮긴이)과 여타 민주당 정치인들의 정책들에 크게 분노해서 생전 처음으로 공화당에 입당한다. 그는 1945년부터 잠시의 공백기도 갖지 않고 끊임없이 영화에 출연하는 와중에도 주 선거와 전국 선거에서 공화당에 꾸준히 기부해 왔고 다 합치면 300만 달러 정도였다.

레이건과 보가트의 자리가 서로 바뀌었다고 말해도 무방하지 싶다. 하지만 보가트는 이따금씩 진보주의적인 성향을 드러냈고, 애연가로 줄담배를 피웠으며, 결국 1957년 1월 폐암으로 사망했다.

이제는 우리의 가정적 시나리오에서 레이건이 SAG 조합장이 아니라 미국 대통령 선거에 출마해서 대통령을 지냈던 기간 동안 무슨 일이 있었을지 상상해 보자.(레이건은 1981년부터 1989년까지 대통령을 역임했다. - 옮긴이)

공화당 정치인들 사이에 경쟁이 다소 치열했지만, 조지 H. W. 부시가 1980년 공화당의 대통령 후보 경선에서 지명권을 획득한다.(실제로 부시는 레이건에 이어 1989년부터 1993년까지 재임했다. - 옮긴이) 당시 이란 테헤란 주재 미국 대사관에서 수십 명의 미국인들이 인질로 잡힌 상태가 지속되고, 기준 금리가 무려 21퍼센트를 찍는 경제 불황으로 인기가 추락했던 현역 대통령 지미 카터Jimmy Carter를 이기는 것은 생각보다 훨씬 쉬웠다. 재선에 도전했던 카터는 겨우 열 개 주에서만 승리했다.

부시는 레이건 대통령과는 달리 이란의 최고 지도자 아야톨라 호메이니Ayatollah Ruhollah Khomeini에게 위협적인 존재가 아니었다. 한편 미국은 1982년 이란을 침공했고, (구출 작전 중에 사망한) 다섯 명을 빼고 인질 전원을 무사히 구출했으며, 호메이니를 실각시키고 친민주-친미 성향의 정권을 세워 이란의 새 통치자로 추대했다.

부시는 경제를 다소 회복시키고 일자리도 어느 정도 증가시킨다. 그러나 실제 레이건 대통령의 재임 시절만큼 경이로운 수준까지는 아니다. 하지만 전임 대통령인 카터가 워낙 경제를 말아먹은 터라 부시는 이내 경제 마법사로 칭송받고, 당연히 1984년 대통령 선거에서 재선에 안착한다.

그리고 부시는 TV에서 끊임없이 상영되는 '카사블랑카'를 보면서 대통령으로서의 엄청난 중압감을 잠시 내려놓고 휴식을 취할지도 모르겠다.

후퇴를 죽기보다 싫어했던 히틀러의 패착, 쿠르스크 전투 : 1943년

해리 터틀도브
Harry Turtledove

"속이 울렁거린다"

1943년 2월 2일, 지난 8월 소비에트연방의 남부 도시 스탈린그라드에서 시작된 전투가 약 다섯 달 보름 만에 끝났다. 독일의 프리드리히 파울루스Friedrich Paulus 육군 원수가 굶주림과 추위에 고통받던 독일군의 마지막 잔여 병사 9만 명과 함께 항복했다. 히틀러가 동부 전선에서 스탈린을 절대 패배시키지 못할 거라는 사실은 누가 봐도 분명했다.(파울루스는 항복 직전에 육군 원수로 승진했다. 이는 자살하라는 무언의 암시였다. 이제까지 독일군 원수 중에 항복한 전례가 없었기 때문이다. 하지만 그는 무언의 압박에 굴하지 않았고 자살하지 않았다. 그들 포로 중에서 훗날 고국으로 귀환한 병사는 불과 5,000명 정도였는데 파울루스도 그중 하나였다)

1942년을 거쳐 1943년으로 겨울이 깊어 가는 동안 소련 남부에서 독일 군대는 패색이 아주 짙었지만 완전히 궤멸할지는 미지수였다. 결과적으로 그런 일은 벌어지지 않았다. 독일군을 사지에서 구해 준 일등 공신은 에리히 폰 만슈타인Erich von Manstein 육군 원수의 탁월한 지휘 통솔력이었다. 소련의 적군이 전선을 지나치게 확대하도록 유인하기 위해 전략상 후퇴 작전을 펴자는 만슈타인의 계획을 히틀러는 기꺼이 허락했다. 이는 아주 이례적인 일이었다. 어쩌면 히틀러가 스탈린그라드 전투의 대패에서 받은 충격이 아직 가시지 않아서였을 수도 있다.

모스크바 공방전과 스탈린그라드 전투에서의 연이은 승리로 한껏 기세가 오른 소련 장군들은 당연히 독일의 미끼를 물었다. 그러자 독일의 만슈타인 야전군 원수는 소련의 군대를 하나씩 궤멸시켰다. 심지어 독일군은 소련 군대가 얼마 전에 함락한 핵심 도시 하리코프(오늘날 우크라이나의 하르키우)를 재탈환했다. 그리고 이내 처지가 완전히 뒤바뀌어 베어마흐트가 아니라 러시아의 적군이 봄 해빙기만 손꼽아 기다렸다. 눈과 얼음이 녹아 사방이 진흙탕으로 변하면 독일군과 러시아군 모두 진지에서 몇 주간 꼼짝할 수 없을 것이기 때문이었다.

드디어 눈이 녹고 진흙탕 바닥이 드러나자 전선은 1년 전과 거의 똑같은 상태가 되었다. 가장 큰 차이는 소련의 적군이 하리코프 북부의 쿠르스크Kursk 중심부에 위치한 거대한 돌출부를 장악하고 있다는 것이었다. 소련군과 독일군은 지난 두 번의 겨울과 두 번의 여름 동안 서로 승패를 주고받았다. 소련 군대는 두 번의 동절기에 성공적인 작전들을 수행했던 반면, 두 번의 하계 공세의 주인공은 독일이었다. 히틀러는 1943년의 여름도 반드시 독일의 계절로 만들겠다고 의지를 불태웠다.

주변 지도를 보면 쿠르스크 돌출부를 장악하는 것이 전략적 주도권을 되찾는 좋은 방법으로 보였다. 쿠르스크를 점령하면 무엇보다도 독일군은 사수해야 하는 전선이 축소될 터였다. 그 경우 몇몇 사단을 전략적 예비대로 아껴 두거나 어디든 다른 전선에 투입할 여력도 생길 것이었다. 솔직히 독일 입장에서는 후자의 가능성이 더 컸다. 그리하여 성채 작전Operation Citadel이 탄생했고 1943년 4월 중순에서 말 사이에 만슈타인의 주도로 작전을 개시하기로 결정되었다. 그때쯤이면 땅이 말라서 기갑부대와 병사들이 자유롭게 이동할 수 있을 거라는 판단에서였다.

그런데 성채 작전과 관련해 문제가 두 개 있었다. 하나는 스탈린과 주코프도 쿠르스크의 주변 지도를 살펴보고 독일군의 계획을 꿰뚫어 볼 수 있다는 점이었다. 아니, 그들이 지도를 볼 수 없더라도 루시Lucy라고 불리던 소련의 스파이망이 쿠르스크 돌출부에 관한 정보를 제공할 수도 있었다. 독일군이 애초 예정대로 4월 15일에서 25일 사이에 공격을 감행했더라면 소련이 쿠르스크에 관해 어떤 정보를 입수했든 별로 중요하지 않았을 것이다. 그러나 독일의 4월 공격 계획은 실행되지 못했다.

성채 작전은 여러 차례 미뤄졌다. 독일군은 성채 작전을 위해 병력을 지속적으로 증강했다. 특히 히틀러는 이참에 신형 전차 모델인 판터Panther를 기갑부대에 추가하고 싶었다. 그러나 판터는 새로운 모델이라 아직까지 크고 작은 여러 기계적 결함이 있었다. 한번은 기갑 총감으로서 독일군의 전차 상황에 대해 잘 알았던 하인츠 구데리안Heinz Wilhelm Guderian이 참모 작전 회의에서 히틀러에게 성채 작전 자체를 반대했다. 대신에 서부 전선에서의 대규모 전투에 대비해 자원을 비축하자고 제안했다. 심지어 독일 총통 히틀러조차 성채 작전에 대해 꺼림칙한 마음이 있어서 "그 공격에 대해 생각하면 나도 속이 울렁거린다."라고 말할 정도였다. 그러나 그는 성채 작전을 취소하지 않았고, 6월 12일로 공격 날짜를 또다시 연기했다. 이후에도 한 차례 더 연기해 결국 7월 5일에 성채 작전의 막이 올랐다.

그러는 동안 소련은 독일과의 일전을 차근차근 준비했다. 먼저 적군 병사들과 징집한 민간인들을 동원해 수 킬로미터에 이르는 참호와 대전차 도랑을 건설했다. 그리고 수만 개의 지뢰도 매설했다. 또한 소련군은 야포, 로켓포 발사대, 전차, 병사 등을 집결시켰다. 결과부터 말하면 성채 공격은 독일의 실패로 끝났다. 북쪽 공격을 이끌었던 '총통의 소방수' 발터 모델은 한 치도 진격하지 못했다. 남쪽에서는 만슈타인이 거의 성공의 문턱까지 갔다. 그러나 독소전쟁만이 아니라 당시까지 역사상 최대 규모였던 프로호로프카 Prokhorovka 전차전에서 만슈타인이 지휘하던 기갑부대의 공세가 저지당했다. 양측 모두 막대한 손실을 입었지만, 소련은 독일보다 손실로 인한 타격이 훨씬 적었다. 이후 베어마흐트는 전략적 주도권을 끝내 되찾지 못했다. 쿠르스크 전투가 끝난 뒤에도 제2차 세계대전은 2년이나 더 지속되었다. 그러나 그 이후 독일은 다시는 공세로 전환하지 못했고, 소련의 공세에 밀려 동부 전선 전체가 무너지기 시작했으며, 제2차 세계대전에서 계속 내리막길을 걸었다. 결과적으로 쿠르스크 전투는 이번 세계대전의 결정적인 전환점이었다.

비록 동부 전선에서 승리하지는 못하더라도 최소한 무승부를 이끌어 낼 만큼 독일군이 병력과 물자를 충분히 확보할 수는 없었을까? 스탈린 같이 냉혈한 살육자마저 더 많은 피를 보기보다는 평화가 더 이득이라고 생각하도록, 독일군은 소련군에게 막대한 인명 손실을 안겨 주고 T-34 전차를 가능한 한 많이 파괴할 수는 없었을까? 그렇게 하려면 독일군은 어떻게 해야 했을까?

물론 소련군의 준비가 미흡한 틈을 노려 처음 계획대로 쿠르스크 돌출부를 일찍 공격했더라면 쉽게 함락시켰을 가능성이 컸다. 그러나 쿠르스크를 조기에 장악하는 것 외에도 독일에는 또 다른 선택지도 있었다. 소련의 선제공격을 허용한 다음 독일군이 전략적으로 일시 후퇴하여 전력을 가다듬은 뒤 월등한 기술적 능력을 앞세워 반격하는 것이다. 이 전략은 만슈타인이 스탈린그라드에서 패배한 후에 러시아 적군의 포위를 뚫고 탈출하면서 재미를 본 방법이었다. 만슈타인은 쿠르스크 전투에서도 그 방법을 사용하고 싶었다.

하지만 이번에는 히틀러가 그의 계획을 반대했다. 히틀러는 후퇴를 죽기보다 싫어했다. 심지어 군사적인 이유로 일시적으로 후퇴하는 것조차 펄쩍 뛰었다. 성채 작전이 실수였다는 것은 거의 명백했다. 그것도 아주 나쁜 실수였다. 독일은 되도록 병사들과 기계들을 아낄 필요가 있었다. 세계 3위의 경제 대국이었던 독일이 1위인 미국과 2위인 소련 그리고 4위인 영국과 동시에 3면 전쟁을 수행하고 있었다. 어떤 상황에서라도 동시 3면 전쟁은 승산 없는 싸움이었다. 독일은 훗날 어떤 역사가가 "전차 할복panzer hara-kiri"이라고 혹평한 성채 작전에서 막대한 인적, 물적 자원을 낭비했다. 그리하여 성채 작전을 감행하지 않았을 경우보다 훨씬 나쁜 상황으로 내몰렸다.

나치 총통 히틀러가 군대 지휘권을 만슈타인 원수와 여타 고위급 장교들에게 위임했다면 어땠을까? 다시 말해 자신들이 하고 있는 일에 대해 누구보다 잘 아는 전쟁 전문가들에게 군 통수권을 이양했더라면? 소련이 제2차 세계대전에서 '기권'하게 만들 만큼 막대한 인명 손실을 안겨 줄 수 있었을까? 그들이 아무리 뛰어난 군사통이라도 그랬을 가능성은 없어 보인다. 인구와 천연자원에서 독일은 소련의 상대가 되지 못했다. 소련이 인구는 두 배 반, 천연자원은 두 배 반 이상으로 많았다. 게다가 소련에는 막강한 동맹국들도 있었다. 더욱이 소련의 장교들은 전쟁이 전개될수록 전투 경험이 쌓이면서 실력이 일취월장했다. 하긴 그들이 날고 기어 봤자 만슈타인의 엄격한 기준에서 보면 조무래기처럼 보였겠지만 말이다. 결과적으로 볼 때 베어마흐트가 초창기 전투에서 소련을 무너뜨리지 못한 것이 독일에는 천추의 한이 되었다. 시간이 흐를수록 독일의 패색이 짙어 갔고 패배는 기정사실화되었다.

제2차 세계대전의 양상이 1943년부터 약간 '지능형'으로 변하기 시작했다. 그렇게 볼 때 독일은 1945년보다 좀 더 오래 버틸 수 있었을까? 물론 가능성이 전혀 없는 것은 아니다. 히틀러는 이유 여하를 막론하고 후퇴를 용납하지 않았다. 이는 독일군이 이미 장악한 요새 도시들을 절대 포기할 수 없었다는 뜻이다. 그리하여 그 도시들은 되레 그곳을 수비하던 독일 주둔 부대들의 발목을 잡고 그들을 파괴했다. 그 결과는 명백했다. 병력을 낭비하고 전차와 무기를 허비하는 결과만 낳았다. 만약 독일이 공세 일변도의 작전보다 한 수 위의 기동력을 앞세운 '지능적'인 방어전을 전개했더라면, 러시아의 적군은 상당히 고전했을 수도 있었다.

독일이 방어전에 치중했더라면 나치 정권은 1945년 봄에 붕괴하는 대신 그해 여름까지도 전쟁을 끌고 갔을 가능성이 컸다. 그랬다면 히틀러와 그의 동지들은 자신들의 행동에 대한 합당한 운명을 맞이했을 것으로 보인다. 원자폭탄이 베를린은 물론이고 필요하다면 독일의 여타 도시들을 초토화시켰을 거라는 점을 누가 의심할 수 있겠는가? 또한 나치 독일이 원자폭탄으로 잿더미가 되어 사라졌다면 더 좋은 세상이 되었을 거라는 사실을 의심할 사람이 있을까?

독일인들의 승부욕에 불을 지른 루스벨트의 입방정 : 1943년

빌 포셋

"수천 명의 목숨이 달린 일에 어떻게 깊은 고민 없이
입을 가볍게 놀릴 수 있을까?"

1943년 1월 프랑스령 모로코의 카사블랑카에서 미국의 프랭클린 D.
루스벨트 대통령과 영국의 윈스턴 처칠 총리가 만났다. 1월 14일에
시작해 열흘간 이어진 카사블랑카 회담에 소비에트연방의 스탈린
도 초대받았지만, 스탈린그라드 전투가 막바지에 이르는 등 적군
이 일련의 공세를 이어 가던 터라 모스크바를 비울 수 없는 처지였
다. 회담 장소는 상징적 의미를 가졌다. 독일의 아프리카 군단이 점
령했던 카사블랑카가 횃불 작전Operation Torch으로 북아프리카에
상륙해서 추축국 세력을 완전히 몰아낸 미군에 의해 해방된 것이
불과 두 달 전이었다. 회담의 목적은 나치에 대한 장기적인 계획을
수립하는 것이었다. 당시 독일은 유럽의 대부분을 점령했고 여전

히 이탈리아가 추축국으로 참전 중이었다. 따라서 회담의 목적은 연합국이 조만간 전쟁을 종식시킬 방법을 찾기 위해서가 아니었다. 사실 양국 정상은 10일간의 회담 기간 동안 대부분 대對나치 계획을 수립하는 데 집중했다. 처칠과 루스벨트는 회담 중에 손발이 척척 맞았고, 회담이 끝났을 때 두 정상은 공동 회견을 열어 카사블랑카 선언을 발표했다. 그리고 그들의 회견은 전 세계의 신문에 실렸다.

　루스벨트 대통령이 카사블랑카 선언의 강력한 메시지를 담은 연설을 했다. 그런데 중간에 뜬금없이 독일의 '무조건적인 항복'을 요구했다. 이것은 두 정상이 토론한 적도 계획한 적도 없는 요구였다. 그러니 루스벨트의 깜짝 발언에 처칠은 크게 놀랐을 것이다. 미국의 언론은 그 문구를 부각시키며 '루스벨트가 무조건적인 항복을 요구하다'라는 제목의 헤드라인으로 대서특필했다.

　1943년이 되자 동부 전선의 전황이 독일에게 불리해졌다. 스탈린이 진두지휘하는 소련군의 공세에 베어마흐트가 크게 밀렸고, 소련과 우크라이나에서는 독일군의 패주가 마지막 초읽기에 들어간 것처럼 보였다. 따라서 독일 국민은 물론이고 독일군의 사기도 저하되고 있었다. 하지만 루스벨트의 말실수가 분위기를 일순 바꿔 놓았다. 이제까지 나치 독일의 선전부 장관 괴벨스Paul Joseph Goebbels가 했던 어떤 발언보다 루스벨트의 실언이 독일의 저항을 더욱 강경하게 만들었다. 제1차 세계대전 후에 체결된 베르사유조약으로 독일이 당한 굴욕과 경제적인 파괴를 생생히 기억하는 독일 국민들에게 무조건적인 항복은 완전한 파괴를 의미했다. 심지어 비교적 신생 국가인 독일의 종말로 받아들이는 사람들도 있었다.(독일은 1871년에야 비로소 통일되었다) 나치의 선전 기계가 루스벨트의 '입방정'을 그냥 넘어갈 리가 없었다. 곧바로 괴벨스는 독일 국민들에게 그들 모두가 노예로 전락하거나 심지어는 소련의 강제 노동 수용소로 끌려갈 거라고 선동했다. 독일인들에게는 괴벨스의 끔찍한 예상이 빈말로 들리지 않았다. 일례로 독일이 소련에 입힌 피해에 대해 그대로 앙갚음하겠다는 스탈린의 계획을 모르는 사람은 없었다. 스탈린은 그런 마음을 숨기려는 노력조차 하지 않았다. 실제로 소련군은 독일 영내로 진군하면서 강간, 파괴, 약탈을 조금도 서슴지 않고 닥치는 대로 저질렀다. 게다가 미국 공군은 독일인들의 전쟁 의지를 좌절시키기 위해 독일 도시들에 융단 폭격을 감행했고, 무차별적인 폭격으로 수많은 민간인이 희생되었다. 이런 것들을 종합해 보면 연합국이 독일 국민에게 어떤 짓을 벌일지 삼척동자도 알 수 있었다. 거의 무제한적인 보복을 가할 것이 틀림없었다. 그리하여 독일 국민들 사이에서는 전쟁에서 패하면 어떤 결과를 맞이할지에 대한 두려움이 팽배했고, 최악의 상황을 의심할 만한 이유란 없었다.

연합국에서는 많은 사람들이 나서서 루스벨트의 무조건적인 항복 발언이 불러온 파장을 잠재우기 위해 노력했다. 그러나 그의 말실수로 인한 피해는 이미 돌이킬 수 없었다. 독일인들을 결사항전 외에 다른 대안이 없는 막다른 골목으로 내몬 것은 물론이고 히틀러의 입지만 공고히 해 주었다. 때마침 동부 전선에서 날아온 나쁜 소식이 확산되던 터라 루스벨트의 실언은 불에 기름을 부은 격이었다. 악재는 겹쳐서 온다고, 이번에는 미국의 재무부 장관이 수립한 전후 독일 처리 방안인 모겐소 계획Morgenthau Plan이 세상에 알려졌다. 물론 미국이 그 계획을 채택한 것은 아니었지만 독일인들을 경악하게 만들기에 충분했다. 그 계획의 핵심은 제2차 세계대전이 끝난 후 연합국이 전범 국가인 독일의 모든 중공업을 파괴하고 독일 전체를 농업국으로 만드는 것이었다. 이미 독일은 수백만 명이 기아에 허덕였을 것으로 추산된다. 그리고 미국 공군의 융단 폭격으로 거의 100만 명의 독일인들이 연기처럼 사라졌다. 따라서 독일인들로서는 미국이 그 계획을 실행하지 않을 거라고 생각할 이유가 전혀 없었다. 루스벨트 대통령이 독일의 유일한 선택이 무조건적인 항복이라고 선언하자, 이제 모든 독일인들은 저항하는 것 외에 다른 선택지가 없다고 생각했다. 실제로 다른 대안은 없었다.

만약 루스벨트가 다짜고짜 무조건적인 항복을 요구하지 않았더라면, 그래서 괴벨스가 독일 국민들의 저항을 단결시키고 공고하게 만들 빌미를 주지 않았더라면, 제2차 세계대전이 좀 더 일찍 끝나고 인명 피해가 줄어들었을 가능성도 배제할 수 없다. 그리고 동부 전선에서의 연패 소식이 널리 알려진 후에 히틀러의 권력이 자연스럽게 약화되었을지도 모른다. 그랬더라면 독일인들은 1944년에 종전 협상이나 심지어는 명예로운 항복을 바라던 사람들을 공개적으로 지지할 수도 있었다. 정말 일이 그렇게 순리대로 풀렸으면 얼마나 좋았을까? 제2차 세계대전이 좀 더 일찍 끝나면서 수만 명의 목숨이 살고, 나치 독일이 붕괴하는 순간까지 이어졌던 독일인들의 광적인 저항도 피할 수 있었을 것이다.

히틀러의 불면증과 롬멜의 생일 파티 : 1944년

빌 포셋

"노르망디상륙작전은 재앙이 될 수도 있었다"

1944년 6월 6일 연합군이 프랑스 북부 해안 노르망디 지역을 공격하면서 상륙작전의 서막이 올랐고 7월에 막을 내렸다. 연합군의 노르망디상륙작전이 성공한 데에는 여러 이유가 있었다. 그중 두 가지는 다른 상황에서라면 사소하게 여겨졌을 실수들이었다. 하나는 대서양 방벽Atlantic Wall(연합군이 프랑스 해안에 상륙하는 것을 저지하기 위해 나치 독일이 만든 총장 3,860킬로미터의 방어선이다. – 옮긴이)에서 독일 방어군을 지휘하던 에르빈 롬멜의 실수였다. 롬멜은 몇 달에 걸쳐 프랑스 해안선을 따라 방어선을 보강하고 확장하는 데 집중했다. 수백만 개의 지뢰를 매설했고 연합국의 해군 포격으로부터 대포와 기관총을 보호하기 위해 수많은 벙커까지 건설했다. 또한 롬멜은 히틀러를 어르고 달래 추가적인 전차 부대도 지원받았다. 이번에 연합군의 상륙을 저지할 수 있다면 연합군이 또다시 상륙작전을 시도할 때까지 적어도 1년은 벌 수 있을 터였다. 상륙작전이 수포로 돌아간다면 연합군의 보급품 상황과 변덕스러운 날씨 때문에 재시도가 오랫동안 지연되는 것은 불가피했다. 이렇게만 된다면 독일군은 고전하던 동부 전선으로 많은 병력을 이동시킬 수도 있을 것이었다. 또한 독일은 이번 상륙작전의 실패가 연합국을 협상 테이블로 불러낼 수 있기를, 그리하여 최종적으로는 평화로 이어지기를 내심 바랐다.

연합군의 상륙작전에 대해 독일군은 하나는 알고 다른 하나는 몰랐다. 먼저 연합군이 상륙작전을 준비하고 있다는 것은 익히 알고 있었다. 그렇지만 연합군이 어디로 상륙할지는 몰랐다. 연합군은 사전 포석으로 명민한 일련의 기만 작전을 전개했고, 독일군은 그런 심리전에 말려들었다. 그리하여 독일의 장군들은 연합군이 영국 해협에서 가장 좁은 지역을 통과해 프랑스의 파드칼레 해안으로 상륙할 거라고 확신했다. 심지어 독일군을 속이기 위한 연합군의 유령 부대가 조직되었고 조지 S. 패튼George Smith Patton 육군 대장이 지휘를 맡았다. 패튼을 내세운 데에도 연합군의 계산이 숨어 있었다. 연합군에서 롬멜에 견줄 만한 유능한 기갑부대 지휘관으로는 패튼 장군이 유일했을 것이다. 이는 달리 말하면 독일군이 패튼을 매우 두려워했다는 뜻이다. 또한 가짜 명령서를 지참한 시체 한 구를 바다로 흘려보내기도 했다. 시체가 조류를 타고 프랑스 해안에 도착해 독일군들이 발견하도록 만들기 위함이었다. 이런 기만 작전들이 제대로 먹혀들었고, 실제로 상륙작전이 전개된 처음 몇 시간 동안 독일군 전차 사단 두 개를 엉뚱한 곳에 묶어 둘

수 있었다. 그럼에도 불구하고 노르망디상륙작전이 순조롭게 전개된 것은 아니었다. 오히려 드와이트 D. 아이젠하워Dwight David Eisenhower가 전면 철수를 고려할 정도로 거의 실패할 뻔했던 절체절명의 위기가 몇 번 있었다. 그러나 이번 작전에서 승리의 여신은 연합군 편이었다. 독일군이 두 가지 판단 실수를 저지르는 바람에 상륙작전이 성공한 것이다. 얼핏 사소한 것처럼 보이는 무언가를 잘못 판단한 작은 실수들이었지만 결과는 너무나 막대했다.

히틀러가 연합군의 속임수에 걸려들어 두 개의 전차 사단이 파드칼레 인근에 묶이고 말았다. 물론 속임수에 넘어간 건 실수였지만 돌이킬 수 없는 실수는 아니었다. 연합군의 상륙작전이 성공할 수 있었던 첫 번째 실수가 만들어진 발단은, 히틀러가 두 지휘관이 전술에 대해 첨예하게 언쟁을 벌이는 것에 넌더리가 났다는 데 있었다. 독일군의 대들보였던 게르트 폰 룬트슈테트Gerd von Rundstedt와 롬멜은 공격 시점에 대해 이견을 보였다. 먼저 룬트슈테트는 전차 사단과 보병 사단을 전부 집결시켜 가능한 최대의 전력으로 상륙 거점을 공격하자고 주장했다. 반면 사막의 여우 롬멜은 연합군의 상륙 부대가 전열을 갖추지 못하고 보급품을 조달받기 어려운 상륙 교두보에 있을 때 당장 가용한 병력만으로 즉각 공격하자고 주장했다. 둘 다 일리가 있는데다 짜증이 난 히틀러는 둘 중 하나를 고르는 대신 둘 다를 선택했고 이는 결국 자충수가 되었다. 독일군은 프랑스에 주둔하는 기동 사단을 세 개 집단으로 나눴고 세 명의 지휘관이 각각을 지휘했다. 먼저 롬멜에게는 전차 사단 세 개가 주어졌는데, 롬멜은 연합국이 노르망디와 파드칼레 중 어디로 상륙하든 곧바로 출동할 수 있도록 그중 두 개 사단을 센강 북부에 배치했다. 결국 이 두 사단은 실제로 연합군이 상륙작전을 개시했을 때 상륙 거점에서 가장 가까이 있게 되었다. 한편 룬트슈테트는 프랑스와 덴마크에 주둔하던 전군에 대한 직접적인 지휘권을 위임받았지만, 총통의 승인 없이는 어떤 군사적 행동도 주저했다. 마지막으로 히틀러는 자신의 직속 기관인 국방군 최고사령부(OKW, Oberkommando der Wehrmacht)에게 네 개의 최정예 사단에 대한 전반적인 지휘권을 위임했다. 제1 SS(Schutzstaffel, 나치 친위대 혹은 근위대를 말한다. - 옮긴이), 제12 SS, 제17 SS 기갑 척탄병 사단, 기갑 교도敎徒 사단 등이었다. 결론부터 말하면, 이들 최정예 사단이 연합군의 상륙작전을 저지하는 데 중요한 역할을 할 수도 있었지만, 그렇게 하지 못했다.

사소하지만 전쟁의 승패를 갈랐던 첫 번째 실수는 타이밍을 놓친 것과 무분별함이 빚은 실수였다. 히틀러가 직접 지휘하던 최정예 SS 네 개 사단은 연합군이 상륙하면 반격에 동참하기로 되어 있었지만, 그들 사단은 OKW의 명령 없이는 아무것도 할 수 없었다. 그리고 OKW는 하나부터 열까지 히틀러에게 직접 승인받은 후에만 행동했다. 다시 말해 SS 사단은 OKW의 명령 없이는, OKW는 히틀러의 승인 없이는 아무것도 할 수 없었다. OKW 내부에서는 누구도 총통의 권위에 도전하고 싶어 하지 않았다. 불과 얼마 전에도 히틀러에 대한 암살 시도로 수많은 장교들이 처형당한 일이 있었다. 그러니 더더욱 누구도 다음번 총알받이가 되고 싶지 않아 몸을 극도로 사렸다.

히틀러는 건강이 좋지 않았고 수면 습관이 불규칙했다. 게다가 그가 마약 중독자였다는 증거도 다소 있다. 또한 거의 밤새도록 이야기를 나누고 동이 틀 때까지 침대에 들지 않는 날도 부지기수였다. 연합군의 노르망디 상륙이 시작되었다는 소식과 함께 OKW는 최정예의 강력한 SS 사단 네 개를 노르망디로 보내 달라는 요청을 받았다. 그런데 하필 그때 나치의 총통 히틀러는 잠을 자고 있었다. 평소 히틀러가 잠을 잘 때 깨우면 그야말로 잠자는 사자의 코털을 건드린 꼴이었다. 심지어 잠을 깬 히틀러의 심기가 불편할 때 나치의 비밀경찰 게슈타포가 사람들을 '사라지게' 만드는 '마법'을 부리기도 했다. 그래서 OKW의 누구도 총통을 깨우려 하지 않았다. 그리하여 노르망디에서 한창 전투가 벌어지는데도 총통은 꿈나라에 가 있고 프랑스에 주둔하던 가장 강력하고 최상의 장비로 무장한 독일군의 사단 네 개는 빈둥거리고 있었다. 그렇게 상륙작전의 디데이에 많은 시간이 허비되었다. 그날은 연합군의 상륙작전이 공세로 전환된 날이었고, 수만의 병사들과 전차, 야포가 노르망디 상륙 거점에 도착한 날이었다. 요컨대 그날은 모든 차이가 만들어진 날이었다.

두 번째 판단 실수는 프랑스 해안의 독일 수비군들이 자국의 최고 명장에게 등을 돌리게 만들었다. 그는 연합군의 상륙작전을 필패시키기 위한 독일군의 필승 카드로 히틀러가 직접 점찍어서 데려온 사람이었다. 그는 나치 총통이 아끼던 장군이었고, 북아프리카 군단을 이끌며 자신이 연합군을 패배시킬 역량이 있음을 증명했던 사람이었다. 맞다, 사막의 여우 에르빈 롬멜 육군 원수다. 롬멜은 연합군의 상륙을 지연시키는 것은 물론이고 전차들을 활용해 상륙 교두보를 분할시켜 각 교두보를 각개전투로 궤멸시키는 것과 관련해 아주 명확하고 구체적인 작전을 세웠다.

1944년 6월 5일은 바람이 거셌고 파도까지 높았다. 그날은 조수를 고려할 때 해협을 건너기에 적당한 시간이 아주 짧았다. 연합군의 모든 지휘관이 날씨에 대해 걱정했다. 오죽했으면 연합국

원정군 최고사령부의 사령관 아이젠하워가 상륙작전을 연기할 뻔했다는 공식적인 기록이 남아 있을 정도였다. 그러던 중 영국의 기상 전문가들은 6월 6일 상륙작전이 성공할 수 있을 만큼 한동안 날씨 상황이 좋아질 거라고 예상했다.

그런데 프랑스 주둔 독일 작전 본부에 있던 에르빈 롬멜도 똑같은 기상 상황을 확인했다. 그런데 그는 그런 날씨에는 상륙작전이 불가하다는 정반대의 결론을 도출했다. 이것은 그에게 날씨가 가져다준 '깜짝 휴가'를 이용해 독일로 날아갈 수 있다는 뜻이었다. 6월 6일은 아내의 생일이었고 그는 집에서 가족과 함께 아내의 생일을 축하했다. 다음 날 아침 집에서 눈을 뜬 롬멜은 연합군이 노르망디에 성공적으로 상륙했다는 소식을 들었다. 그가 처음으로 내뱉은 말은 "이런 바보 천치 같으니!"라는 자책이었다. 사실 그가 저지른 실수는 전시에 아주 고전적인 것이었다. 바로 적이 자신이 예상하는 대로 행동할 거라고 기대하는 실수다. 롬멜 육군 원수는 서둘러 노르망디로 돌아갔지만 애초 자신이 계획한 대로 연합군을 영국 해협 너머로 돌려보내기에는 너무 늦게 도착했다. 이렇듯 똑같은 상황에 대해 한쪽은 가능하다고, 다른 쪽은 불가능하다고 판단한 것이 전쟁의 승패를 갈랐다.

사막의 여우 롬멜이 연합군의 디데이에 작전 본부에서 B군집단(남부 군집단을 A군집단과 B군집단으로 나누었다. ─ 옮긴이)을 지휘했다면 제21 전차 사단은 좀 더 빨리 연합군을 공격할 수 있었을 것이다. 롬멜이 지휘하던 나머지 전차 사단 두 개, 즉 제2 전차 사단과 제116 전차 사단도 센강을 도하해 실제보다 훨씬 일찍 도착했을지도 모르겠다. 롬멜의 역동적인 지휘에 따라서 그리고 그의 철저한 작전 계획에 의거해서, 독일군은 연합군의 선도 부대가 처음 상륙하고 불과 몇 시간 만에 대대적으로 반격을 개시했을 가능성이 컸다. 사실 해변의 두 교두보에 상륙을 시도했던 미군은 피해가 엄청나서 군대가 거의 철수하다시피 했다.(연합군의 상륙 지점은 크게 오마하Omaha, 유타Utah, 골드Gold, 주노Juno, 소드Sword, 이렇게 다섯 곳의 해변이었고 미군은 오마하와 유타로, 나머지 연합군은 골드와 주노와 소드로 상륙했다. - 옮긴이) 그 두 해변에서 제2 SS나 제21 전차 사단이 공격했더라면 그야말로 대학살이 벌어졌을지 누가 알겠는가. 상륙 후 처음 몇 시간 동안 미군이 확보한 교두보는 겨우 몇 미터에 불과했다. 여차하면 노르망디상륙작전 전체가 참담한 실패로 끝날 위험도 있었다.

상사의 기분이 좋지 않을 때 나쁜 소식을 전해 주기란 누구에게나 힘들기 마련이다. 디데이 상륙이 시작되었다는 소식을 들었을 때 누군가가 히틀러를 깨웠더라면 어땠을까? 비록 히틀러는 몇 시간밖에 눈을 붙이지 못했겠지만, 5만 명의 경험 많은 병사들과 두 개의 전차 사단이 훨씬 일찍 노르망디에 도착할 수도 있었다. 그랬더라면 롬멜이 휘하 사단들과 히틀러가 파병한 사단들을 합쳐 심지어 이튿날에라도 연합군의 상륙 교두보들을 정면으로 공격할 정도의 막강한 군대를 편성했을 가능성이 컸다.

이처럼 사소해 보이는 결정 두 개가 전쟁의 흐름을 바꿔 놓았다. 만약 롬멜이 자신이라면 그렇게 하지 않을 거라는 생각에 아이젠하워도 상륙을 명령하지 않을 거라고 안일하게 가정하지 않았더라면 역사는 아주 많이 달라졌을지도 모른다. 사막의 여우는 히틀러가 직접 지휘하던 사단 네 개와 자기 휘하의 기동 사단 두 개의 협공으로 연합군의 노르망디 상륙 거점을 좀 더 일찍 그리고 대대적으로 반격할 수 있었을 것이다. 디데이 작전을 이끌었던 연합군의 모든 지휘관들이 공통적으로 기술하는 것이 있다. 처음에는 전투가 어느 쪽도 승리를 장담하기 힘들 만큼 대접전이었다는 것이다. 연합군이 해안에 완전히 상륙하지도 못했고 충분한 전쟁 물자를 하역하지도 못했으며 심지어 해안의 교두보들을 아직 장악하지도 못했을 때, 사막의 여우가 전차 사단 다섯 개와 기갑 척탄병 사단 두 개로 연합군의 상륙 부대를 공격했다면 상황이 어떻게 달라졌을지 누가 알겠는가?

만약 디데이 상륙작전이 실패했더라면 그해 겨울이 오기 전에 상륙작전을 다시 시도했을 가능성은 누구도 장담할 수 없었다. 어차피 겨울이 닥치면 대규모 군대가 영국 해협을 건너는 것은 불가능했다. 이 경우 엉뚱한 곳으로 불꽃이 튈 수도 있었다. 이미 소련은 모든 전투가 자신들 의지와 상관없이 강요되고 있다는 생각에 부담을 느끼고 있었다. 따라서 노르망디상륙작전이 실패했을 경우 소련이 전쟁을 1년 더 계속하는 것을 망설였을지도 모를 일이다. 심지어 소련이 독일과 단독으로 평화조약을 체결하는 것도 전혀 있을 수 없는 일은 아니었던 듯싶다. 스탈린이 서구의 연합국들에게 아무런 충성심을 갖지 않았다는 것은 천하가 아는 사실이었다. 동부 전선의 소련 전역이 없었다면 나치 독일은 무적이었을 것이고, 노르망디를 포함해 연합군은 어떤 상륙작전도 실행하지 못했을 공산이 컸다. 또한 나치 독일은 최소한 소련과의 정전협정이 깨지기 전까지는 사실상 유럽 전역을 통치할 수도 있었다. 만약 독일이 유럽 대륙의 막강한 산업적 역량을 부활시켜 사용할 수 있었다면 또 어떤 일이 벌어졌을지 누가 알겠는가? 무엇보다도 그런 역량을 등에 업은 제3 제국이 소련보다 훨씬 강력해졌을 가능성이 충분했다. 심지어 오늘날 세상의 많은 국가들이 나치 독일을 상대하고 있지 않을 거라고 누가 장담할 수 있을까?

연합군의 노르망디상륙작전의 성공은 많은 변수들이 결집된 합작품이었다. 용감한 병사들, 영웅적인 희생, 월등히 우세한 제공권, 적재적소에서의 뛰어난 임무형 작전, 멀베리 항구(상륙작전이 성공한 뒤 군수물자의 원활한 보급을 위해 노르망디 앞바다에 가설한 인공 항구다. - 옮긴이), 대지뢰 전차 등등. 이런 요소들과 수만 명의 용감한 병사들이 노르망디상륙작전의 일등 공신이었다. 그러나 생일 파티가 없었더라면, 그리고 싫은 소리를 들을 각오를 하고 잠자던 까칠한 상사를 깨웠더라면, 연합군은 훨씬 막대한 피해를 입었을 것이 확실하다. 하물며 해변 거점들에서 오도 가도 못하고 궁지에 몰린 쥐 신세가 되었을지도 모를 일이다. 두 개의 실수가 없었고 디데이 상륙이 실패했다면 나치당이 오늘날 유럽을 통치하는 것도 불가능한 그림은 아니다.

또다시 포화에 휩싸이는 아르덴 숲 : 1944년

빌 포셋

"어라, 우리가 이기고 있었잖아?"

1944년 12월 아르덴 숲이 또다시 전쟁의 포화에 휩싸였다. 이번에는 벌지 전투Battle of the Bulge(벌지는 영어로 '주머니'라는 뜻이며, 독일군의 진격으로 전선의 일부가 돌출된 것을 가리켜 미군이 붙여 준 이름이다. - 옮긴이)였다. 이 전투는 사실상 커다란 실수 두 개의 결과물이었다. 첫 번째 실수는, 독일군이 병력을 대대적으로 증강하는 등 경고 징후가 많은데도 연합군 사령부가 안일하게 생각하여 독일군의 대공세에 전혀 대비하지 못했다는 점이었다. 이것은 연합군 측의 몇몇 작은 실수들과 베어마흐트가 영리하게 '군불'을 열심히 지핀 데서 비롯했다.

독일군의 공격이 있기 한참 전부터 미군 장교들은 여러 경로를 통해 독일군의 공격이 임박했다는 정보를 입수했다. 수많은 독일 병사들이 포로로 붙잡히거나 미군에 투항했고, 그중 많은 독일군들이 자신들이 무슨 훈련을 받았는지 이실직고했다. 그들의 심문 보고서에도 그런 정보가 적시되었지만 고위 행정 직급에서는 이를 철저히 무시했다. 독일의 대규모 반격이란 당시 연합군 고위 지휘관들이 전황에 대해 예상하던 바와 전혀 달랐기 때문이다. 아르덴 산림지대에서 독일의 활동이 증가했다는 수많은 보고서가 올라왔지만, 고위 지휘관들은 불안한 신병 부대들의 기우로 치부하거나 아예 불가능하다고 일축했다. 그도 그럴 것이, 미영 연합군은 몇 달째 거센 공세로 독일군을 몰아붙이고 있었다. 그리고 모든 공격은 독일군의 후퇴로 끝났다. 뿐만 아니라 노르망디상륙작전이 성공한 이후 크건 작건 독일의 반격은 전혀 없었다. 물론 연합군 내부에 독일의 활동이 증가했다는 사실을 인지했던 사람들도 있었다. 하지만 그들조차 아르덴 삼림지대는 밀림처럼 숲이 너무 깊어서 대대적인 공세를 감행하기에는 너무 불리한 지형이라고 확신했다. 그런 가정이 전혀 터무니없는 것은 아니었다. 그래도 그런 공세가 아예 불가능한 것이 아니라는 사실은 하늘도 알고 땅도 알았다. 1940년 독일이 프랑스를 침공할 당시 모두의 예상을 깨고 아르덴 숲을 관통해 프랑스 군대의 측면을 쳐서 완전히 고립시킨 전례가 있지 않은가? 그런 아픈 기억이 있는데도 연합군이 두 손을 놓고 있었다는 것은 사실 다소 놀랍기도 하다. 물론 베어마흐트는 회심의 반격 준비를 위장하기 위해 많은 노력을 기울였다. 심지어 연합군을 속여 건곤일척의 공세를 펼치기 위해 작전명도 '라인을 수호하라Wacht am Rhein'로 정했다.

독일군이 대대적인 반격을 준비한다는 증거에 대해 미군이 보인 반응, 아니 증거를 아예 무시한 행동은 승자들의 고질병인 승리병에서 비롯됐다. 한마디로 자만심이 화를 자초한 것이다. 제2차 세계대전은 막바지에 이르렀고 이제 종전이 초읽기에 들어갔다고 그들은 생각했다. 내년 여름이 지나기 전에, 어쩌면 더 일찍 고향으로 돌아갈 수 있을 거라고 기대했다. 독일군은 연전연패, 연합군은 연전연승을 이어 갔고, 따라서 총사령관 아이젠하워를 위시해 연합군의 거의 모든 지휘관은 이런 전황이 바뀔 여지가 전혀 없다고 속단했다. 게다가 정보원들에 따르면 독일은 사실상 연료가 거의 바닥난 상태였다. 연료가 없다면 움직일 수 없으니 천하의 전차들도 무용지물이나 다름없었다. 사실 이것은 진실에 가까웠다. 솔직히 말해 베어마흐트는 목표를 완전히 달성하기 위해 필요한 연료를 충분히 확보하지 못한 상태로 공세를 시작했다. 당연히 독일군도 연료 부족을 잘 알았고 그래서 연료를 확보하기 위한 나름의 계획도 세웠다. 전차 사단 지휘관들에게 연료를 충분히 비축해 둔 미군의 보급 기지를 탈취해서 그곳에 보관된 연료를 사용하라는 명령을 하달했다. 연합군은 1944년 12월 독일군이 반격할 거라고는 꿈에서도 생각하지 못했다. 오히려 독일군이 반격하지 않을 거라고, 엄밀히 말하면 반격할 수 없을 거라고 확신했다. 게다가 그런 확신을 더욱 굳혀 준 것도 있었다. 독일의 라디오 방송을 해독했는데 공격의 '공' 자도 언급되는 적이 거의 없었던 것이다. 연합군 최고사령부는 암호 해독 팀 울트라Ultra에 지나치게 의존했고 거의 팥으로 메주를 쑨다고 해도 믿을 정도였다. 영국의 정보 부대가 아무런 움직임이 없다고 보고하자, 연합군의 모든 장성들은 다른 경고 징후들이 분명 있었음에도 불구하고 정보 부대의 보고만 철석같이 믿었다. 독일군의 움직임이 전혀 없다고 말이다. 이는 들고 싶은 것만 듣고 보고 싶은 것만 보는 것에 대한 아주 좋은 사례다.

연합군 장군들은 정보 부대 외에 공군의 항공 정찰도 깊이 신뢰했다. 독일군은 마치 숨바꼭질하듯 낮에는 숨고 밤에만 이동했을 뿐 아니라 자신들이 지나간 흔적을 지움으로써 연합군을 감쪽같이 속였다. 베어마흐트가 머리카락까지 감출 수 있었던 데에는 너무나 절박해서 그리고 연료가 부족해서 제1차 세계대전 당시의 수송 방법을 사용한 것이 일조했다. 적의 정찰에 쉽게 포착되는 많은 트럭들을 이용하는 대신 물자의 상당 부분을 5만 두의 말들이 끄는 짐마차로 수송했다.

그리하여 베어마흐트의 예비 병력이 연합군에 발각되지 않고 조심스럽게 집결했고, 연합군이 전혀 예상하지 못한 순간에 기습 공격을 감행할 수 있었다. 그들은 연합군 전선에서 '조용한 구역quiet sector'을 노려 공격했다. 그곳에는 처음 배치된 병아리 부대들과 다른 전투에서 큰 피해를 입어 휴식을 취하고 재편성하기 위해 배치된 부대들이 주둔하고 있었다. 그곳은 적의 공격으로부터 안전한 지점으로 여겨졌기에, 새로 배치된 병사들이 커다란 위험 없이 경험을 쌓고 보충 병력은 전력을 회복해 경험 많은 부대에 합류하기까지 머무르는 중간 기착지의 역할을 했다. 그런데 독일의 전차 사단과 정예 보병 사단들이 그곳을 일제히 공격했다. 어차피 승부는 보나마나였다. 독일군은 방어하는 연합군보다 수적으로 훨씬 우세했을 뿐 아니라 전투력에서도 압도했다. 처음 며칠 동안 수천 명의 미군 병사들이 포로로 잡혔다. 그런 와중에 통신까지 말썽이었다. 통신에 혼선이 생겨 제422 보병 연대와 제423 보병 연대는 측면 부대들이 퇴각하는 와중에도 전선을 사수하려고 버티다가 독일군에 완전히 포위당했고 전원이 포로로 붙잡혔다. 그들 두 개의 연대에서만 6,500명의 미군이 항복했는데, 제2차 세계대전을 통틀어 미군으로는 최대 규모의 항복이었다.

독일군의 진공進攻은 계속되었다. 날씨도 독일의 편이었다. 폭풍우가 몰아치는 악천후 때문에 연합군의 제공권도 아무 소용 없었다. 어차피 항공 작전이 불가능해 공중 공격은 꿈도 꿀 수 없었다. 게다가 독일군이 뫼즈 강을 건너기 전에 저지시키려 연합군이 서두르는 통에 혼란이 발생했고, 이는 되레 독일군을 도와주는 셈이 되었다. 만약 독일군이 강하게 몰아붙여 뫼즈 강을 성공적으로 건넜다면 네덜란드의 안트베르펜을 함락하는 것은 시간 문제였을 수도 있었다. 안트베르펜이 독일군에게 넘어갔더라면 연합군에게는 치명적이었을 것이다. 안트베르펜은 미영 연합군이 장악한 유일한 대규모 항구였고 최전방의 보급 창구였기 때문이다. 마침내 행운의 여신이 연합군에게 미소를 보내기 시작했다. 날씨가 좋아지고 연합군이 공고한 전선을 구축했을 뿐 아니라, 연합군이 바스토뉴에서 맹렬히 저항했으며 패튼의 제3군도 도착했다. 이제는 전세가 역전되었고 독일군의 공격이 저지되었다.

벌지 전투, 다른 말로 아르덴 대공세로 수만 명의 연합군이 전사하거나 부상당했다. 그리고 전선 전체가 뒤죽박죽이 되었다. 예컨대 남쪽에서 독일 영내인 자르를 공격하려던 패튼은 연합군을 구출하기 위해 바스토뉴로 진군했고, 결국 자르 공격 계획을 포기할 수밖에 없었다. 문제는 연합군이 이런 모든 일을 충분히 예방할 수 있었다는 점이다. 연합군 장군들이 해야 했던 일은 딱 하나였다. 정보 보고에 귀를 기울이는 것이었다. 아르덴 지역에서 전선을 강화할 수 있는 병력은 충분하고도 남았다. 최후의 도박으로 전면적인 공세를 밀어붙인 것 말고 독일의 행동 중에 특이하거나 새로운 것은 하나도 없었다. 요컨대 벌지 전투는 벌어져서는 안 되는 사건이었다. 하물며 그곳을 탈환하기 위한 전투와 독일군에 포위당한 바스토뉴를 되찾기 위한 전투는 두말하면 잔소리다. 연합군이 자신들이 믿고 싶은 것을 계속 믿어도 되는, 다시 말해 종전이 초읽기에 들어갔다고 계속 생각해도 되는 이유를 애써 찾는 대신에 현장의 정보를 믿었더라면 어땠을까? 돌출부는 만들어지지 않았을 것이고 당연히 돌출부를 차지하기 위한 전투도 벌어지지 않았을 것이다. 어쩌면 독일이 '라인을 사수하라' 작전으로 얻은 진정한 소득은 딱 하나였을지도 모르겠다. 자르를 공격하려던 패튼의 제3군을 벌지 전투에 끌어들여 소모시켰다는 것이다. 패튼의 기계화 군단이 영리하게도 작전을 변경해 바스토뉴로 달려가지 않았더라면, 본래의 계획대로 그들은 온전한 전투력을 유지한 채 독일 영내를 공격했을 것으로 보인다. 더군다나 그들이 자르를 넘어 불도저처럼 독일 영내로 깊숙이 진격하는 것을 저지할 만한 독일의 예비 기동 병력이 전혀 없었을 수도 있었다. 심지어 패튼의 공격이 결정적인 돌파구가 되었을 가능성도 배제할 수 없다. 그랬더라면 제2차 세계대전은 좀 더 일찍 끝났거나, 연합군이 베를린에 가장 먼저 입성했을지도 모를 일이다.

미국과 영국을 갈라놓을 수 있다고 오판한 히틀러 : 1944년

"비현실적인 기대로 시작한 이번 전투는
애초에 실패할 수밖에 없었다"

벌지 전투는 1944년 12월 16일에 시작해 2주간 지속되다가 그달 말에 끝났다. 당시 독일군은 소비에트연방과의 동부 전선에서 상당히 고전 중이었다. 병력은 갈수록 줄어들었고 소련군의 맹렬한 공격에 밀려 폴란드를 지나 독일 영내로 패퇴하고 있었다. 뿐만 아니라 연합군이 말 그대로 독일 서부와 독일 산업의 심장을 강 하나를 사이에 두고 위협하는 지경이 되었다. 독일군은 동부 전선과 서부 전선의 양면 전쟁에서 독일 영토를 수호하기 위한 병력은 물론이고 무기와 연료도 부족했다. 전황이 계속 이런 식으로 전개된다면 완전한 패배는 시간문제일 뿐 기정사실이었다. 히틀러는 그 상황을 타개할 신의 한 수가 필요했다. 다시 말해 그가 소련이든 미

영 연합군이든 어느 한쪽과 독일에 유리한 협정을 이끌어 내도록 해 줄 특단의 무언가가 필요했다. 먼저 소련이 후보에서 탈락되었다. 소련은 영원한 숙적으로 타협의 여지가 없는 데다, 독일이 소련 영토의 절반을 사실상 결딴냈고 2,000만 명의 전사자를 안겨 준 것을 절대 용서할 리 없었다. 그러나 영국과 미국은 이야기가 조금 달랐다. 히틀러는 언제나 그들 민주주의 국가가 도덕심이 부족하다고 생각했다. 그래서 잘만 요리하면 둘이 갈라서게 만들 수도 있겠거니 싶었다. 그래서 그는 광범위한 전선에서 독일 영내로 침입할 태세를 갖춘 연합군을 공략하기로 결정했다. 마침내 12월 16일 독일군이 아르덴 삼림지대를 통과해 기습적으로 진격했다. 그야말로 모든 것을 건 최후의 도박이었다. 어쨌건 전쟁 초기 그곳을 공격해서 프랑스를 상대로 한 번 크게 재미를 본 적도 있었다. 하지만 1944년의 상황은 1940년 때와는 확연히 달랐다. 이것이 바로 '라인을 사수하라' 작전이었고 훗날 벌지 전투라고 불리는 공격이었다.

히틀러가 회심의 반격으로 준비한 나치의 작전은 탄생 때부터 심각한 문제가 있었다. 작전 전체가 부정확한 가정에 근거한 것이다. 나치 총통은 항상 서방 연합국의 전쟁 의지와 통치 집단들을 과소평가했다. 정확히 말해 히틀러는 제2차 세계대전으로 인한 스트레스와 압박이 그들 국가의 결의를 시험하는 무대라고 믿었다. 그러나 히틀러는 하나만 알고 둘은 몰랐다. 전쟁이 지속될수록 그들의 결의가 약화되기는커녕 점점 강력해졌다는 사실을 몰랐던 것이다. 또한 히틀러는 영국과 미국의 신문들을 선별적으로 읽어서 얻은 얄팍한 정보에 입각해서 미국과 영국의 지도자들이 가끔 충돌한다고 생각했다. 이것 역시 절대 진실이 아니었다. 따라서 영국군과 미군에 상당한 압박을 가해 그들의 동맹 관계가 깨지도록 만들거나 그들이 각자도생으로 평화를 추구하도록 만들겠다는 그의 목표는 아무리 좋게 말해도 비현실적이었다. 그는 자신의 목표를 달성하려면 두 가지가 순차적으로 이뤄질 필요가 있다고 생각했다. 먼저 연합군의 군사적 상황을 크게 흔들어 놓는 것이었다. 아니, 1914년과 1940년에 그랬던 것처럼 영국을 연합군 본대에서 떨어뜨려 놓을 수 있으면 더 좋았다. 그런 다음 영국이나 미국이 전쟁을 계속하는 대가가 너무 크다고 생각할 때를 노려 단독 강화를 제안하는 것이었다.

그리하여 히틀러는 전국에서 예비군과 보충 병력을 총동원했다. 이것은 그 공격 작전에 참여하지 않을 군대들을 약화시켰을 뿐 아니라, 동부 전선에서 소련 적군의 공격에 결사항전으로 맞서던 군대들에게 돌아갈 지원이 줄어들게 만들었다. 이는 절대적으로 불리한 판세를 일거에 뒤집기 위해 전투가 가능한 병력을 모조리 동원하는 건곤일척의 도박이었다. 그러나 그 군대 구성을 들여다보면 커다란 구멍이 있었다. 벌지 전투에 투입된 보병 사단 중 상당수가 지원 업무를 담당하던 비전투병, 해군과 공군에서 정비할 함정과 전투기가 없어 손 놓고 있던 정비공 같은 잉여 장병, 완전히 회복하지 못한 부상병 등으로 구성된 것이다. 아니, 아직 전투병으로 참전하지 않았고 총을 쏠 수 있으면 고사리손까지 닥치는 대로 징집했다. 심지어 16세 안팎의 어린 소년들도 겨우 몇 주 훈련시켜 손에 총을 들게 했을 정도였다.

'라인을 사수하라' 작전의 선봉은 전투 경험이 많은 전차 사단들이 맡았다. 당연한 말이지만 장비도 훌륭하고 고도로 훈련받은 SS 사단들이 대거 참여했다. 공격이 개시되자 미군의 허약한 전선을 향해 전차들이 맹렬히 돌진했고, 그들을 지원하기 위해 보병

105

사단들이 뒤를 따랐다. 하지만 전투 경험이 일천한 보병 사단들은 이따금 스스로 주요 도로들을 점령했고 심지어 도로를 아예 가로막았다. 그들의 임무는 전차들이 먼저 돌진해 연합군의 전선에 틈을 만들면 그 부분을 돌파하는 것이었다. 그런데 보병들은 걸핏하면 전차들 뒤로 수 킬로미터에 걸쳐 길게 늘어섰고 스스로 만든 엄청난 교통 체증에 발목이 잡혀 제대로 진군하지 못했다. 어쨌든 공격의 선두에 섰던 SS 사단들과 다른 전차 사단들은 계획대로 작전을 수행했다. 미군들을 강하게 밀어붙여 후퇴시킨 것이다. 그런 다음 계획대로라면 보병 사단들이 폭풍처럼 쇄도해 목표 거점들을 장악해야 했다. 하지만 그들은 쇄도하기는커녕 굼벵이처럼 진격했다. 이처럼 독일 보병들의 지원 공격이 제대로 이뤄지지 않음으로써 미군들이 어부지리를 얻었다. 미군은 전차 사단들에 밀려 뫼즈 강 방면으로 후퇴하면서도 전선이 끊어지지 않고 하나로 이어졌다. 그리하여 돌출부가 만들어졌고, 그 전투가 벌지 전투라는 이름을 얻게 되었다.

이번 공격에서 독일의 단기적인 목표는 뫼즈 강을 도하해 안트베르펜 항구를 탈환하는 것이었다. 안트베르펜은 당시 항구의 기능을 유지하던 최전방의 유일한 항구로 연합군이 장악하고 있었다. 안트베르펜의 남쪽 프랑스 영토에 더 큰 항구들이 있었지만 대부분 연합군이 재탈환하기 전에 파괴되었고 아직도 항구로서의 기능을 회복하지 못했다. 따라서 독일 영내로 진격하기 시작한 영국군과 미군 모두 안트베르펜을 통해 보급품 대부분을 공급받았다. 그렇기에 나치의 전차 사단들이 안트베르펜을 손에 넣을 수 있다면, 아니 적어도 파괴할 수 있다면 연합군의 병참 체계가 붕괴할 것은 자명했다. 히틀러의 장기적인 노림수가 바로 그것이었다. 그는 군수물자 보급이 막히면 영국군과 미군의 동맹 관계에 균열이 생기고, 오랜 전쟁에 지친 영국이 단독 강화를 받아들일 거라고 예상했다. 그리고 일단 영국이 강화 쪽으로 선회하면 미국도 따를 수밖에, 다른 선택이 없을 거라고 히틀러는 계산했다. 그런데 그의 계획에는 그의 통제를 벗어나는 커다란 구멍이 있었다. 그 계획대로 되려면 연합군이 독일군의 공격에 반드시 히틀러가 예상한 대로 반응해야 했던 것이다. 물론 그들은 히틀러의 예상대로 반응하지 않았다.

히틀러의 공격 계획은 부정확한 가정들에 기초한 사상누각이었다. 결국 독일은 그 계획 때문에 마지막 남은 예비 병력과 연료마저 고갈시키고 말았다. 비단 계획만이 문제는 아니었다. 전투가 진행될수록 다른 가정들도 오판이었음이 속속 드러났다. 히틀러의 계획이 성공하려면 여러 단계가 톱니바퀴처럼 순차적으로 이뤄져야 했다. 먼저 독일의 전차 사단이 신속하게 진격해서 연합군의 전선을 돌파해야 했다. 둘째, 연합군이 느리게 대응하는 틈을 타서 독일 보병들이 전차 사단을 따라잡아 연합군의 전선을 파고들어야 했다. 그런 다음 전차들이 진격을 계속하는 식이다. 독일군의 공격 계획에서 핵심적인 가정은, 독일의 전차들이 쇄도해 미군의 전선을 돌파하면 미군이 공황 상태에 빠져 견고한 전선을 구축하지 못하거나 중요한 거점들을 포기하고 후퇴할 거라는 것이었다. 하지만 히틀러의 가정대로 되지 않았다. 솔직히 말하면 애초에 불가능한 일을 바란 것이었다. 다른 모든 것은 차치하고라도 어차피 독일군에게 치명적인 약점이 있었다. 바로 연료였다. 독일의 전차 사단들은 많은 전투를 수행하면서 안트베르펜으로 입성하는 것은 고사하고, 그 항구까지 직행할 수 있는 연료조차 충분하지 않았다. 게다가 전차를 뒤따르던 보병들도 트럭으로 수송해야 했는데 트럭을 움직일 연료도 충분하지 않았다. 이런 연료 부족 문제는 예고된 것이었다. 그래서 독일군도 나름의 '비책'을 준비했다. 너무 낙관적인 전망이라 문제였지만 말이다. 전차가 미군의 보급 기지를 탈취해서 그곳에 비축된 연료를 사용해 목적지까지 완주하면 된다고 생각했던 것이다.

히틀러는 물론이고 독일 참모들의 목표는 전투 첫날에 선두 전차 부대가 뫼즈 강에 도착하는 것이었다. 이것은 단순히 비현실적이라는 말조차 아까운 목표였다. 심지어 연료가 충분했더라도 실현 가능성이 전혀 없는 목표였다. 미군은 후퇴한 것이지 완패한 것이 아니었다. 그리고 미군의 공수 사단 두 개가 주요 도시 두 곳을 각각 점거하고 있었다. 제101 공수 사단은 바스토뉴를, 제82 공수 사단은 생비트를 점거했는데, 두 곳 모두 대부분의 도로를 통제할 수 있는 교통 요충지였다. 심지어 독일군에게 포위당했을 때도 미군은 철수하지 않았다. 특히 바스토뉴에서 완전히 포위당한 제101 공수 사단이 항복하라는 독일의 제안을 일언지하에 거절한 일화가 유명하다. 그들은 극렬히 저항하면서 독일의 진격을 저지시켰다. 그리하여 뫼즈 강을 건널 때 사용하려던 독일군의 야포와 전차들이 바스토뉴를 공격하는 데 사용되었지만, 그 공격마저 실패했다. 요컨대 히틀러의 생각은 첫날부터 어긋나게 되었다.

독일군의 또 다른 기본적인 가정은 날씨였다. 그들은 짙은 구름과 눈보라 치는 악천후 속에서 공격이 이뤄질 거라고 예상했다. 어차피 제공권이 연합군으로 완전히 넘어간 상태라 루프트바페 Luftwaffe(제2차 세계대전 당시 독일 국방군 베어마흐트의 공중전 담당 군대이다. - 옮긴이)는 공중 작전을 수행할 수 없는 상태였다. 심지어 소규모 전투에서도 독일의 공중 작전은 여의치 않았다. 따라서 공군력이 문제가 되지 않도록 날씨가 아주 나쁠 때 전투가 이뤄져야 했다. 결과적으로 얼음으로 뒤덮인 도로와 눈 이불을 뒤집어쓴 벌판은 이미 둔화된 독일 보병의 진격을 더욱 느리게 만들었다.

독일의 전차가 가장 멀리 진격한 것은 뫼즈 강에서 몇 킬로미터 떨어진 곳까지 도달한 것이었다. 그 주인공은 제2 전차 사단 전부와 기갑 교도 사단의 일부로 구성된 뵘 캄프그루페Kampf-gruppe von Böhm(캄프그루페는 독일어로 전투단을 뜻한다. – 옮긴이)였다. 하지만 뵘 캄프그루페는 뫼즈 강을 불과 몇 킬로미터 앞두고 로턴 콜린스Lawton Collins 장군이 이끌던 연합군 제7 사단과 맞붙었고 저지당해 결국 후퇴했다. 그 뒤 벌지 전투가 시작되었을 때 남쪽에서 공격하던 패튼 장군의 제3군이 벌지의 남쪽 측면에서 제9 기갑 사단을 박살내며 돌파했다. 12월 22일 날씨가 좋아지자 연합군 공군이 맹렬한 기세로 돌아왔고 곧바로 독일군에 대한 무차별적인 공중 폭격이 시작되었다. 독일군의 전차와 야포가 폭격을 맞아 결딴났고, 당연히 낮 동안의 모든 움직임은 연합군 공군의 기총이나 폭탄 세례를 받았다. 한편 바스토뉴를 독일군의 포위에서 구하기 위해 전투를 이어 가던 패튼이 성탄절에 마침내 바스토뉴에 도달하여 포위를 깨뜨렸다. 수적으로 밀렸고 사기도 추락했으며 독일군의 포위로 보급을 받지 못해 연료마저 고갈되었던 미군이 드디어 철수를 시도할 수 있었다. 그리고 새해 첫날 미군은 독일군에게 빼앗겼던 모든 지역을 재탈환했다.

벌지 전투는 병력, 무기 등등 독일군의 전쟁 수행 능력을 진공청소기처럼 빨아들였다. 가령 회심의 선공을 감행해 벌지를 만들었던 군대는 사실상 독일의 마지막 예비 병력이었다. 또한 독일이 벌지 전투가 벌어지기 전 몇 달 동안 생산한 전차, 자동화 무기, 야포의 거의 대부분은 아르덴으로 보내졌다. '라인을 사수하라' 작전에 640대의 전차, 1,000문이 넘는 야포, 약 15만 명의 병력 등이 총동원되었다. 벌지 전투에 투입된 병력과 야포는 1942년 쿠르스크 돌출부에 대한 공격과 얼추 비슷한 수준이었다. 히틀러는 최후의 도박이었던 아르덴 공세를 위해 막대한 자원을 징집하느라 기존의 다른 전선들을 희생시킬 수밖에 없었다. 결과는 참담했다. 아르덴 공세에 투입된 전차들은 사실상 전부 파괴되다시피 했고 야포의 피해도 심각했다. 벌지 전투를 시작하기 전에 독일군 사령관이었던 게르트 폰 룬트슈테트는 그 공격의 중요성을 정확히 보여주는 명령서를 발표했다.

"서부 전선의 장병들이여! 이제 여러분의 시간이 도래했다. 우리의 대규모 공격 병력이 미영 연합군에 대한 공세를 시작했다. 그것 말고 여러분에게 해 줄 말이 없다. 여러분 스스로 잘 알 것이다. 우리는 이번에 건곤일척의 승부를 한다!"

룬트슈테트가 옳았다. 히틀러는 아르덴 공세에 모든 것을 걸었다. 그는 1940년 프랑스를 상대로 그곳에서 거둔 대승을 재연할 수 있기를 바랐을 것이다. 하지만 이번에는 양상이 사뭇 달랐다. 연합군의 대응은 더욱 단호했던 반면, 독일군은 전쟁 자원을 그곳에만 집중적으로 사용할 형편이 못 되었다. 독일군의 기습 공격과 연합군의 지나친 자만심 덕분에 처음 며칠간 독일군은 연합군에 막대한 피해를 안겨 주었다. 그러나 어차피 그들의 목표를 달성할 가능성은 제로였다. 심지어 애초 계획대로 안트베르펜에 도달했더라도 독일군은 연합군에게 성가시고 불편한 존재일 뿐 그 이상은 아니었을 것이다. 사실상 독일군은 히틀러가 기대한 대로 영국과 미국이 갈라서게 만들 수 있는 가능성이 전혀 없었다.

만약 히틀러가 아르덴 공세를 말렸던 야전 사령관들의 말에 귀를 기울였더라면 어땠을까? 그들의 요구대로 마지막 남은 예비 병력을 실패가 빤한 공격에 투입하는 대신에 그들 사령관을 지원 하는 데 사용했더라면? 당시에는 독일이 제2차 세계대전에서 패배 할 것이 명약관화했다. 심지어 국가가 존립할 가능성도 전혀 없었 다. 그렇게 볼 때 만약 히틀러가 독일의 마지막 예비 병력을 허비하 지 않았더라면 전쟁이 어떻게 전개되었을까 하는 궁금증이 든다. 무엇보다도 서부 전선에 주둔하던 병사들을 그대로 두었더라면, 패튼 장군의 진격에 차질이 생겼을 것이다. 처음에는 자르를, 그다 음에는 독일의 심장부를 공략하는 전투가 잘해야 느리게 진행되었 을 가능성이 컸다. 방어전을 펼치던 여덟 개의 전차 사단들과 (훈련 이 미숙한) 15만 명의 병사들이 보충되었다면 비록 완전히 저지하 지는 못했더라도 연합군의 진격 속도를 늦출 수 있었을 것이다. 그 랬다면 소련은 실제로 했던 것보다 독일 영내와 발칸 지역으로 더 깊숙이 진격했을지도 모르겠다. 그리하여 베를린이 아니라 뮌헨이 분단 도시가 되고, 사실상 독일의 거의 모든 지역과 오스트리아가 공산당 치하로 넘어갔을 가능성도 배제할 수 없다. 또한 소련이 더 욱 부유하고 더욱 강력해짐에 따라 냉전의 양상도 달라졌을 공산 이 크다.

히틀러가 벌지 전투에서 병력을 낭비하는 대신에 그 병사들 을 동부 전선에 파병했더라면 극적인 차이가 만들어졌을 수도 있 다. 인해 전술 같은 소련의 전술들에는 많은 희생이 따랐다. 적군은 말 그대로 전사자와 부상자가 수만 명에 이르렀다. 심지어 소련의 징집 대상자도 전쟁이 길어짐에 따라 급격히 감소했다. 소련은 중

111

장년과 10대 소년을 가리지 않고 사실상 총을 들 수 있으면 무조건 징집해 전선에 투입하기 시작했다. 히틀러가 마지막 예비 병력을 동부 전선으로 보냈더라면 독일 지휘관들에게 그 병력은 천군만마가 되었을 것이다. 결국 동부 전선은 폴란드나 독일 국경 어딘가에서 소강되었을 가능성이 컸다. 소련군이 독일군에게 저지당하고 파괴되었다면 스탈린은 동부 유럽에서 그토록 많은 지역을 손에 넣을 수 없었을지도 모른다. 반면 연합군은 독일 대부분을 점령했을 것이 틀림없다. 하나마나한 이야기지만, 히틀러가 마지막 예비 병력을 잘못된 가정들에 근거한 무모한 공격에서 희생시키지 않았다면 당장에 더 좋은 세상을 맞이했을 사람들이 있었다. 동독과 동부 유럽에서 공산당 통치하에 억압받았던 수백만의 시민들이 그러했다. 그 지역이 소련의 영향권에 들어가지 않았더라면 소련은 더욱 가난하고 더욱 약한 나라가 되었을 가능성이 컸고 냉전도 아주 다른 방식으로 전개되었을 것이다.

몽고메리 장군이 후회했던 단 한 번의 전투 : 1944년

윌리엄 터도슬라비치

"노병도 있고 용맹한 병사도 있지만
용맹한 노병은 없다"

1944년 9월 중순, 연합군이 한 번의 대공세로 성탄절 전까지 전쟁을 끝내기 위한 작전을 개시했다. 바로 마켓 가든 작전Operation Market Garden(공수부대가 투입된 마켓 작전과, 지상 부대의 진격 작전인 가든 작전이 동시에 진행됐기 때문에 두 작전 명칭을 합쳐 마켓 가든 작전이라고 부른다. - 옮긴이)이었다.

먼저 작전의 개요부터 살펴보자. 세 개의 공수 사단을 네덜란드에 투하시켜 연합군이 신속하게 진군할 수 있도록 진격로를 장악한다. 이를 위해서는 독일군의 전선 후방에서 약 96킬로미터 떨어진 마지막 교량을 포함해 몇몇 주요 교량을 점거해야 할 것이다. 그런 다음 군단 하나가 연결된 진격로를 따라 북진해서 낙하산 부대원들을 구출한다. 끝으로 라인강 하류에 있는 마지막 교량을 넘은 다음 오른쪽으로 선회해서 동쪽을 공격해 독일의 산업 중심지인 루르를 점령한다.

이토록 대담한 마켓 가든 작전을 기획한 사람은 누구였을까? 영국의 버나드 로 몽고메리Bernard Law Montgomery 육군 원수였다. 몽고메리는 철저한 계획과 신중함으로 유명했다.

결론적으로 말해 마켓 가든 작전은 철저히 계산된 위험을 초월하는 변수들이 사방에 도사리고 있는 지뢰밭이었다. 한마디로 위험한 도박이었다. 톱니바퀴처럼 연결되어 있어서 어디 하나만 실패해도 작전 전체가 실패할 수도 있었다. 어쨌든 몽고메리는 잘못될 가능성이 조금이라도 있는 것은 철저히 배제시키고 오직 확실한 것을 토대로 작전을 수립했다.

그러나 전쟁에서는 언제나 일이 틀어지기 마련이다. 바로 마찰friction이라고 불리는 현상이다. 카를 폰 클라우제비츠Karl von Clausewitz가 저서 《전쟁론Vom Kriege》에서 그 현상을 최초로 언급했고, 마찰은 작은 어려움이 축적되는 것이라고 정의했다. "전쟁에서는 모든 것이 매우 단순하지만 가장 단순한 것이 어렵다"라고 그는 말했다. 마찰이 바로 그런 것이다.

미지의 땅으로 뛰어내리다

1944년 9월 17일 영국 남동부 전역에 배치되어 있던 C-47 수송기와 글라이더가 인간 화물을 싣고 네덜란드를 향해 출격했다. 그 수만도 무려 2,000여 대에 가까웠다. '울부짖는 독수리'라는 별명을 가진 미군 제101 공수 사단은 에인트호번 인근에 집중적으로 투하했고, '올 아메리칸'으로 불리는 제82 공수 사단은 에인트호번보다 좀 더 북쪽에 위치한 네이메헌 주변에 강하했다. 이들 미군의 최종 목적지는 두 착륙 지점에서 멀지 않았다.

한편 이번 작전에서 가장 중요한 임무는 '붉은 악마'라는 별칭을 가진 영국의 제1 공수 사단에게 맡겨졌다. 그들은 아른험 인근에 강하해서 라인강 하류에 있는 세 개의 교량 중 하나를 점거해야 했다. 몽고메리 원수는 점거한 교량을 건너 독일 전군의 측면을 공격할 수 있을 거라고 계산했다.

괜찮은 계획이었다. 그런데 영국은 제1 공수 사단 중 두 개의 여단만 출격시켰다. 그 임무가 그토록 중요하다면서 사단이 총출동하지 않은 이유는 무엇이었을까? 물론 사정이 있었다. 어쨌든 세 번째 여단은 다음 날 도착하기로 되어 있었고, 폴란드의 공수 여단도 이틀 후에 도착할 예정이었다.

마찰 효과는 공중 투하가 있기 일주일 전부터 몽고메리의 계획을 야금야금 갉아먹기 시작했다. 정찰 사진들을 보면 독일 전차들이 아르덴 지역에 몰려 있었다. 그런데 그 작전을 지휘했던 영국 제2군의 참모 중 누구도 그 사진들을 보지 못했다. 또 다른 문제도 있었다. 제1 공수 사단은 오스테르베크의 한 지점에 강하할 예정이었는데, 무전 통신의 도달 범위가 좁아서 그곳에 주둔한 모든 부대들과 통신할 수 없었던 것이다. 투하 지점과 그 사단의 가장 먼 목표 지점이자 오스테르베크에서 11~13킬로미터 떨어진 아른험의 교량까지 무전 통신이 원활히 이뤄지지 않았다는 말이다.

그게 끝이 아니었다. 영국의 제1 공수 사단이 착륙한 이후부터 마찰 효과는 계속 누적되었다. 무전 통신 대부분이 사실상 먹통이었고, 따라서 근접 공중 지원을 요청할 수 없었다. 이는 비록 전력이 약화되었어도 독일군 전차 사단 두 개가 그 지역에 배치되어 있었기에 특히 불리했다. 마침내 제1 공수 사단의 마지막 여단이 도착했다. 하지만 그들은 오스테르베크를 향해 북쪽으로 이동하면서 독일군과 전투를 벌여야 했다. 그렇게 싸우면서 진격하다 보니 오스테르베크까지 가는 데 예상보다 하루 이틀이 더 걸렸다.

그렇다면 독일군과 전투를 벌이면서 아른험까지 진군했던 세 개의 대대는 어떻게 되었을까? 결론부터 말해 한 개의 대대만 아른험에 도착했다. 먼저 출발했던 두 개의 대대는 독일군에게 결딴났고 마지막 세 번째 대대만 건재했다. 목적지인 교량은 투하 지점에서 가장 멀리 떨어져 있었다. 게다가 아른험에 도착했던 유일한 대대도 교량의 북쪽 입구만 점거했다. 폴란드의 공수 여단은 어떻게 되었냐고? 아서라, 생각도 마라. 그들은 아예 출격하지도 못했다. 영국의 유명한 안개 때문에 비행기가 뜨지 못했던 것이다.

이제 마켓 작전에서 가든 작전으로 무게 중심이 넘어갔다. 일단 공수 사단들이 계획대로 모든 교량을 점거했다는 가정하에, 영국 육군 제30 군단은 48시간 안에 약 100킬로미터를 진군해서 세 개의 공수 사단을 구출해야 했다. 그러나 또다시 마찰이 말썽이었다. 제101 공수 사단은 목표 지점에서 대부분의 교량을 점거했지만 퇴각하던 독일군이 교량 하나를 날려 버리는 바람에 가교를 설치해야 했다. 그런데 가교를 설치하려면 시간이 걸렸다. 마찰이 하나 추가되었다.

한편 아른험 교량의 북쪽 입구를 점거한 영국 제1 공수 사단의 대대는 나흘을 버텼다. 이는 구출 예정 시간보다 48시간 즉 이틀을 더 버틴 셈이었다. 그러나 탄환이 고갈되고 막대한 사상자가

발생하자 결국 독일군에게 항복했다. 사실상 그들은 마찰의 희생
자였다.

미군의 제82 공수 사단도 제101 사단과 마찬가지로 대부분
의 목표물을 점령했다. 그러나 네이메헌의 발Waal 강에 놓인 철도
교량 하나는 독일의 SS 전차 사단이 필사적으로 방어하는 바람에
손에 넣지 못했다. 영국의 제30 군단이 도착할 때까지 그 교량을
점거하는 것은 불가능했다. 그런데 제30 군단이 예정된 시간이 지
나도 도착하지 않았다. 이 또한 마찰 요소였다. 그런 다음 제82 공
수 사단은 그 교량을 남북에서 동시에 공략하기로 했다. 그렇게 하
려면 대대 하나가 강 건너편으로 가야 했는데, 그들을 태워 도강해
줄 보트가 늦어졌다. 어쨌건 우여곡절 끝에 강 반대쪽에 상륙한 대
대와 합동 작전을 펼쳐 교량을 탈취했지만 이것 역시도 마찰 요인
이었다.

드디어 폴란드의 공수 여단이 도착했다. 마켓 가든 작전이 개
시되고 5일째 되던 날이었다. 하지만 여기서도 마찰이 끼어들었다.
치열한 공방이 벌어지는 낙하지점으로 비행하던 중에 독일 지상군
의 포격으로 수송 글라이더들이 추락하는 바람에 병력의 4분의 1
을 잃은 것이다.

폴란드의 공수부대원들이 영국 제30 군단의 도움을 받아 오
스테르베크의 반대편인 라인 강 하류 남쪽의 강둑 주변을 점령했
다. 이제 마켓 가든 작전은 7일째에 접어들었다. 라인 강에 건설된
교량을 점거하는 것은 더 이상 불가능했고 영국군과 폴란드군은
제1 공수 사단의 생존 부대원들을 구출하는 데 모든 노력을 집중했
다. 독일군의 격렬한 저항을 견디며 이번 구출 작전을 마무리하는
데 꼬박 이틀이 걸렸다.

구출하고 보니 애초에 1만 명 이상 강하했던 영국의 제1 공수 사단은 생존 병사가 2,000명을 간신히 넘겼다. 80퍼센트 가까이 희생된 것이다. 게다가 라인 강의 교량은 하나도 확보하지 못했다. 한 번의 대공세로 전쟁을 끝내겠다는 야심찬 목표로 시작한 마켓 가든 작전은 실패라는 처참한 성적표를 받았다. 이로써 제2차 세계 대전이 성탄절까지 끝나는 것은 물 건너갔다.

마찰을 없애기 위해 기름칠을 하다

마찰과 관련해 우리가 할 수 있는 일은 아무것도 없다. 그냥 상황이 저절로 잘못될 뿐이다. 전쟁이란 본래가 그런 식이다. 누구도 마찰을 제거할 수 없다. 다만 마찰의 영향력을 약화시킬 방법은 있다. 계획을 단순하게 짜면 도움이 된다. 계획이 단순하면 상황이 잘못되는 빈도를 줄일 수 있고, 결과적으로 마찰은 계획을 어그러뜨리는 결정적 장애물에서 만성적이되 통제가 가능한 성가신 요소로 약화시킬 수 있다.

그렇다면 마켓 가든 작전에서 마찰이 발생할 가능성을 없애는 가장 단순한 해결책은 무엇이었을까? 제1 공수 사단의 강하 지점을 오스테르베크에서 아른험 남쪽의 간척지 평야로 변경했으면 어땠을까 싶다. 그곳은 폴란드의 공수 사단이 낙하했던 지점이다. 하지만 영국군의 작전 기획자들은 그곳이 습지라 강하 지점으로 적절하지 않다고 판단했다.

어쨌건 만약 그곳으로 강하했다면 제1 공수 사단은 세 개의 주요 목표물 중 하나, 즉 아른험의 교량과 좀 더 가까운 곳에서 작전을 시작할 수 있었다. 그렇더라도 교량의 한쪽 입구를 점거하는 것은 여전히 문제였을 것이다. 그러나 이 문제도 해결할 방법이 없었던 것은 아니었다. 가령 제1 공수 사단의 글라이더 연대장이었던 조지 채터턴George Chatterton 대령의 제안이 가장 좋은 해법이었을 것으로 보인다. 그는 교량 어구에, 하다못해 어구와 가까운 곳에 글라이더를 착륙시키자고 제안했었다. 채터턴의 제안을 받아들였다면 공수 대대가 목표 지점인 교량에 바로 강하할 수 있었을 것이다. 그런 다음 과감하고 기습적인 공격을 감행하면 끝이었다. 하지만 상급자들이 채터턴의 제안을 거부했다.

채터턴의 작전대로 기습적인 글라이더 착륙 작전이 성공했다고 가정해 보자. 일단 여단 두 개 규모에 가까운 병사들이 증원되어 교량을 점거하고 아른헴의 거점들을 장악하는 작전을 지원할 수 있었을 것이다. 시가전은 특성상 전차 병력보다 보병들에게 유리하다. 따라서 아른헴에서 시가전이 벌어졌더라면 약간 우세했던 독일군의 전차 병력도 별다른 힘을 발휘하지 못했을 것이다. 게다가 실제 역사와는 달리 독일군이 아른헴을 탈환하려 진격하는 와중에 영국군의 공격을 받아 막대한 인명 손실을 입었을 가능성도 컸다. 뿐만 아니라 투하 지점의 사단이 보급품을 다시 공급받을 때까지 그곳을 사수했을지도 모를 일이다. 하지만 실제로는 공중에서 투하된 보급품이 독일 영내로 떨어졌다.

당연한 말이지만, 모든 것이 영국의 제1 공수 사단만의 문제는 아니었다. 가령 영국군 제30 군단의 주력 부대로 진격의 선봉을 맡았던 근위 기갑 사단은 오직 도로 하나로만 진격했다. 한편 영국군이 제30 군단 주변에 또 다른 군단을 투입할 수 있었다면 더 좋았을 것이다. 그랬더라면 좀 더 넓은 지역을 좀 더 집중적으로 공격할 수도 있었다. 그러나 보급품의 부족으로 다른 선택지가 없었다. 안타깝게도 몽고메리에게는 아른헴 공격에서 군단 하나만을 지원할 보급품밖에 없었다. 행여 보급품이 문제가 되지 않았더라도, 사단 두 개를 추가로 수송할 수 있었던 1,400대의 트럭들은 피스톤에 문제가 생겨 8월 말에 운행할 수 있는 상태가 아니었다.

어쨌든 채터턴의 계획이 성공했더라면 모든 것이 일사천리로 진행되었을 가능성이 컸다. 무엇보다 몽고메리는 최전방의 주요 항구인 안트베르펜을 점거함으로써 보급로를 단축시킬 수도 있었다. 물론 그 전에 그 항구로 이어지는 셸드 삼각주 지역부터 확보하는 것이 필수였다. 길이만도 장장 96킬로미터에 이르렀다.(몽고메리는 훗날 일기에서 이것을 간과한 것을 후회한다고 적었다. 실수를 절대 인정하지 않았던 장군이 이런 말을 했다는 것은 커다란 의미가 있다)

셸드 강을 장악하고 그다음 안트베르펜까지 함락했다면, 트럭 연료를 보급받아 제30 군단을 지원할 증원 군단을 수송할 수 있었을지도 모르겠다. 제30 군단은 독일군이 중대와 대대 규모로 연이어 측면 공격을 해 오는 것에 대응하느라 진격의 속도가 떨어져 있었다. 그렇다면 증원 사단이 독일군의 측면 공격으로부터 제30 군단을 엄호해 줄 수도 있었을 것이다.(이것은 마찰의 3연타 공격이었다!)

연합군이 기획한 회심의 마켓 가든 작전은 마찰로 인해 최악의 결과를 맞았다. 마찰을 우회할 수 있는 방법은 딱 하나다. 오직 철저한 사전 계획과 과감한 임무형 전술로 돌발적인 상황 변화에 기민하게 대처하는 것이다. 몽고메리는 평소 철저한 '계획형'에다 백전노장의 사령관이었음에도 마켓 가든 작전에서는 신중하게 사전 계획을 세우지도, 과감하게 대처하지도 못했다.

만약 미국이 호찌민을 지지했었더라면? : 1945년

테리사 패터슨
Teresa Patterson

"미국이 스스로 재앙을 야기했을까?"

때는 1945년 9월 2일, 장소는 베트남이었다. 마침내 제2차 세계대전이 끝났다. 하노이의 바딘 광장에 군중이 운집했고 선홍색 깃발이 산들바람에 나부꼈다. 프랑스로부터 베트남을 빼앗은 일본이 항복을 선언한 직후라 광장은 흥분과 축제 분위기로 들썩였다. 밝은 색의 전통 의상을 입은 사람들이 북을 치고 피리를 불었다. 시끌벅적한 소동의 한가운데서 호리호리한 체격의 베트남 남성이 광장 가장자리에 세워진 무대에 올랐고, 군중은 일순 조용해졌다. 미국 전략정보국(OSS, Office of Strategic Services. 미국 중앙정보국(CIA, Central Intelligence Agency)의 전신) 소속의 아르키메데스 패티Archimedes Patti 요원은 인근 연단에서 그 모습을 지켜보고 있었다. 강단 있고 열정적인 그 베트남 남성이 연설을 시작했고 이내 군중을 사로잡았다. 패티는 베트남어를 할 줄 몰랐지만 심지어 통역관을 거치지 않고도 그가 하는 말을 토씨 하나까지 알아들을 수 있었다.

"모든 사람은 평등하게 창조되었고, 창조주로부터 양도할 수 없는 일정한 권리를 부여받았으며, 그 권리에는 삶, 자유 및 행복의 추구 등이 포함된다."(미국 독립선언문의 일부이다. - 옮긴이)

패티 자신이 불과 몇 시간 전에 그 남자에게 그 문장의 정확한 순서를 알려 주었다. 군중 대부분은 미국 독립선언문을 읽어 본 적도 심지어 들어 본 적도 없었지만, 그들의 열렬한 반응으로 보건대 그 문장을 이해한 것은 분명했다. 그 남자가 바로 호찌민胡志明으로 알려진 응우엔신꿍이었다. 그날 호찌민은 자신이 베트남민주공화국 임시정부의 대통령이라고 선포했다.

식민 통치 시절 프랑스는 자국의 이익을 위해 베트남을 유린했고 베트남 국민들을 가난에 빠뜨렸으며 인도차이나 반도를 약탈했다. 식민지에 거주하던 프랑스인들은 일본이 베트남을 점령했을 때 대부분 추방당했고, 이제 제2차 세계대전이 끝남으로써 아직 베트남에 잔류하던 프랑스인들은 어정쩡한 망명자 신세가 되었다. 패전국이 된 일본은 베트남에서 짐을 쌌고, 베트남의 공식적인 통치자이면서 프랑스의 꼭두각시였던 바오다이保大(응우엔 왕조의 마지막 제13대 황제다. - 옮긴이)는 며칠 전에 폐위되었다. 호찌민은 지금이야말로 베트남 국민들이 독립국으로서 자유를 쟁취할 시간이 무르익었다고 생각했고, 황제가 폐위됨으로써 발생한 권력의 공백을 신속하게 메웠다. 전쟁 포로를 석방하는 인도주의적 임무를 위해 파견된 OSS의 패티 요원은 호찌민이 권력을 승계하는 과정을 가까이에서 목도했다. 평화로우면서도 효율적이었다. 총성 한 번 울리

지 않았고 심지어 베트남에 남아 있던 철천지원수 프랑스인들에게
도 아무런 위해를 가하지 않았다.

호찌민은 평생 그 순간을, 다시 말해 베트남 국민들에게 자유
로운 독립국가로서의 미래를 약속할 수 있는 그 순간을 준비하며
살아왔다. 그날 바딘 광장에 운집한 군중은 그런 약속을 천명하는
호찌민을 사랑했다. 그런 그가 자신의 꿈을 실현하는 데에 딱 한 가
지가 부족했다. 미국을 포함한 전 세계의 공식적인 인정이었다.

방관자적 입장에서 조용히 지켜보던 패티조차 호찌민이 자신
의 바람을 이룰 기회가 찾아왔다고 생각했다. 수수께끼 같은 호찌
민과 상당한 시간을 함께 보내면서 패티의 마음속에 확신이 생겼
다. 미국이 그를 지원하는 것이, 아니 적어도 그의 정부를 인정하는
것이 최선이라는 믿음이었다. 다들 알겠지만 호찌민은 대외적으
로 공산주의자였다. 그러나 여타의 공산주의 지도자와는 결이 달
랐다. 굳이 말하면 그는 '착한 공산주의자'였다. 무엇보다 그는 제
2차 세계대전 중에 일본에 항거해서 연합군의 굳건한 동맹으로 활
약했다. 가령 프랑스가 필요한 정보를 제공해 줄 수 없었을 때 호찌
민의 추종자들이 아주 정확하고 실행 가능한 정보를 제공했다. 또
한 OSS 산하 디어 팀Deer Team이 일본의 보급로를 차단하기 위한
작전을 벌였을 때 프랑스가 전투병 지원을 거절하자 호찌민이 베
트민(정식 명칭은 베트남독립동맹회이고 한자로 줄여 월맹越盟이라고도 불리
는 단체로 호찌민의 지도하에 1941년부터 1954년까지 베트남 독립 동맹군으
로 활동했다. - 옮긴이) 게릴라 전사들을 선뜻 내주었다. 호찌민은 그
것이 어떤 후폭풍을 몰고 올지 잘 알았다. 소비에트연방은 공산주
의자라면 누구도 일본과 싸우는 미국을 지원해서는 안 된다고 강
력히 주장했다. 따라서 호찌민의 그 행동은 이른바 소련 멘토들의

분노를 샀지만 호찌민은 눈도 꿈쩍하지 않았다. 뿐만 아니라 프랑스와 여타 정보원들은 정보의 질과는 전혀 상관없이 자신들이 제공하는 정보에 대해 끈질기게 금전적 대가를 요구했지만, 호찌민은 그런 대가를 거절했다. 그의 요구는 딱 하나였다. 미국이 1941년 대서양헌장(미국의 프랭클린 루스벨트 대통령과 영국의 윈스턴 처칠 총리가 연합국의 목표와 전후 정책에 대해 논의한 후 발표한 공동 성명이다. - 옮긴이)에 기술된 대로 모든 민족에게 보장한 자결권 약속을 지켜 달라는 것이었다.

안타깝게도 실질적인 권한이 없었던 아르키메데스 패티는 호찌민의 요구에 대해 해 줄 수 있는 일이 거의 없었다. 그저 미국이 대서양헌장을 중요하게 생각한다는 말로 호찌민을 안심시키고 본국의 상사들에게 긍정적인 보고서를 올리는 것이 그가 할 수 있는 전부였다. 그는 자신이 직접 관찰하고 조사한 결과와 제안들을 담은 보고서를 아주 많이 보냈다. 패티는 OSS의 지도부가 자신의 보고서들을 읽고 비범한 그 남자의 실체를 알아주기를 간절히 바랐다. 민주주의를 높이 평가하고 중국을 증오하는 '착한 공산주의자'라는 사실을, 베트남을 민주적인 미래로 이끌어 가는 것은 물론이고 안정적인 정부를 수립해서 통치할 능력이 충분하다는 사실을 말이다.

안타깝게도 패티의 희망은 수포로 돌아갔다. 고의적이든 무능해서든 OSS 본부에서는 누구도 패티의 보고서들을 읽지 않았다. 심지어 봉투조차 열어 보지 않았다. 몇 년 후 패티는 자신의 보고서들이 신중하게 봉인된 봉투째 서류함에 아무렇게나 보관되어 있는 것을 발견했다.

그러나 미국 행정부에 패티와 같은 의견을 가진 사람들이 있었다. 미국 국무부 산하 동남아시아국의 많은 직원들도 베트남이 독립국가가 되는 것이 미국의 국익에 도움이 된다고 생각했다. 아울러 독립국가 베트남이 민족자결권의 약속을 준수할 것이며, 호찌민이 독립국가 베트남의 통치자로 가장 적합하다고 여겼다. 그들도 패티와 마찬가지로, 비록 자타 공인 확고한 공산주의자이지만 베트남 국민들이 '호 아저씨'라는 애칭으로 부르는 호찌민이 뼛속까지 애국자라는 사실을 알아보았다. 호찌민은, 베트남이 사회주의 진영과 공산주의 진영으로 갈라졌을 때 자신에게는 공산주의만이 유일한 선택이었다고 본인 입으로 말했다. 그러면서 더 강력한 소련의 후원자들이 베트남을 프랑스로부터 해방시켜 줄 수 있는 잠재적인 힘이 있다고 생각했기 때문이라고 덧붙였다. "나를 이끈 원동력은 공산주의가 아닌 애국심이었다." 그러나 불행하게도 소련의 공산주의자들에 대한 그의 믿음은 철저히 외면당했다. 그도 나중에 알게 되었듯 사실 소련은 베트남에 거의 관심이 없었다.

미국의 프랭클린 루스벨트 대통령도 호찌민에게 힘을 실어줄 수 있을 듯싶었다. 그는 프랑스의 식민주의를 지지하기는커녕 영 못마땅하게 여겼다. 오히려 "프랑스의 제국주의적 야욕을 심화"시키는 것은 무엇이든 반대했고, 프랑스가 "100년간 (베트남을) 착취하며 단물을 빨아먹었다."라고 공개적으로 비난했다. 심지어 행정부의 많은 각료들에게 인도차이나 반도를 프랑스에게 돌려줄 생각이 전혀 없다고 단단히 못박았다.

그런데 뜻밖의 변수가 터졌다. 루스벨트가 임기 중에 사망하자 부통령이었던 해리 트루먼 Harry Truman이 대통령직을 승계했는데, 신임 대통령은 어찌된 영문인지 전임 대통령과는 상반된 행보를 걸었다. 트루먼 행정부의 입장을 간단히 정리하면, 세상에 착한 공산주의자 같은 사람은 없다는 것이었다. 오히려 동남아시아에 존재하는 공산주의 세력은 중국을 끌어들이는 빌미가 될 거라고 여겼다. 더욱이 트루먼은 인도차이나반도에서의 투쟁은 전 세계 공산주의와의 싸움이라고 믿었다. 트루먼에게는 그리고 미국 행정부에게는 베트남과 중국이 2,000년 동안 견원지간처럼 사이가 좋지 않았다는 사실은 전혀 중요하지 않았다.

그렇다면 미국 국무부 전체의 입장은 어땠을까? 그들은 트루먼 행정부를 지지했고, 산하 부서인 동남아시아국의 의견을 무시했다. 또한 프랑스와 동맹을 유지하는 것이 어떤 식으로든 공산주의자를 돕는 것보다 더 중요하다고 생각했다. 다른 말로 그들은 미국의 국익만 중요했고 베트남 국민들이 무엇을 원하는지는 안중에 없었다. 그리하여 미국은 베트남을 프랑스에게 돌려주었다. 사실 미국이 베트남을 무시한 것은 이번이 처음은 아니었다. 벌써 두 번째였다.

마침내 호찌민도 미국의 의뭉한 속내를 꿰뚫어 보았다. 첫째 미국은 자신의 정부를 인정해 줄 마음이 눈곱만큼도 없었다. 더군다나 자신과 동지들이 목숨을 바쳐 투쟁으로 되찾은 베트남을 예전 착취자였던 프랑스에게 되돌려 주려고까지 했다. 호찌민은 당연히 배신감을 느꼈다. 이렇게 되자 그는 베트남을 프랑스의 손아귀에서 구할 수만 있다면 못할 일이 없었다. 아니, 악마와도 기꺼이 손을 잡을 마음이었다. 그리하여 2,000년간 원수지간이었던 중국이 그에게 베트남을 되찾도록 도와주겠다고 제안했을 때 그는 지푸라기를 잡는 절박한 심정으로 그 제안을 받아들였다.

미국의 실수는 자명했다. 친서방의 '착한 공산주의자'와 중국 공산주의자들의 차이를 이해하지 못했다. 또한 호찌민을 미국의 충직한 동맹으로 만들 수 있는 기회를 스스로 놓아 버렸다. 이것은 결국 재앙을 불러왔다. 미국은 자국 역사상 가장 피비린내 나는 전쟁 중 하나를 향해 제 발로 들어갔다.

베트남민주공화국에게 자치권을 부여했더라면, 아니 최소한 프랑스가 그들을 다시 통치하지 않을 거라는 약속을 해 주었더라면 어땠을까? 무엇보다 호찌민은 프랑스가 베트남에 마수를 뻗는 것을 막기 위해서라도 미국과 강력한 동맹 관계를 유지해야 한다는 의무감을 느꼈을 것이다. 그리고 그가 공산주의자였기에 중국의 반감을 누그러뜨리고 중국의 확장 야욕을 막았을 가능성도 배제할 수 없다. 물론 여기에는 전제 조건이 붙는다. 호찌민이 또 다른 영토에 대한 소유권을 주장함으로써 중국을 위협하지 않았다면 그랬을 거라는 말이다. 행여 중국이 베트남을 침략했다면 호찌민의 군대는 프랑스와 그들의 동맹을 상대로 싸웠을 때와 똑같이 격렬한 저항으로 맞섰을 것이 확실했다. 그리고 중국과 베트남이 전쟁을 벌였다면 미국은 호찌민을 은밀히 도왔을 것이다.

혹시 미국의 방해로 베트남을 다시 차지하지 못했다면 프랑스는 어떻게 반응했을까? 알짜배기 식민지들을 잃은 것에 대한 반발심으로 독일의 재무장을 지원하자는 요청에 어깃장을 놓지 않았을까? 이는 냉전 시대에 미국을 좀 더 힘겹게 만들었을 수도 있다. 그러나 그 영향은 제한적이었을 것으로 보인다. 어차피 베트남전쟁이 발발하지 않아서 미국은 전체 군사력을 오롯이 소련에 집중할 수 있었을 것이기 때문이다. 물론 프랑스는 십중팔구 베트남을 다시 차지하려고 시도했을 것이다. 하지만 그 시도가 성공했을 가능성은 전혀 없었다고 봐도 무방하다. 이는 단순한 가정이 아니다. 1954년 베트남 북부 도시 디엔비엔푸 전투(제1차 인도차이나전쟁의 일부로 베트민과 프랑스 간의 전투를 말하며 식민지 베트남이 프랑스를 몰아내고 독립을 쟁취하게 되는 결정적인 계기가 되었다. - 옮긴이)에서 프랑스가 항복한 것만 봐도 틀림없다. 어찌되었건 호찌민 정부와 동맹 관계인 미국은 프랑스와 베트남의 분쟁에 직접적인 개입을 삼갔을 것이고, 프랑스는 베트남에서 영원히 쫓겨났을 것이다.

베트남에 평화가 정착되었다면 인도차이나 반도 전체가 더욱 신속하게 안정화되는 데 일조할 수도 있었다. 무엇보다 캄보디아 국왕 노로돔 시아누크가 북베트남과 미국 사이의 고래 싸움에 등 터진 새우 신세가 되는 일도 결코 없었고 폐위되지도 않았을 것이다. 그랬더라면 그의 폐위에 따른 도미노 효과 또한 발생하지 않았을지도 모르겠다. 캄보디아의 권력 공백을 메운 공산당 정권의 지도자 폴 포트Pol Pot(본명은 쌀롯 써이지만 이름보다는 '정치적 가능성'을 뜻하는 영어의 폴리티컬 포텐셜Political Potential 또는 프랑스어의 폴리티크 포탕티엘Politique Potentielle의 줄임말인 폴 포트로 더 유명하다. - 옮긴이)의 무자비한 폭정과 최소 200만 명의 캄보디아인들이 희생된 대학살극 킬링필드를 피할 수도 있었을 거라는 이야기다. 그리하여 아름다운 자연경관과 고대 문명의 예술품을 간직한 베트남과 캄보디아는 오늘날 세계적인 관광국이 되었을 것이다.

미국은 베트남전쟁에 1,200억 달러라는 천문학적인 돈을 쏟아부었다. 그것은 미국이 베트남을 적대시한 대가였다. 미국이 베트남을 적대시하지 않았더라면 미국은 그 돈으로 국방 체계를 현대화할 수도 있었다. 그랬더라면 소련은 미국의 군사력이 훨씬 우세하다는 사실을 인정할 수밖에 없었을 것이고, 결국 냉전 기간이 극적으로 단축되었을 가능성도 배제할 수 없다. 한편 예전에는 소련의 동맹이었다가 이제는 미국의 우방이 된 호찌민이 심지어 미소 협상에서 일종의 중재자로 활약했을지도 모를 일이다.

평화로운 베트남은 미국인들의 삶에도 지극히 긍정적인 영향을 미쳤을 것이다. 특히 미국인들은 1970년대의 고삐 풀린 인플레이션을 경험하지도, 중동의 석유 금수 조치로 촉발된 석유파동으로 고생하지도 않을 수 있었다. 또한 제36대 린든 존슨Lyndon Johnson 대통령은 시민권 같은 자신의 '최애' 프로젝트를 공고히 하면서 두 번의 임기 내내 강력한 통치자가 되었을지도 모른다. 물론 시위는 발생했겠지만, 반전이 아니라 오직 인종 차별 문제에 관한 시위였을 수도 있었다. 아니, 반전 시위 자체가 아예 등장하지 않았을 가능성이 컸다. 그랬더라면 아마도 음악계는 훨씬 무미건조해졌을지도 모르겠다.

뭐니 뭐니 해도 미국의 우방이 된 호찌민이 가져다주었을 가장 중요한 효과는 무수한 사람들을 구할 수 있었을 거라는 점이다. 5만 8,000명의 미국인, 70만 명의 베트남인, 200만 명의 캄보디아인들은 전쟁의 포화 속에서, 그리고 끔찍한 잔혹 행위로 목숨을 잃지 않았을 것이다.

다혈질에 자기중심적이었던 맥아더의 한국전쟁 : 1950년

더글러스 나일스

"오만, 자만을 뜻하는 영어 hubris는 과도한 오만과
폭력을 뜻하는 그리스어 hybris에서 파생되었다"

미국 역사상 가장 유명한 군인 중 한 사람의 이야기를 해 보려 한
다. 주인공은 더글러스 맥아더Douglas MacArthur 장군이다. 그는
"전설", "신화"라고 불릴 만큼 대단한 인물로 맡은 임무를 언제나
훌륭히 해냈을 뿐 아니라, 조국인 미국에, 종국에는 전 세계에 믿
을 수 없을 만큼 대단한 공헌을 했다. 명예 훈장 수훈자의 아들이
었던 맥아더는 육군사관학교 웨스트포인트에서 생도와 당시 최연
소 교장으로서, 제1차 세계대전에서는 사단장급 장교로서, 대공황
시절 워싱턴 D.C.에서 발생한 시위대에 맞설 때는 현 상태를 지키
는 충직한 수호자로서, 제2차 세계대전 중에는 태평양에서 (필리핀
군대와 미군의) 군사령관으로서 미국 육군사에 혁혁한 자취를 남겼

다. 그리고 그의 마지막 위대한 업적은 한국전쟁에서 유엔 연합군의 총사령관을 지낸 것이었다. 특히 그는 태평양전쟁에서의 공로를 인정받아 말 그대로 명예로운 명예 훈장을 수여받았고, 미국 역사상 첫 번째 부자父子 수훈자가 되었다.

맥아더는 두 번의 세계대전에서 놀라운 용기로 적의 집중 포화를 뚫고 괄목할 만한 몇몇 승리들을 일궈 낸 주역이었다. 무엇보다 제2차 세계대전 중에는 뉴기니에서 필리핀까지 군대를 이끌고 태평양을 누비며 이른바 '징검다리 작전island-hopping operations'(적의 후방을 우회해 보급 병참선을 공격하는 전략이다. - 옮긴이)에 참여한 병력의 절반을 지휘했다. 또한 1945년과 1946년 일본 본토를 공략하기 위해 편성된 대규모 군대의 사령관으로 임명되었다. 다들 알다시피 1945년 8월 원자폭탄 투하로 일본이 무조건 항복한 덕분에 일본 본토를 직접 공격할 필요는 없어졌다. 그리하여 맥아더는 도쿄만에 정박했던 미국 전함 미주리호에서 일본의 공식적인 항복 문서를 접수한다.

하지만 그의 전설적인 업적 행렬에 오점이 없는 것은 아니었다. 일례로 많은 사람들로부터 잔인한 억압 행위라는 공분을 산 적이 있다. 1932년 극빈자로 전락한 제1차 세계대전 참전 용사와 그의 가족들이 정부의 지원을 요구하며 워싱턴 D.C.에 집결해 평화 가두 행진을 벌였다. 이른바 보너스 군대Bonus Marchers였다. 그런데 맥아더가 전차로 무장한 기갑부대를 앞세워 시위대를 유혈 진압했다. 또한 필리핀 주둔 미국 육군 극동군사령관으로 복무하고 있을 때에도 커다란 실수를 저질렀다. 1941년 12월 8일 진주만이 폭격을 당했는데 아무런 대비를 하지 않고 있다가 만 하루도 지나기 전에 극동군이 일본군의 기습 공격을 받은 것이다. 이런 공적인 결함 외에 그를 마냥 존경하기 힘든 데에는 개인적인 성격도 한몫한다. 지독할 정도로 자만심이 강하고 다혈질에다 무엇보다도 '자신'의 영예로운 공적을 절대로 부하들과 나누지 않았다. 심지어 국방부와 백악관에 있는 상관들에 대해 끊임없이 공개적으로 비난했고 불만을 쏟아 냈다.

1945년 항복 후 일본이 전쟁의 폐허에서 회복하기 위해 분투하는 동안 그는 그곳의 실질적인 통치자로 군림했다. 물론 그가 일본의 회복을 앞당기는 관대하고 현명한 결정을 했다는 데에는 의문의 여지가 없다. 여하튼 직책도 그렇고 시쳇말로 약간 '관종기'가 있었던 그는 맥아더라는 이름이 신문의 헤드라인을 계속 장식하게 만들었다. 한편 그의 관할 영역에는 당시 무명의 변방국이자 중국의 남쪽으로 돌출된 커다란 반도를 차지한 산악 국가가 포함되었다. 바로 대한민국이었다. 제2차 세계대전이 끝났을 때 한국은 북위 38도를 따라 편의상 아무렇게나 그어진 분단선에 의해 남북으로 갈라졌다. 이처럼 한반도를 두 동강 낸 것은, 삼팔선 북쪽은 소련 군대가, 남쪽은 미군이 각각 점령해서 한반도에 주둔하던 일본군의 항복을 받아 내기 위해서였다.

본래 남북 분단은 순전히 일시적인 조치였다. 일본의 식민 통치에서 해방된 한국이 당연히 단일 국가로서 자유를 재건할 거라고 생각했기 때문이다. 그러나 제2차 세계대전의 후폭풍으로 서방 연합국과 소련 사이에 갈등이 심화되었고, 남북으로 갈라진 한국이 한집 살림으로 합쳐지는 것은 불가능해졌다. 그리하여 오직 편의상 한반도를 나눈 삼팔선이 정치적인 경계가 되고 말았다. 미국은 남쪽에서 (비록 억압적인 정권이었지만) 자본주의를 추구하는 민주주의 국가의 대통령으로 이승만이 추대되도록 도왔던 반면, 소련은 북쪽에서 김일성을 공산주의 정권의 독재자 자리에 앉혔다. 김일성 정권은 조선민주주의인민공화국을 정식 국호로 채택했고 평양에 수도를 두었다. 국호에 민주주의를 포함시켰는데, 민주주의를 비꼬려는 명백한 의도가 있었던 것은 아니었다. 한편 이승만 정권이 들어선 남쪽의 공식 국호는 대한민국이 되었고, 수도인 서울은 얼마 지나지 않아 번성하는 상업 중심지로 부상했다.

한반도의 남북 분단은 1949년 마오쩌둥毛澤東이 이끌던 혁명적인 중국공산당이 장제스蔣介石의 국민당을 섬멸하였을 때 더욱 공고해졌다. 장제스의 잔존 병사들이 포르모사 섬(나중에 타이완으로 이름을 바꿈)으로 망명함에 따라 강력한 공산주의 국가가 북한과의 접경 지역을 점령했다. 김일성의 자신감은 강력한 이웃 동맹으로 강화되었고, 김일성의 군대는 최초 후원자였던 소련의 이오시프 스탈린에게서 지원받은 전차, 전투기 등의 군사 장비로 무장했다. 김일성은 중국과 소련의 비위를 맞추는 한편 양국이 경쟁적으로 북한을 지원하도록 솜씨 있게 요리했다.

1950년 6월 25일 김일성의 조선 인민군이 기습적으로 남침했다. 김일성은 분단된 남북을 세계 공산주의라는 기치 아래 적화 통일하기 위해 선수를 친 것이었다. 그런데 북한 정권의 남침은 더글러스 맥아더에게 뜻밖의 기회를 제공했다. 그는 이 기회를 붙잡아 자신의 군인 경력에서 전략적으로 가장 빛나는 군사작전을 펼쳤다. 하지만 그 작전을 성공시킨 것으로 끝냈으면 얼마나 좋았을까? 그는 이후 과유불급의 실수를 저질렀다. 불행하게도 이는 냉전 초창기에 가장 파멸적이고 지대한 영향을 미치는 실수로 역사에 길이 남게 된다.

북한이 기습적으로 남침했다는 소식을 듣자마자 맥아더는 남한으로 날아갔고, 서울 남쪽의 전선을 직접 찾았다. 소련제 전차를 앞세운 북한 인민군은 개전과 동시에 파죽지세로 남한을 몰아붙였다. 남한의 수도인 서울은 개전 사흘 만인 28일 북한에 완전히 함락되었다. 맥아더는 트루먼 대통령에게 미국의 강력한 지원 없이는 남한의 운명이 위태로워질 거라고 보고했다. 아울러 신속한 지원이 이뤄져야 한다고 덧붙였다. 미국의 해군과 공군이 먼저 한반도로 급파되어 무한 질주하던 북한군의 남진을 저지하는 동안 육군이 속속 도착했다. 마침내 조선 인민군은 남한 군대를 낙동강 전선까지 밀어낸 다음 공세를 멈추었다. 이제 유일하게 인민군에게 점령되지 않은 남한 동남단의 항구도시 부산이 남한의 피난 수도가 되었다.

맥아더는 부산 주변에 넓고 얇게 방어선을 구축해서 사수하는 동안 미국 해병대 사단 한 개와 자신의 육군 사단 한 개를 동원했다. 아울러 병력을 적의 해안으로 상륙시켜 줄 충분한 해상 수송 능력도 집결시켰다. 그가 상륙 지점으로 선택한 해안은 인천이었는데, 그곳 앞바다는 조수 간만의 차가 크고 해변에는 넓은 갯벌이 조성된 악조건 속에 놓여 있었다. 하지만 남한의 북서쪽 끄트머리에 위치한 인천은 남한의 수도인 서울과 가장 가까운 항구였다. 상륙작전은 9월 15일을 시작으로 일사천리로 전개되었고, 채 2주도 지나지 않아 서울을 수복했다. 그리하여 아직도 저 멀리 남쪽의 부산 주변에 머물고 있던 전체 인민군은 보급로가 끊겼고 대부분 포위되었다. 생존한 북한 인민군 병사들은 생포되거나 무기를 내버려 둔 채 몸만 빠져나와 피난민이 되어 북으로 올라갔다. 김일성의 남침 과욕은 저지된 것을 넘어 말끔히 제거되었고, 한국전쟁은 사실상 남측과 유엔 연합군의 승리로 끝난 것처럼 보였다.

그러나 끝날 때까지 끝난 게 아니라는 유명한 말처럼, 누군가에게는 한국전쟁도 그랬다. 더글러스 맥아더에게 한국전쟁은 아직 끝난 게 아니었고, 남한을 탈환하는 것만으로는 성에 차지 않았다. 오히려 북한을 점령하고 김일성 정권을 지구상에서 영원히 없애 버리겠다고 단단히 결심했다. 당시에는 이것이 합리적인 목표처럼 보였다. 게다가 미국 국방부의 합동참모본부 의장은 물론이고 남한의 이승만 대통령과 미국의 트루먼 대통령까지 모두가 북한으로 진격하는 작전을 지지했고 이는 곧장 실행되었다. 유엔 연합군은 전광석화처럼 평양을 함락했고, 가열찬 공세를 이어 가면서 동부 해안에 위치한 북한의 항구들을 순차적으로 탈취했다. 만약 맥아더가 거기서 멈추었더라면 엄청난 승리를 거두는 것을 넘어 북한을 철저하게 박살냈을 것이다.

당시는 중국 국경까지 아직 160킬로미터 남아 있었다. 그즈음 트루먼 대통령과 합참 의장의 마음속에는 이 정도에서 진격을 멈추는 것이 합리적인 선택이라는 생각이 들기 시작했다. 그들이 우려한 것은 중국이었다. 아직까지는 방관자적 태도를 유지하고 있지만 중국이 한국전쟁에 개입할 가능성이 농후했다. 그래서 맥아더에게 거기서 진격을 멈추자고 조언했다. 그러나 피와 명예에 굶주렸던 맥아더는 끝장을 보고 싶었다. 1941년 일본이 필리핀을 공격하지 않을 거라고 자신을 설득했을 때와 똑같은 일이 이번에도 벌어졌다. 그는 자신이 국경까지 진격하는 것을 중국이 방해하지 않을 거라고 스스로 납득시켰다. 어쩌면 마음 한구석에는 마오 쩌둥이 미국의 원자폭탄을 두려워할 거라는 속셈도 있었지 싶다. 그러나 정작 트루먼 대통령은 중국을 상대로 원자폭탄을 사용할 생각이 없었다. 떡 줄 사람은 생각도 없는데 맥아더는 김칫국부터 마셨던 것이다. 어쨌든 맥아더는 백악관과 국방부의 윗선들이 중공군의 개입을 우려하는 것에 아랑곳하지 않고 북진을 계속했다.

유엔 연합군은 서쪽에는 제8 군단을, 동쪽에는 제10 군단을 배치하는 대형을 편성해 북으로 진군했다. 그러나 한반도의 북쪽은 동서의 거리가 길고 중간을 가로지르는 수많은 산등성이와 험준한 산악 지대가 있다. 따라서 공산국가 중국에 가까워질수록 당연히 양 날개 사이의 거리가 멀어졌다. 게다가 진군하던 연합군의 두 부대 사이에는 한 번도 정찰된 적이 없는 그야말로 미지의 땅이 넓게 자리했고, 이제는 두 부대 사이가 너무 멀어져서 서로를 지원해 줄 수 없게 되었다.

맥아더는 중국의 개입 가능성을 경고하는 소문과 보고서가 이어지는데도 깡그리 무시했다. 마치 중국이 개입하는 것은 천지가 개벽하기 전에는 불가능한 일이라고 믿는 것 같았다. 중공군의 움직임이 포착되자 정보 소식통들은 대대적인 위협이 임박했다고 갈수록 단호한 어조로 경고했다. 그리고 마침내 11월 1일 중공군이 미국 육군의 연대 하나를 공격했다. 그런데도 맥아더는 사태의 심각성을 깨닫지 못했다. 결국 11월 25일 중국이 약 30만 명의 엄청난 병력을 앞세운 인해전술로 공격했을 때에야 비로소 맥아더도 정신이 번쩍 들었다.

서로 멀리 떨어진 유엔 연합군의 많은 선봉 부대들이 동쪽과 북쪽 그리고 서쪽에서 동시에 공격해 오는 중공군에 난타당했고, 몇몇 다른 부대도 포위되어 완전히 섬멸되었다. 특히 사면을 포위당한 제1 해병 사단은 포위망을 탈출하기 위해 하나 남은 구불구불한 산길을 따라 남진하면서 사투를 벌였다. 이것이 바로 13일간의 혈투로 유명한 장진호長津湖 전투다. 유엔 연합군이 안정적으로 주둔하기까지 수천 명의 미군이 전사했고, 서울을 포함해 힘겹게 점령한 거점들을 남하하는 중공군에게 넘겨주었다.

그런 와중에도 더글러스 맥아더는 여전히 자신이 치르는 전쟁의 현실을 정확히 이해하지 못한 듯했다. 그는 트루먼 대통령에게 중국에 원자폭탄을 투하해 달라고 애처럼 졸랐지만 트루먼은 꿈쩍도 하지 않았다. 그러자 맥아더는 적반하장으로 나왔다. 애초에 자신이 휘하 병사들을 지옥으로 데려갔음에도 그런 재앙에 대해 애꿎은 연합군 총사령관을 비난했다. 뿐만 아니라 타이완이라는 작은 나라에 발이 묶인 장제스의 국민당이 한국전쟁에 군대를 파병하고 싶어 하자, 그들을 부추겨 공산당이 장악한 거대한 중국 본토와 '싸우도록' 만들자는 황당한 주장을 반복했다. 장제스가 공격하면 한국에 대한 중공군의 압박을 줄일 수 있을 거라는 판단에 서였다. 하원 의장이었던 공화당 조지프 윌리엄 마틴 주니어Joseph William Martin Jr. 의원이 의회에서 큰 소리로 읽었던 그의 편지를 포함해 맥아더가 트루먼을 공개적으로 비난하자 트루먼의 인내심도 바닥이 났고, 맥아더 장군을 해임하는 것 외에 다른 방법이 없다고 생각했다. 그리하여 노병의 전설적인 군인 경력은 1951년 4월에 막을 내렸다.

맥아더가 해임된 후에도 한국전쟁은 2년이나 질질 더 이어졌고 수천 명의 목숨을 더 앗아 갔다. 마침내 전쟁이 끝났을 때 남한과 북한의 군사 경계선은 북한이 남침했을 때와 거의 똑같은 곳에 만들어졌다. 김일성 일가가 세습하는 북한 정권은 지금도 건재하고 세상에서 가장 잔인하고 억압적인 정권 중 하나에 포함된다. 만약 맥아더가 1950년 가을에 좀 더 자제력을 발휘했더라면, 또는 트루먼 대통령이 고집불통에 안하무인인 휘하 장군을 단호히 휘어잡았더라면 어땠을까? 한국전쟁은 유엔 연합군의 승리로 끝나고 북한 정권은 인구와 영토가 크게 줄어들지 않았을까?

한국전쟁에서 유엔이 압도적으로 승리했더라도 세계 공산권을 파괴하거나 냉전을 끝내기는 힘들었을 것이다. 그렇지만 동서가 끈질긴 힘겨루기를 이어 가던 냉전 시기에 핵 위기가 줄어들었을 가능성은 충분했다. 통일된 한국은 비록 한반도 전체를 포함하지 못했더라도 한국인들은 오늘날까지도 끈질기게 괴롭히는 분단과 상호 불신의 아픈 유산을 물려받지 않았을 것이다. 또한 북한의 대다수 주민들의 삶도 달라졌을 수 있었다. 남한의 경제와 사회가 그랬듯, 그들도 경제와 사회의 역동적인 성장에 따른 혜택을 누렸을 것으로 보인다. 한편 평양 이북에서 남한이 점령하지 못한 지역은 아마도 중국에 합병되었을 가능성도 배제할 수 없다. 만약 그랬더라면 그곳 주민들은 부패, 불안정성, 잔혹 행위 등으로 대변되는 3대에 걸친 잔인한 독재자들의 세습 통치를 받기보다 차라리 중국에 합병된 것을 더 고마워했을지도 모를 일이다.

마지막으로 1950년의 치욕적이고 뼈아픈 군사 패배 이후에 공산권이 베트남을 지옥으로 만든 내전에서 반란군들을 지원하려는 의지가 약화되었을 가능성도 없잖아 있다. 그랬더라면 미국이 베트남전쟁에 개입하는 참극은 불필요했을 것이다.

프랑스의 콧대가 꺾인 인도차이나전쟁 : 1953년

더글러스 나일스

"오만함은 국가를 가리지 않는다"

제2차 세계대전은 세상에 아주 많은 변화를 가져왔는데, 가장 중요
하면서도 널리 알려지지 않은 효과들이 여럿 있다. 그중 하나는 몇
몇 유럽 열강들이 아프리카와 아시아 대륙에 건설했던 중요한 식
민지들의 독립이었다. 식민지들의 독립 방식은 크게 두 가지로 갈
렸다. 먼저 네덜란드와 벨기에가 통치하던 해외 영토들은 종전 후
찾아온 변화의 바람에 영향을 받아 점진적으로 독립을 쟁취했다.
반면 프랑스와 영국의 거대 식민지들은 민족주의자들이 주도한 독
립운동하에서 좀 더 신속하게 격동에 휘말렸고 현 시대의 도래를
요란하게 알렸다.
　영국과 프랑스는 인류 역사상 가장 큰 전쟁의 승전국 명단에

스스로 자국의 이름을 올렸다. 그러나 실상을 들여다보면 상처투성이에 빛바랜 승리였다. 솔직히 두 국가는 제2차 세계대전으로 인명, 자산, 명성 등에서 끔찍한 피해를 입었다. 영국은 독일군의 폭격으로 물리적인 피해를 입었음에도 불구하고 그나마 국토 대부분이 거의 온전한 상태를 유지했다. 그러나 프랑스는 사정이 달랐다. 나치가 4년 이상 점령함으로써 국가가 만신창이가 되었고, 1944년 여름에는 국토의 상당 부분이 치열한 전장이 되었으며 전투의 상처가 깊이 남았다.

종전 후 영국은 가장 중요한 식민지인 인도에 대해 얼마간 지배력을 유지했지만, 인도의 독립은 '만약'이 아니라 시간의 문제일 뿐이었다. 솔직히 남아시아에 위치한 인도는 제2차 세계대전이 발발하기 전부터 독립운동이 점점 거세지고 있었다. 중동과 아프리카에 건설된 영국의 다른 식민지들과 마찬가지로, 인도도 독립국의 지위를 쟁취하기 위해 점진적이되 가열한 행보를 이어 가고 있었다.

4년간이나 독일에 점령되었던 프랑스는 제2차 세계대전으로 입은 물리적 손실이 얼마나 막심했는지 가늠하기조차 힘들었다. 무형의 손실도 그에 못지않았다. 둘째가라면 서러울 정도인 프랑스인들의 높은 자부심에 심각한 상처가 난 것이다. 시쳇말로 콧대가 단단히 꺾였다. 프랑스는 다른 어떤 식민 제국들보다 해외 영토들과 '이혼'하는 것에 더욱 소극적이었다. 한술 더 떠서, 제국의 영광스러운 옛 모습을 재건하기 위해 전쟁을 선택했다. 식민지 강국으로서 프랑스의 힘은 지중해를 중심으로 하는 몇몇 지역과(알제리, 튀니지, 레바논이 포함된다) 프랑스령 인도차이나를 포함하는 '황금 거위' 동남아시아 영역으로 나뉘어 행사되었다. 특히 동남아시아의 식민지들은 풍부한 천연자원의 보고로서 프랑스 국부의 원천이었고, 그중 고무와 목재가 가장 유명한 자원이었다.

프랑스령 인도차이나는 훗날 베트남, 라오스, 캄보디아로 알려지는 국가들을 포함했다. 이들 식민지에 대한 프랑스의 통치는 1940년 오직 실용적인 목적으로 종말을 맞았다. 나치 독일이 프랑스 본토를 정복하자 인도차이나는 독일의 아시아 동맹국인 일본의 먹잇감으로 전락했던 것이다. 일본 군대는 곧바로 인도차이나를 점령해서 주둔하기 시작했고, 그중 많은 대도시와 훌륭한 항구들 그리고 긴 해안선을 가진 베트남이 가장 수익성 좋은 식민지가 되었다. 게다가 1941년 말부터 본격적으로 시작된 일본의 대대적인 정복 전쟁에서 베트남은 중대한 거점이 되었다. 뿐만 아니라 베트남은 모든 현대 전쟁에서 필수재인 고무의 주요 생산지였다.

제2차 세계대전이 끝나고 일본이 참담히 패배하자 프랑스는 예전 식민지들에 대한 지배력을 되찾기 위해 발 빠르게 움직였다. 그러나 인도차이나 주민들은, 특히 베트남 국민들은 외세의 지배를 받는 것에 넌더리가 났고 독립에 대한 열망이 뜨거웠다. 1946년 베트남의 독립을 인정하지 않은 프랑스가 전쟁을 일으켜 단 몇 주 만에 베트남의 신생 정부를 깔아뭉갰다. 더욱이 프랑스는 강력한 해군력을 앞세워 해안 도시들에 무차별 폭격을 감행했고 수천 명의 베트남 시민들이 목숨을 잃었다. 그러자 예전에 일본의 지배에 항거해 싸웠던 무장 저항 단체 베트민이 이번에는 프랑스를 상대로 무기를 들었다. 이것이 바로 1954년까지 이어지는 제1차 인도차이나전쟁 또는 베트남 독립전쟁이었다.

베트민은 베트남 민족주의자들과 골수 공산주의자들로 구성되었고, 비록 이념은 달랐어도 그들을 하나로 묶는 가장 강력한 접착제는 베트남의 독립을 쟁취하겠다는 일념이었다. 베트민들은 인도차이나 반도에 대한 지배력을 되찾으려고 파병된 프랑스 극동 원정대와 맞장을 떴다. 호찌민이라는 카리스마 있는 지도자의 리더십과 최고사령관인 보응우옌잡武元甲의 출중한 군사적 능력에 힘입어 베트민은 비정규 게릴라 조직에서 경험 많고 열정적인 군대로 점차 성장했다. 물론 베트민의 성장에는 중국공산당과 소련의 지원이 꾸준히 증가한 것도 한몫했다. 또한 베트민은 중국, 프랑스, 일본 같은 외세의 억압에 항거한 오랜 저항의 역사를 계승했고, 그들의 뜨거운 항거 정신 뒤에는 확고한 민족주의적 주체성이 자리잡고 있었다.

1946년부터 1953년까지 베트남 독립전쟁은 저강도 전쟁low-intensity war(직접적이고 물리적인 군사적 타격보다 정치, 경제, 사회, 심리, 군사 수단 등의 요소가 통합적으로 운행되는 양식의 전쟁으로 심리전이 대표적이며, 반면 각종 살상 무기를 동원한 무력 충돌은 고강도 전쟁이라고 부른다. -옮긴이) 양상으로 진행되었고, 특히 소규모 유혈 충돌이 끊이지 않았다. 프랑스가 많은 도시들을 포함해 인구 밀집 지역들을 점령했고, 월등한 대포와 기갑 전력을 앞세워 베트민의 공격을 연거푸 분쇄했으며, 베트민을 점점 베트남 내륙으로 몰았다. 베트민의 게릴라 전사들은 공군은 고사하고 전쟁을 시작했을 때는 포병조차 없었다. 하지만 시간이 흐를수록 베트민은 총기 성능이 향상되고 전술적 능력도 증가하는 등 일취월장했다. 프랑스는 이런 변화를 명민하게 알아차리지 못했고 결국 이것이 재앙으로 돌아오게 되었다.

한편 프랑스 극동 원정군은 본토로부터 미온적인 지원만 받았고 사령탑도 자주 바뀌었다. 그런 불리한 여건 속에서도 원정군 지도부는 산악 지대에 숨어 게릴라 전술로 대응하던 베트민을 평지 전투로 유인하려 애썼고, 평지전에서는 가끔 보응우옌잡 군대에 막대한 피해를 안겨 주었다. 공산주의 동맹들로부터 보급 지원이 증가했지만 보응우옌잡 장군은 계속해서 게릴라 전술에 매달렸다. 특히 1949년 중국공산당이 북베트남과의 국경을 점령한 후 베트민에 대한 물자 지원이 급격하게 증가했고, 이는 현대적인 군대를 구축하려는 베트민 반군들의 노력에 커다란 도움이 되었다.

그렇더라도 원정군은 결코 만만히 볼 군대가 아니었다. 전투라면 이골이 난, 오랜 전공戰功의 역사를 자랑하는 군대였다. 프랑스는 제2차 세계대전에서 수모를 당한 후 세계 강국으로서의 지위를 되찾기 위해 필사적이었다. 하지만 세계 강국이라는 긍지는 물론이고 제국의 잃어버린 위상을 회복하기 위한 욕구는, 제1차 인도차이나전쟁 중에 잇따라 저지른 수많은 나쁜 결정들과 병립하기 힘들었다.

무엇보다 베트남과의 전쟁은 프랑스 국민들로부터 폭넓은 지지를 얻지 못했고, 국민들의 요구로 프랑스 정부는 징병 군대를 식민지와의 전쟁에 투입하는 것을 금지했다. 그리하여 직업군인, 식민군, 전설적인 프랑스 외인 군단 등이 인도차이나전쟁을 수행했다. 이들 군대를 전부 합쳐도 인도차이나 지역에서 예전의 식민지를 되찾는다는 임무에 비하면 규모가 너무 작았다. 거기다가 재정적인 지원도 미미했다. 프랑스 안보에 대한 주요 위협 국가는 베트남이 아니었기 때문이다. 오히려 재무장한 접경국 독일이 가장 큰 위협이었고, 공격적인 소련의 위협이 두 번째였다. 1953년이 되자 프랑스 국민들의 불만은 정치적인 세력으로 부상했고, 마치 프랑스가 베트남과의 전쟁을 포기한 것처럼 보이기 시작했다.

당시 베트남 주둔 프랑스 군대의 총사령관은 앙리 나바르

Henry Navarre였다. 나바르 사령관은 이제 전쟁의 양상이 달라져야 한다고 결정했다. 즉 소규모 전투에 주력하던 저강도 전쟁에서 결정적인 공격을 앞세운 고강도 전쟁으로 공세를 전환하기로 했다. 비록 승리를 장담할 수 없는 상황이었지만 나바르는 최정예 군대의 상당 병력을 중요한 작전에 투입하는 모험을 해 보기로 결단했다. 벼랑 끝 전술인 셈이었다. 그 작전의 단기적 목표는 베트민이 점령한 지역의 깊숙한 곳에 강력한 거점을 구축해서 베트남과 라오스 사이의 주요 보급로를 차단하는 것이었다. 이는 베트민의 공격을 유도하기 위함이었다. 그렇게 하면 베트민의 보응우옌잡 장군이 프랑스 거점을 공격할 수밖에 없다는 계산이 깔려 있었다. 그리고 나바르는 베트민이 반격해 올 때에 포병과 공군을 동원한 제병 합동작전으로 베트민 군대를 섬멸하고 명예로운 강화조약을 체결할 수 있을 거라고 믿었다.

나바르는 중대한 그 전투를 계획하면서 사실상 표준적인 모든 전투 규칙을 무시한 듯 보였다. 이는 프랑스에도 불행이었지만 특히 필패가 빤한 군사작전에 투입된 병사들에게는 너무 안타까운 일이었다. 결과부터 말하면 프랑스군의 계획은 전쟁의 세 가지 측면, 다시 말해 전략, 작전, 전술적 측면 모두에서 완벽히 낙제였다. 오죽했으면 전투를 시작하기도 전에 사실상 프랑스군의 모든 고위 장교가 나바르의 계획을 반대했을 정도였다. 하지만 나바르는 눈도 꿈쩍 않고 밀어붙였다. 그가 목표물로 낙점한 지점은 낡은 비행기 활주로가 있는 계곡으로 디엔비엔푸라고 불리는 곳이었다. 어쨌건 베트남 서북부 산간 지역인 그곳은 너무 외져서 사실상 공군을 제외하곤 증원군도, 포병의 지원도 받을 수 없었다.

나바르가 작전 지휘관으로 선택한 사람도 끔찍한 실수였다.

참호 방어 진지를 지키는 정적靜的인 군대를 지휘할 사령관으로, 용맹한 기병이자 기동전의 열렬한 지지자였던 크리스티앙 드 카스트리에Christian de Castries 대령을 선택한 것이다. 그런 다음 나바르는 고전적인 군사 격언인 '고지를 점령하라'는 원칙을 무시하고 병사들을 깊은 계곡에 배치했다. 이는 결국 디엔비엔푸를 둘러싼 우거진 밀림과 험준한 지형의 고지대를 적에게 갖다 바치는 셈이 되었다. 마지막으로 그는 베트민의 역량을 심각하게 과소평가했다.

1953년 11월 작전이 개시되었다. 거의 2,000명에 달하는 프랑스의 최정예 공수 대원들이 디엔비엔푸에 낙하했고 곧바로 주둔지를 세울 목표 지점을 점거한 후 활주로까지 장악했다. 그런 다음 진지를 구축해 방어전 준비에 착수했다. 이후 몇 달간 디엔비엔푸 주둔군은 약 1만 6,000명으로 증가했는데 모두가 하늘 길로 증원되었다. 비행장 주변에 일곱 개의 요새화된 주둔지들이 건설되었지만 고지대의 중요한 지점에 건설된 요새는 하나도 없었다.

그나마 프랑스군이 성공적으로 실행한 전쟁의 원칙 하나가 있었는데, 기습전이었다. 이는 프랑스군이 잘했다기보다는 보응우옌잡 장군이 프랑스군의 전술에 미처 대비를 못했기 때문이었다. 하긴 그래서 기습전이지만 말이다. 그러나 보응우옌잡은 이내 상황이 어떻게 전개되는지 간파했고 나바르의 작전에 속으로 쾌재를 불렀다. 그는 곧바로 여러 사단들에게 디엔비엔푸 주변의 산등성이로 집결하라고 명령을 내렸다. 베트민의 열성적인 게릴라 전사들은 산악의 밀림 지대를 이동하면서도 가능한 한 많은 중기관총과 대공포를 끌고 왔다. 프랑스군의 주둔지에 근접했을 때 베트민 병사들은 산봉우리에 땅굴을 팠고, 사실상 프랑스군의 응사에 전혀 영향을 받지 않을 위치에 총, 대포 등 무기들을 배치했다.

1954년 3월 13일 베트민은 프랑스군의 전초진지를 향해 공격을 개시했고, 대대적인 포격으로 진격하는 병사들을 엄호했다. 첫날 전투가 끝났을 때 카스트리에는 냉혹한 현실을 인정할 수밖에 없었다. 프랑스군의 총으로는 베트민의 대포를 절대 감당할 수 없다는 사실이었다.(얼마나 참담했으면 전투 사흘째 날 프랑스의 포병 지휘관 샤를 피로트Charles Piroth 대령은 프랑스군의 포격이 참담히 실패한 것에 굴욕감을 느껴 자살했다) 반면 베트민의 대공포는 프랑스 주둔군에게 병력과 물자를 지원하려던 프랑스의 공군 항공기를 상대로 위력을 발휘하며 엄청난 피해를 안겨 주었다.

디엔비엔푸 전투는 거의 두 달에 걸쳐 양측이 완급을 조절해 공세와 반격을 주고받으면서 격전이 계속되었지만, 결과는 전투 첫날에 이미 결정되었다. 베트민 병사들은 프랑스의 참호 진지에 대해 파상 공격을 이어 갔고, 많은 인명 피해를 입었지만 프랑스 방어선을 점진적으로 파괴했다. 베트민 병사들의 사정거리에 있던 활주로는 곧바로 파괴되어 사용할 수 없게 되었다. 프랑스는 낙하산으로 주둔군에게 물자를 공급하려고 했지만, 그마저도 베트민의 대공포에 막혀 턱없이 부족해졌다.

카스트리에 대령은 자신의 벙커로 들어간 뒤 두문불출했고 이러지도 저러지도 못해 거의 마비 상태에 빠진 듯했다. 아마도 뾰족한 대안이 없었기 때문이리라. 프랑스군은 용맹하게 싸웠지만 어차피 승산 없는 싸움이었다. 마침내 5월 7일 벙커에서 나온 카스트리에는 항복을 결정했다. 프랑스군은 디엔비엔푸 전투에서 대패를, 아니 역사적인 패배를 기록했다. 예전에 프랑스의 식민지였던 베트남은 역사상 처음으로 현대식 무기와 전술을 사용해 정복자들을 무찔렀다.

이튿날인 5월 8일 제네바에서 평화 회담이 시작되었고, 호찌민은 보응우옌잡 군대의 대서사적인 승리의 소식을 전했다. 디엔비엔푸 전투의 패배로 프랑스는 인도차이나에서 전면적으로 철수했고 베트남은 남북으로 분단되었다. 그리고 더 잔혹한 제2차 인도차이나전쟁의 씨앗이 뿌려졌다.

영국이 인도에게 그랬던 것처럼 프랑스도 베트남이 점진적으로 독립하도록 허용했더라면 어땠을까? 무엇보다 베트남은 프랑스의 귀중한 무역 파트너로 남았을 가능성이 컸다. 또한 베트남은 블랙홀처럼 모든 것을 잠식해 버리는 강력한 공산주의에 대항했을지도 모를 일이다. 그랬더라면 베트남은 공산주의가 가져온 너무나 잔혹하고 막대하며 장기적인 결과를 피할 수도 있었을 것이다.

프랑스가 베트남의 점진적인 독립을 용인했더라면 미국의 역사에도 영향을 미쳤을 것이다. 미국은 베트남에 단 하나의 전투부대도 파병할 필요가 없었을 것이기 때문이다.

중동의 혼란을 일으킨 아이젠하워의 핵 계획 : 1953년

폴 A. 톰센
Paul A. Thomsen

"우리의 친구 이란을 위한 선물… 어…
이라크가 있지… 오, 아냐, 됐어, 신경 쓰지 마"

외교란 무엇일까? 자신의 확실한 행복을 위해 누군가의 친구들을
행복하게 만들어 주는, 기브 앤 테이크의 원칙이 철저히 지켜지는
세상이다. 유사 이래 언제나 그랬다. 단적인 예를 들어 보자. 가령
적이 잠재적인 살상 무기를 보유해 위해를 가할 능력이 있다고 치
자. 적의 그런 능력을 무력화시킬 방법은 많을 것이다. 그런데 그런
잠재적인 살상 무기를 인도주의적인 선물로 변신시켜 적의 잠재적
공격 능력을 무력화시킨다면 어떨까? 누이 좋고 매부 좋은 것이 아
닐까? 이런 것이 바로 외교의 장점 중 하나다. 1953년 이런 외교
전략을 시도한 사람이 있었다. 미국의 드와이트 아이젠하워 대통
령은 '평화를 위한 원자력Atoms for Peace'이라는 프로그램을 제안했

다. 그는 그 프로그램을 통해 꿩 먹고 알 먹는 좋은 결과를 달성하고자 했다. 하지만 이타적인 그의 계획은 잘못된 믿음에 근거했다. 한번 친구는 영원한 친구라고 가정한 것이다. 아이젠하워의 인도주의적인 선물은 평화를 촉진하고 우정을 지속시킨다는 본연의 목적을 달성하지 못했다. 오히려 그의 선물이 미국의 우방들에게는 독 사과가 되었고, 중동 전체를 핵무기와 화학무기는 물론이고 심지어 생물학무기를 포함하는 유례없는 무기 경쟁으로 몰아갔다.

어찌된 일일까? 또다시 말하지만 의도는 좋았다. 제2차 세계대전의 영웅이자 북대서양조약기구, 즉 나토의 전 사령관이었던 아이젠하워 대통령은 냉전 시대 중에 원자력이라는 파괴적인 에너지를 긍정적인 목적으로 전환시킬 계획을 수립했다. 1953년 대통령에 취임한 이래로 그는 소련의 핵무기 역량을 약화시키고 미국 우방들에게 우위를 안겨 주기 위해 노력했다. 이를 위해 아이젠하워는 1953년 유엔 연설에서 혁명적인 프로그램을 제안했다. 이름하여 '평화를 위한 원자력' 프로그램이었다. 모든 핵보유국이 방사성 연료를 연구용으로 상당량 기증하고 원자력 개발을 희망하는 개발도상국들을 재정적으로 지원하자는 것이 그 계획의 골자였다. 아울러 그 프로그램의 모든 과정에 대한 감독을 유엔에 맡기자고 제안했다. 아이젠하워가 그 프로그램에 어떤 기대를 했는지는 명백하다. 그 프로그램이 핵무기 생산에 사용되는 자원을 제한시키고 우방들이 의학, 청정에너지, 과학 등을 발전시키는 데 초석이 될 거라고 생각했던 것이다.

결론부터 말하면 아이젠하워가 기대했던 두 가지 모두 달성되지 못했다. 냉전 상대국인 소련이 커다란 변수였다. 소련이 그 프로그램을 준수하게 하는 데 문제가 있었냐고? 또는 핵무기 기술 및 관리 감독과 관련된 기존의 문제 때문이었냐고? 물론 그런 것들도 걸림돌이 될 수 있었지만 더 중요한 사안이 있었다. 당시는 핵탄두와 핵무기 운반 체계 기술이 급진적으로 발전하고 있었다. 그런 상황에서는 핵물질을 상당량 기증해서 공동관리 한다는 계획이 소련의 무기 생산을 억제하지 못할 것이 확실했다. 간단히 말해 일련의 과학적 혁신은 핵무기 개발에 필요한 핵물질의 양을 줄이고 운송 체계를 간소화시키는 동시에 핵무기 생산량을 증가시켰다. 핵물질을 비축한다는 아이디어는 핵무기 생산을 제한하는 데에 목적이 있었다. 그런데 의도하지 않은 역효과를 낳았다. 더 적은 핵물질로 더욱 치명적인 핵무기가 개발되도록 촉진한 것이다.

더군다나 아이젠하워의 이타적인 동기에도 불구하고 '평화를 위한 원자력' 프로그램은 중동을 불안정하게 만들었다. 1956년 이라크는 유엔의 축복을 받으며 '평화를 위한 원자력' 프로그램 하에서 이라크 원자력 위원회를 발족시키고 원자력 연구에 시동을 걸었다. 또한 1962년에는 미국의 적국인 소련으로부터 2메가와트급 연구용 원자로를 구매했다. 이라크의 이런 움직임을 (이라크의 접경 국가이자 오랜 숙적이었던) 이란이 좌시할 리 없었다. 1957년 이란은 유엔의 원자력 지원을 받아 테헤란 원자력 연구 센터를 설립했다. 급기야 1970년대 초 이라크는 "중동 국가 최초로 핵무장을 시도"할 것이라고 자랑스럽게 발표함으로써 핵무기 비확산 조약을 위반했다. 이에 대해 유엔의 모든 회원국과 미국이 취할 수 있는 조치는 딱 하나였다. 충분히 예견되지만 아직은 닥치지 않은 미래의 사건에 대해 제재를 가하는 것이었다.

수년간 미국으로부터 외교적 선물과 양보를 받아 왔던 이란의 무함마드 리자 팔레비Muḥammad Riżā Pahlevī 국왕은 핵 개발에 미온적이었다. 그의 앞에는 훨씬 더 골치 아픈 문제들이 있었다. 그는 오일 머니를 국민들의 삶을 개선하는 데 사용하지 않았다. 대신에 사치품과 군사 장비를 구입했고, 심지어 국민들을 복종시키기 위한 수많은 폭력적 수단에 흥청망청 쏟아부었다. 정말 나쁜 선택이었다. 그런데 숙적인 이라크가 코앞에서 핵무기라는 비장의 카드를 내흔드는 것이 아닌가? 그러자 국내외 모두에서 위협을 느낀 이란 국민들은 핵무기와 더 나은 생활 여건을 원했으며, 그런 것을 제공하지 못한 책임을 물어 팔레비 국왕의 머리를 요구했다. 그리하여 1978년 1월 이란에서 개혁 운동이 일어났고, 1년 후 이는 유혈 혁명으로 비화했다. 마침내 혁명으로 국왕이 축출되었고, 그가 구축한 원자력 기술은 반미 혁명정부의 손에 고스란히 넘어갔다. 결과적으로 국경을 맞댄 영원한 앙숙인 두 국가가 '사이좋게' 핵보유국이 되었다. 이제 평화는 완전히 물 건너갔다!

아이젠하워가 좀 더 현실적으로 생각했더라면 인류의 역사는 많이 달라졌을 수도 있다. 무엇보다 20세기에 그의 계획으로 말미암은 피비린내 나는 많은 사건들이 발생하지 않았을 것이다. 또한 21세기 초반의 혼란도 완화되었을지 모르겠다. 멀게는 고대 '그리스의 불'(그리스어로 젖은 화약이라는 뜻이고, 로마인의 화약이라고도 불리며, 동로마제국이 해전뿐 아니라 육전에서도 사용한 비밀 병기로 인화성 무기였다. - 옮긴이)과 화약의 비법, 가깝게는 현대의 생물학적 무기가 그렇듯, 20세기에 원자력 연구는 대부분 국가에게는 그림의 떡이었다. 핵폭탄을 개발하기 위한 과학적 단계들을 상당히 정확하게 설계하는 것은 누구든 마음만 먹으면 할 수 있다. 하지만 도시 하나를 날려 버리는 강력한 핵무기 하나를 개발하는 것은 전혀 다른 문제다. 엄청난 시간, 막대한 비용, 수많은 유효한 공학 실험, 희유원

小稀有元素 확보 등이 필요하다. 아이젠하워는 신청 국가 및 인력 관리, 연구 시설 위치, 핵분열성 물질만이 아니라 원자력 개발에 사용되는 모든 재료와 도구 등에 엄격한 조건을 요구할 수도 있었다. 그런 다음 파키스탄 출신의 핵 과학자이자 핵무기 거래상 압둘 카디르 칸Abdul Qadeer Khan처럼 악의를 가진 누군가가 자신의 핵무기 지식과 훔친 기술을 판매할 거라는 두려움 없이 개발된 핵무기를 공유할 수도 있었다. 아이젠하워가 총기 규제법처럼 엄격한 조건을 부과했더라면, 원자력 연구에 참여한 인력과 원자력 관련 시설들에 대한 엄중한 감시가 가능했을 것이다. 이는 다시 이라크의 거짓말도, 이웃 국가에 대한 이라크의 위협도, 이란 혁명의 치명적인 후폭풍도 상당 부분 줄이는 결과를 가져왔을 수도 있었다. 뿐만 아니라 아이젠하워의 프로그램은 '한 회원국에 대한 공격은 나토 전체에 대한 공격으로 간주한다'는 나토의 핵심적인 집단 안보 조항을 본뜬 원칙을 포함시켜야 했다. 다시 말해 핵보유국 모임인 핵클럽의 특정 회원국에 대한 공격은 모든 회원국에 대한 공격이라고 명시했어야 했다. 그랬더라면 견원지간인 이란과 이라크처럼 상호 적대시하거나 경쟁하는 이웃 국가들 간에 상대국 도시에 핵폭탄을 떨어뜨리겠다는 생각 자체를 억제하는 효과가 생겼을 것이다.

아이젠하워가 '평화를 위한 원자력' 프로그램을 제안하면서 핵 선택권을 제한했더라면, 이후 50년간 미국은 실제보다 훨씬 안전한 중동을 상대했을 것이다. 물론 이란 국왕의 개인적인 운명은 달라지지 않았을 수도 있다. 그 자신의 방종함이 결국에는 혁명의 방아쇠를 당겼을 가능성이 컸다. 그러나 이라크의 경우 핵을 보유하지 못했다면 운명이 많이 달라졌을 것으로 보인다. 첫째 이란은 이라크를 덜 위협적으로 생각하고, 이스라엘은 1981년 이라크를 침공하지 않았을 것이다. 그리고 지난 1,000년간 그랬듯 모든 것은 재래식 전쟁의 형식으로 진행되었을 수도 있었다. 뿐만 아니라 미국이 이라크를 두 번이나 침략할 명분이 약화되었을 가능성이 크다. 어차피 이라크는 남부 유전에서 나오는 오일 머니가 '필요'하지 않았을 것이고, 또한 아버지 부시든 아들 부시든 부시 행정부가 미국의 도시에서 거대한 버섯구름이 피어오르는 것을 두려워할 근거가 전혀 없었을 것이기 때문이다. 한편 이란-이라크 전쟁이 벌어졌더라면 이란은 실제로 이라크 침공으로 시작된 8년 전쟁 때처럼 대응했을 것은 불을 보듯 빤하다. 그러나 전쟁의 결과는 달랐을 수도 있었다. 구체적으로 말해 양국은 암흑의 핵무기 거래상 압둘 카디르 칸이 제안한 핵 대안을 받아들이지 않았을 것이다.

아이젠하워의 계획은 의도치 않게 핵무기가 들어 있는 판도라의 상자를 열고 말았다. 그리하여 중동에 핵 확산과 피비린내 나는 혼란을 가져왔다. 1970년대 후반 이라크는 수도 바그다드 인근에 농축 우라늄을 연료로 사용하는 증식형 원자로를 건설했다. 바로 오시라크 원자로다. 거의 완공 단계에 이르렀을 때 이라크는 마치 세상을 가진 것 같은 기분에 휩싸였다. 동시에 이라크는 원자로를 완성시키기 위해 현금이 필요했고, 1980년에 재래식 병력으로 이란을 침공했다. 이 전쟁은 결국 8년간 이어졌다. 이란은 불시의 공격에 깜짝 놀라고 당황했지만, 곧바로 가용한 모든 국력을 동원해 반격에 나섰다. 얼마 지나지 않아 군사력과 전술에서 열세였던 이라크가 되레 이란에 점령당할 위기에 처했다. 그러나 이라크의 사담 후세인Saddam Hussein에게는 '키다리 아저씨'가 있었다. 미국이었다. 미국으로부터 비밀리에 원조를 받은 후세인이 '거의 매일' 화학무기로 공격함으로써 이란의 침략을 물리칠 수 있었다. 화학무기 공격으로 인한 인명 피해를 감당할 수 없었던 이란은 직접적인 전투에서 한 발 물러섰고, 양국은 냉전의 교착상태로 접어들었다. 1980년에 시작된 이란-이라크 전쟁 하나만으로 100만 명이 넘는 사망자가 발생했다. 1981년 6월에는 '평화를 위한 원자력' 프로그램의 또 다른 수혜국이었던 이스라엘이 이라크의 원자로가 자국의 국가 안보에 심각한 위협이라고 선언했고, 이라크의 원자로 시설을 공습으로 파괴했다. 바로 오페라 작전이었다. 한편 이라크는 핵보유국의 꿈을 실현하기 위한 전쟁들로 야기된 국내의 경제적 문제를 안정화시킬 필요가 있었다. 그래서 이라크는 1990년 쿠웨이트와 사우디아라비아를 침공해 제1차 걸프 전쟁의 빌미를 제공했고 수백만 달러의 피해가 추가되었으며 약 2만 2,000명의 병사들을 잃었다. 한편 이라크를 응징하기 위해 다국적 연합군을 주도했던 미군의 피해는 383명이었다. 이제 국가 안보까지 걱정해야하는 처지에 몰린 이란은 '평화를 위한 원자력' 프로그램의 또 다른 수혜자 파키스탄의 핵무기 거래상 압둘 카디르 칸에게 수백만 달러를 주고 핵 기술을 구매했다.(압둘 카디르 칸은 북한과 리비아를 비롯해 다수의 국가들에게 비밀을 팔았다고 알려져 있다) 이로써 미국과 이스라엘의 '멸망'에 헌신한다고 헌법에 명시한 국가가 단기 속성의 비밀 핵 프로그램을 출범시켰다. 결론적으로 말해, 20세기에 선의로 시작된 핵 프로그램이 21세기에 들어 지옥으로 가는 길을 활짝 열었다고 말해도 무방하다.

아이젠하워의 포괄적인 '평화를 위한 원자력' 정책이 없었더라면 세상은 훨씬 '서늘했을' 것이다. 또한 핵 과학자와 원자력 발전소의 수가 지금보다 훨씬 적었을 것이다. 이는 다시, 실용적인 핵의학 분야의 발전이 느려지고, 전신 스캔에 대한 엄중한 제약이 부과되며, 암 환자들에 대한 방사선 치료가 훨씬 엄격하게 통제되는 결과로 이어졌을 가능성으로 이어진다. 반면 몇몇 반대 급부적인 효과도 있었을 것으로 보인다. 무엇보다 이란과 이라크 사이에 전면전이 발생했을 가능성이 훨씬 낮아졌을 것이다. 또한 1990년이나 2003년에 미국이 이라크를 침공할 명분도 필요도 전혀 없었을 수 있었다. 뿐만 아니라 이란, 파키스탄, 이스라엘, 북한, 중국 같은 오늘날의 많은 핵보유국들이 전 세계 무대에 주도적인 세력으로 부상하지 못했을지도 모를 일이다. 요컨대 아이젠하워가 '평화를 위한 원자력' 계획으로 판도라 상자를 열지 않았더라면 세상은 더 안전해지고 미국의 적대국들은 대량 살상 역량이 훨씬 낮아졌을 것이다.

스스로 목숨 줄을 옭아맨 스탈린의 강박증 : 1953년

빌 포셋

"스탈린의 최후는 시적 정의 poetic justice (당연한 것으로 여겨지는 인과응보를 뜻한다. - 옮긴이)가 존재한다는 증거일 수 있다"

지금부터 들려줄 이야기는 누군가의 잘못된 명령에 얽힌 일화다. 그런데 그 명령이 뜻밖에도 세상에 정의가 살아 있음을 약간이나 마 증명해 주었다. 사실 보통 사람이 그런 명령을 한다면 크게 문제 될 것이 없다. 그러나 강박증이 있는 비이성적인 절대 독재자의 명 령이라면 이야기가 다르다. 사람들이 두려워할 수밖에 없다. 역사 상 사람들이 가장 두려워했던 독재자는 누구였을까? 많은 사람들 이 칭기즈칸을 꼽을 것이다. 그를 제외하면 누굴까? 이오시프 스탈 린이라고 해도 틀리지 않을 성싶다. 그럴 만도 한 것이, 소련의 이 독재자는 수백만 명의 목숨을 앗아 간 장본인이었다. 또한 우크라 이나에 거주하던 수백만 명의 부농과 소농들을 학살하거나 강제수

용소로 추방했다. 이유는 딱 하나였다. 그들 중 일부가 강제적 집
단화에 반대할 수 있다는 것 때문이었다. 또한 스탈린그라드전투
에서 생포된 9만 명의 독일군 포로 중에서 독일로 귀환한 생존자는
6,000명도 채 되지 않았다. 스탈린은 강압적인 철권통치로 권력을
유지했고, 최고위 장교들을 포함해 반항의 싹이 보이면 상대를 가
리지 않고 숙청하겠다는 굳은 의지를 누누이 증명해 보였다.

1950년대 초반 스탈린은 건강 상태가 별로 좋지 않았다. 오
랫동안 폭음을 일삼은데다 수십 년간 소련 권력의 정점으로서 과
로가 누적되었으니 당연한 결과였다. 게다가 지병도 있었는데,
만성적인 통증으로 발현된다고 알려진 동맥경화증이었다. 몇 년
간 주치의로 스탈린의 건강을 돌봤던 블라디미르 비노그라도
프 Vladimir Vinogradov가 그에게 휴식을 취하고 직무의 일부를 다른
사람들에게 위임하라고 제안했다. 그 제안은 실수였다. 스탈린은
불같이 화를 냈고 주치의는 체포되었다. 그때부터 죽을 때까지 스
탈린은 특정 부류의 의사들을 (대부분이 유대인이었다) 숙청하라고 명
령했는데, 아마도 비노그라도프의 제안에 대한 반동이지 싶다. 스
탈린의 심복이자 비밀경찰 NKVD의 국장이었던 라브렌티 베리
야Lavrenty Beria도 훗날 비슷한 증언을 했다. 스탈린이 소련에 거주
하는 모든 유대인을 (당시 수백만 명이 있었다) 시베리아로 추방하는
명령을 고려한 적이 있는데, 오직 소련의 의사 대부분이 유대인이
라는 이유에서였다고 한다.

본래 피에 굶주린 냉혹한 학살자인데다 이미 이성적 판단력
을 잃은 스탈린이 건강까지 악화되자, 그와 함께 있는 것은 그야말
로 살얼음을 걷는 것처럼 아슬아슬해졌다. 오죽했으며 최측근이었
던 NKVD의 베리야Lavrentij Pavlovich Berija 국장조차 그를 두려워

해서 스탈린이 무슨 말을 하든 절대로 토를 달지 않았다. 술고래들은 너나없이 방해받는 것을 좋아하지 않는다. 수많은 사람들을 처형하라고 명령한 장본인이었으니, 이 소련공산당 지도자는 자신도 암살당할까 봐 늘 노심초사하며 두려워했다. 이는 당연한 인과응보였다. 심지어 그는 누구도 믿지 않았다. 그래서 경호원들에게, 자신이 집무실에 있을 때는 자신이 직접 나와서 허락하기 전에는 누구도 집무실에 들여보내지도, 심지어 문을 노크하지도 말라는 명령을 내렸다. 물론 경호원들도 예외가 아니었다. 보통의 경우 예외가 없는 절대적인 명령은 부작용을 불러오는 경향이 있다. 돌발적인 상황들이 만들어지기 때문이다. 스탈린의 명령과 관련해 돌발적인 상황은 결국 치명적인 부메랑이 되어 그에게 돌아왔다. 엄밀히 말해 그것은 많은 암살자들과 나치의 폭격기조차 해내지 못한 일을 성공시켰다. 바로 그를 죽이는 것이었다.

1953년 2월 중순의 어느 날, 모스크바 인근의 다차, 즉 비밀 별장에 머물던 스탈린은 평소 습관대로 거의 밤새도록 술을 마셨다. 깊은 숲속에 위치한 다차에는 집무실과 침실로 구성된 그의 개인 공간이 있었는데, 그는 그곳으로 들어간 뒤 꼼짝도 하지 않았다. 아마도 그날 중 언젠가 뇌졸중이 발병한 걸로 보이지만, 그가 혼자 있었던 터라 정확한 시간은 아무도 모른다. 뇌졸중은 골든 타임을 놓치면 위험하다. 그는 즉각적인 의료 처치가 필요했지만 당시 그는 혼자여서 도움을 요청할 수 없었다. 더군다나 그의 허락 없이는 아무도 그의 처소에 들어가거나 그를 방해할 수 없었다. 그가 개인 공간으로 들어간 뒤 하루 온종일이 지나고 밤도 지났다. 그런데도 스탈린은 밖으로 나오지 않았다. 경호원들은 두려운 마음에 아무것도 하지 못했다. 명령 불복종은 치명적인 결과를 낳았기 때문이다. 마침내 가정부가 용기를 내어 스탈린의 개인 공간으로 들어 갔다. 러시아 독재자가 침실 바닥에 널브러져 있었다. 아직 의식은 있었지만 말을 하지 못해 의사소통이 불가능했고 방광 조절 장애 도 있었다. 그가 얼마나 오랫동안 그런 상태였는지 아무도 알 수 없 었다. 다만 홀로 고통스럽고 무서운 긴 시간을 버텨 낸 것은 확실했 다. 심하게 말하면 자업자득이었다. 이오시프 스탈린은 자신의 절 대 명령과 편집증 때문에 오랜 시간 혼자서 고통스럽고 무력한 상 태를 맞게 되었다.

경호원들은 스탈린의 최측근 4인방에게 연락했다. 니키타 흐 르시쇼프Nikita Khrushchev, 게오르기 말렌코프Georgii Malenkov, 베 리야, 니콜라이 불가닌Nikolai Bulganin이었다. 모두가 폴리트뷰로, 즉 소련공산당 중앙위원회 정치국 위원이었던 그들은 득달같이 달 려왔다. 그들이 도착했을 즈음 스탈린은 깨끗하게 씻은 후 침대에 반듯이 누워 잠이 들어 있었다. 다음 날 아침 스탈린은 잠에서 깨어 났지만 몸을 거의 움직일 수 없었고 말도 할 수 없었다. 하루 이상 전혀 치료를 받지 못하고 방치된 바람에 스탈린은 뇌졸중으로 최 악의 상황에 이르렀다. 스탈린은 끝내 회복하지 못했고 3월 5일 숨 을 거뒀다. 소련에 유능한 의사들이 많았다. 따라서 뇌졸중을 일으 킨 뒤 골든 타임 안에 발견되었더라면 어느 정도까지는 회복할 수 있었을지도 모른다. 또한 몸은 비록 많이 쇠약하더라도 목숨을 건 지고 의사소통 정도는 할 수 있었을 수도 있다. 그러나 그의 주변 사람들은 오직 자신의 목숨만 걱정했다. 그리하여 뇌졸중이 발병 한 소련의 독재자는 너무 오래 방치되었다. 요컨대 스탈린은 절대 명령을 내림으로써 비록 언제일지는 몰라도 자신이 어떻게 죽을 건지 명령한 것이나 다름없었다. 외로운 죽음이었다.

베트남전쟁, 미국의 저항 문화를 낳다 : 1955년

윌리엄 터도슬라비치

"인식과 현실의 싸움은
인식의 백전백승이다"

미국인들은 전쟁이란 선과 악의 대결이라고, 당연히 미국이 착한 편이라고 생각한다. 그런 인식이 제2차 세계대전에서는 효과적이었지만 베트남전쟁에서는 먹히지 않았다. 처음에는 미국인들이 베트남전쟁을 적극적으로 지지했지만, 전쟁이 길어질수록 서서히 지지가 줄어들었다. 결과적으로 베트남전쟁에서 패색이 짙어지자 미국인들은 지도자들과 정부 그리고 권한을 가진 모든 기관을 불신하게 되었다. 도대체 베트남전쟁에서는 무엇이 잘못된 것일까?

냉전 속의 열전

베트남전쟁은 민주주의 국가 미국과 공산주의 국가 소련이 반세기에 걸쳐 대치한 냉전이라는 두꺼운 책에서 하나의 장章을 장식한 폭력적인 열전이었다. 1940년대와 1950년대에는 양국 간의 직접적인 대치가 잦았다. 그러나 1962년 냉전의 절정이라고 평가되는 쿠바 미사일 위기(쿠바에 미사일을 배치하려는 소련의 계획 때문에 촉발된 미국과의 군사적 대립을 말한다.─옮긴이) 중 양국의 대치 상황이 핵전쟁 직전까지 악화된 후 차츰 수그러들었다. 이후 양국 간 대치는 주로 양국의 피후견 국가들client state 간, 또는 양국 중 하나와 상대방 피후견국 간의 대치 양상으로 모두 간접적으로 전개되었다.

냉전은 승자와 패자가 확실히 갈리는 제로섬게임이다. 어째서일까? 한쪽의 이득은 다른 쪽의 손실이고, 양측의 이득과 손실을 합치면 제로이기 때문이다. 이런 역학 속에서 과거에는 무시될 수도 있었던 분쟁 지역들이 중대해졌고, 양국은 어떻게든 분쟁에 관여해야 했다. 승리한다면 더욱 강력하게, 패배한다면 더 나약하게 보였다.

베트남전쟁의 배경에 바로 그런 역학이 자리했다. 미국은 프랑스를 재정적으로 지원했는데, 프랑스는 공산주의 세력인 베트민과 8년간이나 전쟁을 치른 후 1954년 최종적으로 패배했다. 그리고 종전 후 평화 회담의 결과로 프랑스의 예전 식민지는 둘로 쪼개졌다. 베트민은 북베트남 정부를 장악했고 '민족 통일'이라는 명분 하에 남베트남을 정복하고자 했다. 하지만 그것은 공산주의의 승리를 의미할 터였고, 그리하여 미국은 남베트남을 지원할 수밖에 없었다. 게다가 당시에는 그 외에 다른 대안이 없었다는 것이 통설이다.

　그동안 자문 임무에 치중하던 미국이 1964년 여름부터 베트남전쟁에 직접 개입하기 시작했고 전쟁의 늪에 점점 깊이 빠지게 되었다. 북베트남의 초계 어뢰정들이 통킹 만에서 첩보 작전 중이던 미국 구축함 매덕스를 공격했다. 이후에 그들이 미국 구축함 두 척을 야간에 공격했다고 알려졌지만 이는 허위일 가능성이 크다. 그럼에도 불구하고 린든 존슨 대통령은 북베트남을 공습하기로 결정했다. 1964년은 대통령 선거가 있는 해였고, 존슨 대통령은 애리조나 상원 의원으로 공화당 대통령 후보였던 배리 골드워터Barry Goldwater보다 더 강력하게 보일 필요가 있었다. 마침내 미국 의회는 존슨이 군사력을 사용하도록 허용하는 결의안을 통과시켰다. 뒤이어 베트콩이 1965년 남베트남에 위치한 미국의 공군기지를 공격했고, 이로써 전쟁이 확전되었다.

　1965년 2월부터 12월까지 미국은 처음에는 공군기지들을 방어하기 위해, 나중에는 본격적인 전쟁을 수행하기 위해 총 18만 명의 병사들을 남베트남에 파병했다. 마찬가지로 당시 세계 최빈국 중 하나였던 북베트남은 '중립국'이었던 라오스와 캄보디아를 경유하는 이른바 호찌민 루트를 통해 남베트남에 10만 병력을 침투시켰다. 그러는 와중에 북베트남은 소련으로부터 점점 더 많은 전쟁 자금과 물자를 지원받았다.

　이런 양상은 1966년부터 1967년을 거쳐 1968년까지 이어졌다. 미국은 징집병과 직업군인을 합쳐 베트남전쟁에 약 50만 명의 병사들을 투입했고, 남베트남은 100만의 병사들을 동원했으며, 남베트남 병력 즉 월남군의 거의 절반이 전방 부대에 배치되었다. 북베트남은 해마다 10만 명의 병사들을 호찌민 루트를 통해 남하시

컸고, 그들 병사 대부분은 미군과의 전투에서 목숨을 잃었다.

존슨 대통령은 한 가지 사실을 무시했다. 미국인들은 전쟁을 시작하고 3~4년이 지나면 어느 정도 가시적인 결과가 나타나기를 기대한다는 사실이다. 민주주의 사회에서 전쟁에 대한 정치적 지원은 전쟁이 길어질수록 줄어들고 결과가 미흡하거나 부정적일 때는 지지가 추락하기 마련이다. 1968년 존슨 대통령이 미국인들에게 전달했던 메시지는 단순했다. '우리가 이기고 있다.' 남베트남 주둔 미군 사령관이었던 윌리엄 웨스트모얼랜드William Westmoreland 장군도 똑같이 말했다. 하지만 이기고 있다는 말과는 달리 그는 해마다 더 많은 병사들을 파병해 달라고 정부에 요구했고, 그의 요청에 따라 매번 추가 파병이 이루어졌다. 하지만 베트남전쟁에서는 미국인들에게 미국이 이기고 있음을 보여 줄 수 있는 게티즈버그 전투나 노르망디상륙작전 같은 확실한 전공이 없었다. 미군의 입장에서 볼 때 베트남전쟁은 전형적인 대對반란 군사 활동에 가까웠다. 게릴라들을 추격해 총격전을 벌여 매번 승리하되, 미군이 철수하고 나면 그 지역은 여전히 게릴라 세력이 점거하는 형태가 반복되었다는 이야기다.

예상치 못한 결과를 낳은 뗏 공격

베트남전쟁의 운명을 가른 날이 있었다. 1968년 1월 30일이었다. 베트남의 음력 설날이었던 (베트남에서는 "뗏"이라고 부른다) 그날은 여러 면에서 한계점에 이르렀다. 북베트남, 즉 월맹과 베트콩 부대들이 남베트남의 주요 도시 다섯 곳과 지방 행정 소재지 마흔네 곳

163

을 동시에 공격했다. 미군은 북베트남의 기습적인 공세로 힘든 전투를 벌였지만 결국에는 공산군의 대부분을 섬멸했다.

북베트남은 이 공세가 남베트남 농민들이 부패한 월남 정부에 항거해 대대적인 봉기를 일으키는 방아쇠가 될 거라고 예상했다. 그런데 뚜껑을 열어 보니 다른 상황이 벌어졌다. 농민들은 봉기를 일으키기는커녕 피난 가기에 바빴다. 그때부터 북베트남의 공산당 정부는 대패의 길을 걷기 시작했다.

아니, 어쩌면 아니었을 수도 있겠다.

다시 미국 이야기를 해 보자. 북베트남의 설 공세 이후 베트남전쟁에 대한 미국인들의 지지가 썰물처럼 빠져나갔다. 북베트남 공산당 군대가 남베트남 전역을 공격하는 영상이 미국 뉴스에 고스란히 생중계된 탓이었다. 미국인들은 지난 3년간 미국이 압도적으로 이기고 있다는 똑같은 이야기만 들었고 실제로 그런 줄 알았다. 그런데 그날 TV 뉴스에 월맹군의 공격이 실황으로 중계되었다. 이제 미국인들은 실상을 알게 되었고 속았다는 사실을 깨달았다. 우리가 이기고 있다면서 어떻게 나쁜 사람들이 아무 일 없었던 것처럼 너무나 말짱하게 싸우고 있는 거지?

미국 전역의 대학교에서 학생들의 반전 시위가 들불처럼 일어났다. 상원 의원으로 전쟁에 반대했던 민주당 대통령 후보 유진 매카시Eugene McCarthy가 뉴햄프셔에서 열린 민주당 예비선거에서 존슨과 맞붙어 40퍼센트의 득표를 했다. 예상대로라면 현역인 존슨 대통령이 압승해야 했다. 심지어 CBS의 뉴스 진행자로 월맹군의 설 대공세를 취재했던 월터 크롱카이트Walter Cronkite는 뉴스 논평에서 베트남전쟁이 '교착 상태'에 빠졌다고 주장했다. 이제 존슨 대통령도 베트남전쟁이 지긋지긋했고 용단을 내려야 했다. 그는 많은 전현직 외교 전문가들의 조언을 받아들여 전국에 방송되는 TV에 직접 출연해 북베트남에 대한 미국의 폭격을 중단한다고 발표했다. 그러면서 북베트남에 평화 회담을 제의했다. 또한 개인적으로 그는 이제 재선은 물 건너갔다고 자포자기했다.

북베트남, 즉 월맹의 공산당 지도부는 미국의 정치와 문화에 대해서는 철저한 문외한이었다. 그렇지만 미국의 정치와 문화에 대해 모른다고 그들이 미국의 국내 상황을 자신들에게 유리하게 활용하지 못한다는 뜻은 아니었다. 사실 그들은 설 대공세에서 한 개의 전투도 이기지 못했다. 그렇지만 그들은 미국인들의 반전 감정을 교묘히 이용해 설 공세의 목표를 재구성했다. 미국 정치인들의 전쟁 의지를 무너뜨리는 것이 그 공격의 진짜 목표라고 주장한 것이다. 한편 월남에서 월맹이 기대했던 농민 봉기는 일어날 기미조차 보이지 않았다.

존슨, 매카시즘의 광풍에 휩쓸리다

민주당 출신 대통령이나 민주당의 대통령 후보 모두에게 아킬레스건이 되었던 문제가 하나 있었다. '공산주의에 관대'하다는 의심이었다. 그 의심에 발단이 된 사건은 1948년으로 거슬러 올라간다. 바로 '중국을 공산당에 빼앗긴' 것, 즉 중국의 공산화였다. 당시 미국 대통령은 민주당 출신의 해리 트루먼이었다. 중국의 공산화는 지역구가 위스콘신이었던 조지프 매카시Joseph McCarthy 공화당 상원 의원 주도로 국무부에서 공산주의자들을 색출하는 마녀사냥을 촉발시켰다. 결론적으로 말해 매카시즘이라고 불리며 정치판을 휘

저은 반공주의 광풍은 이득보다 손해가 더 컸다.

존슨의 전임 대통령이었던 존 F. 케네디John Fitzgerald Kennedy
는 1960년 대통령 선거에서 강경한 반공주의의 기치를 걸고 선거
에 임했다. 케네디의 사망으로 대통령을 승계한 존슨은 평소 자신
이 외교정책에 관한 전문성이 부족해서 운신의 폭이 좁다고 생각
했고, 그런 약점을 상쇄할 돌파구로 월남을 위해 싸워야 한다는 강
박감을 느꼈다. 그러나 그의 정치 인생에는 차라리 민권 관련 법률
을 통과시키고 빈곤층 타파를 목표로 대대적인 복지국가를 건설하
는 것이 훨씬 유익했을 것이다.

솔직히 말해 존슨은 정치적 자본political capital (정치인이나 정당
과 의회 같은 여타의 이해 당사자 사이에서 관계, 신뢰, 선의, 영향 등을 통해
형성된 자원과 권력이 축적되는 것을 개념화하기 위해 사용하는 은유적 표현
이다. – 옮긴이)을 보유했다. 가령 그는 1964년 대통령 선거 당시 일
반 투표에서 60퍼센트가 넘는 득표율을 달성했고 44개 주에서 승
리해 선거인단 486석을 쓸어 담았다. 그리하여 존슨은 전임 대통
령이 피살되어 부통령으로서 대통령직을 승계했다는 꼬리표를 떼
고 자력으로 당당히 대통령에 당선되었다. 그랬으니 이제 본인이
마음먹기에 따라서 베트남 문제에 적당히 선을 긋고 대신에 기존
의 자문 임무(약 1만 5,000명이 주둔했다)와 공군 지원으로 미국의 개
입을 제한할 수도 있었다. 그랬더라면 더 호전적인 공화당원들의
반대에 부딪혔겠지만, 베트남과의 관계는 그 정도에서 어찌어찌
정리되었을 것이다.

미국은 조지프 매카시가 불러온 유령의 비위를 맞추는 것보다
그 유령을 무덤으로 돌려보내는 편이 훨씬 더 유익했을 수 있다. 이
러나저러나 미국은 베트남을 '잃었을'지도 모르겠다. 그러나 미국

은 1975년이 아니라 1965년이나 1966년 즈음에 별다른 피해 없이 전쟁에서 패했을 것이다. 결과적으로 보면 미국은 베트남전쟁에서 패했지만 점점 강력해졌다. 반면 전쟁에서 승리하고 통일된 베트남은 더 가난해졌고 공산당 혁명이 아니라 난민들을 '수출'했다.

미국이 베트남전쟁으로 가장 큰 역풍을 만난 곳은 뜻밖에도 본토에서였다. 미국은 말 그대로 둘로 쪼개졌다. 반전 시위는 폭력적으로 변했고, 미국인들의 애국심은 경멸로 바뀌었다. 미국인들은 정부를 믿지 않게 되었다. 아니, 정부만이 아니라 권위를 가진 모든 기관에 대한 신뢰를 잃었다. 사회적 규범은 약화되었고, 제2차 세계대전을 경험한 세대의 근면 성실하고 반듯한 애국주의와 정반대되는 저항 문화counterculture가 깊이 뿌리를 내렸다. 그 결과로 미국은 또다시 패배할 거라는 두려움 때문에 정작 필요한 곳에서조차 군사력을 사용하는 것을 꺼리게 되었다.

미국으로서는 베트남전쟁에 개입하지 않고 국론 분열과 혼란을 피했더라면 더없이 좋았을 것이다. 하지만 베트남전쟁을 용케 피했더라도 미국은 결국 냉전 중에 벌어진 다른 전투에 개입했을 것이 뻔했다. 어쩌면 그 전쟁이 베트남전쟁보다 많은 것을 빨아들이는 훨씬 더 강력한 블랙홀이었을 가능성도 배제할 수 없다.

혁명으로 물든 헝가리, 믿는 도끼에 발등 찍히다 : 1956년

짐 워바네스
Jim Werbaneth

"롤백과 대량보복이 실패하다"

냉전은 제2차 세계대전이 끝났을 때부터 1991년 소련이 붕괴하기 직전까지 미국의 지배적인 외교 사안이었다. 냉전은 전 세계를 둘로 갈라놓았다. 한쪽은 미국과 미국의 우방국들이었고 다른 한쪽은 소련과 소련의 피후견국들이었다. 유럽 식민 제국들이 몰락하자 그 틈을 비집고 제3 세계가 부상했다. 그러나 제3 세계는 미국과 소련이 세를 불리기 위해 경쟁하는 새로운 일련의 각축장이되었다. 지금 와서 돌아보면, 양극단의 틈바구니에서 특히 인도와유고슬라비아가 개척한 '제3의 길'은 그들 강대국 사이에서 바늘에 실을 꿰려는 시도, 즉 실현 가능성이 희박한 몸부림에 지나지않았다.

냉전 시대에는 흑역사를 유발하는 지뢰가 사방에 도사리고 있었다. 가령 소련이 아프가니스탄을 침공한 것은 소련의 몰락으로 이어진 핵심적인 사건들 중 하나였고, 미국이 베트남전쟁의 늪에 더욱 깊이 빠져든 것은 미국 사회를 분열시키는 데 일조했다. 물론 다른 사건들도 많았다. 일례로 1968년 체코슬로바키아에서 발생한 민주화, 자유화 운동인 '프라하의 봄'을 소련이 개입해 진압한 사건과, 12년 후 폴란드의 독립 자치 노동조합 연대와 폴란드 공산당에 대항하는 폴란드 군대의 쿠데타를 소련이 지원한 사건이 대표적이다. 이런 사건들은 독소불가침조약 이래로 마르크스-레닌주의의 부도덕한 민낯을 가장 적나라하게 드러냈다. 물론 반대 진영의 헛발질도 만만찮았다. 미국은 지독히도 끔찍한 일부 독재 정권들을 지원하며 '키다리 아저씨'를 자처했다. 당시 미국에게는 자국이 옹호한다고 주장했던 이상적인 가치들은 물론이고 인권에 대한 어떤 헌신보다 반공주의가 훨씬 중요했다.

아마도 반공주의라는 강력하고 명백한 가치에 눈이 멀어 길을 잃은 것이 미국 입장에서는 중대한 실수였을 것이다. 냉전 초기 아이젠하워 행정부, 특히 국무부 장관 존 포스터 덜레스John Foster Dulles는 소련 공산주의를 억제하는 데 초점을 맞춘 정책을 소련의 기득적 영향력을 제거하려는 롤백정책rollback policy(본래의 위치까지 밀어붙여 되돌려 놓는다는 뜻으로 정권 교체를 통해 그 나라에 근본적인 변화를 초래하려는 전략을 말하며 냉전 시대 미국의 대소련 정책 중 하나였다.-옮긴이)으로 전환시키려 했다. 이처럼 소련 세력권에 있던 국가를 해방시키는 것, 쉽게 말해 공산국가를 해방시키기 위한 반격에 집중하는 정책이 그럴듯하게 들렸을지도 모르겠다. 또한 어쩌면 미국의 외교정책에 일종의 도덕적 명확성을 제공했을 수도 있다. 하지만 롤백정책에는 또 다른 얼굴도 있었다. 그것은 미국이 독재자에 맞서 그저 방관자로서 좌시하지만은 않을 거라는 점을 천명하는 메시지였다.

불행한 일이지만 1950년대 미국의 롤백정책은 커다란 실수였다. 그렇다고 덜레스 국무부 장관이 완전히 틀렸다고 말하기 어려운 부분도 있다. 그가 미숙했다고 말하는 것이 더 적절하지 싶다. 그러나 그의 정책으로 피해를 입은 사람들에게는 그가 미숙했다고 인정하는 것이 별다른 위로가 되지 못했을 것이다.

롤백과 더불어 미국의 대소련 정책을 이끄는 쌍두마차가 있었다. 1954년 덜레스 장관이 어떤 연설에서 소련의 위협에 대한 새로운 전략을 발표했다. 이름하여 '대량보복massive retaliation'이었다. 강인한 느낌을 주는 대량보복전략은 아이젠하워의 '뉴룩정책new look policy'에 뿌리를 두었다. 뉴룩정책은 재래식 군대와 군사작전에 대한 지원을 줄이는 대신에 훨씬 비용 효율적인 화력을 제공하는 전략적 핵무기에 대한 지원을 늘리는 것이었다. 그 결과 핵전쟁을 통한 대량보복과, 핵무기에 투자함으로써 비용 대비 효용성 즉 '가성비'를 높이려는 노력이 긴밀하게 연결되었다.

롤백, 대량보복, 핵무기에 대한 맹신이라는 세 가지 정책이 합쳐지자 치명적인 괴물 전략이 탄생했고, 그 괴물의 실체가 1956년 헝가리에서 드러났다. 헝가리의 공산주의 독재자 마차시 라코시Mátyás Rákosi가 1956년 7월 18일 권좌에서 축출되었다. 라코시는 제2차 세계대전이 끝났을 때 소련이 동유럽으로 진출해 동유럽 국가들을 공산화시킨 후 권력을 잡은 '작은 스탈린들little Stalins' 중 하나였고, 당연히 소련 독재자 스탈린의 귀중한 추종자였다. 라코시는 철저한 스탈린주의자로서 모스크바에는 '종복'을 자청했고,

헝가리 국민들에게는 강압적인 지도자였으며, 통치 기간 내내 헝가리 경제를 파탄에 빠뜨린 원흉이었다. 게다가 유대인 혈통이면서도 라코시는 스스로 반유대주의를 채택했다. 그러나 1953년 그가 추종하던 스탈린이 죽자 라코시는 닭 쫓던 개 신세가 되었다. 스탈린에 이어 니키타 흐르시쇼프가 소련의 권력자로 부상한 후 공산권에 변화의 바람이 불어닥쳤고, 라코시는 그 바람 속에서 헝가리 국민은 물론이고 소련으로부터도 버림을 받았다.

철권통치를 해 오던 라코시의 몰락은 헝가리에 새로운 혼란을 가져왔다. 라코시의 후임으로 좀 더 온건한 임레 너지Imre Nagy가 헝가리 인민공화국의 각료 평의회 의장에 올랐는데, 그는 사회주의의 '새로운 노선'을 지지했다. 어쨌건 압제의 뚜껑이 제거되고 나자, 비록 공산주의자인 너지가 권력을 잡았지만 헝가리 국민들의 기대 수준이 높아졌다. 마침내 1956년 10월 억압적 통치에 억눌려 왔던 헝가리 국민들의 좌절감과 기대가 한꺼번에 터져 나오며 자유를 갈망하는 혁명의 불꽃으로 타올랐고, 그들의 새 지도자 너지도 혁명을 승인했다. 헝가리 혁명 세력은 공산주의, 소련, 소련의 동유럽 군사동맹인 바르샤바조약기구 모두를 거부했다. 그리고 혁명 군대가 수도 부다페스트에서 다른 지역으로 확산됨에 따라 혁명군은 비밀경찰을 폐지했고 스탈린 동상을 무너뜨렸으며 부다페스트에서 소련 군대를 몰아냈다. 예전의 국기 중앙에 그려진 공산주의를 상징하는 망치와 국장에서 밀을 딴 헝가리 혁명의 기旗가 헝가리 국기가 되었다. 그러나 철군했던 소련이 엄청난 군대를 다시 파병해 혁명을 진압했다. 혁명군의 지도자였던 너지는 권좌에서 축출되어 투옥되었다가 비밀 재판을 받고 1958년에 처형되었다.

헝가리 혁명과 이후의 사태에 대한 미국의 대처는 롤백정책과 대량보복전략이 얼마나 부적절한지를 여실히 드러냈다. 중대한 외교적 대응은 전혀 없었다. 물론 말 못할 여러 사정이 있었다. 특히 미국의 우방인 영국과 프랑스가 수에즈 위기(제2차 중동전쟁이라고도 불리며 영국, 프랑스, 이스라엘 3국이 수에즈운하의 통치권을 차지하기 위해 이집트를 선제적으로 침공한 전쟁으로 1956년 10월 29일부터 5일간 이어졌다. ─옮긴이) 중에 이집트를 침략했기 때문에, 헝가리에 대한 소련의 행동을 당당하게 비난하기 어려웠던 것도 그중 하나였다. 하지만 가장 근본적인 이유는 현실이었다. 첫째 헝가리와 국경을 맞댄 국가들 중 미국의 동맹국이 없었고, 그래서 미국은 헝가리로 진입할 통로가 없었다. 게다가 행여 부다페스트로 진입할 수 있다손 쳐도 미국에게는 구미가 당길 만한 국익이 없었다. 또한 당시 유럽에 주둔하는 미군의 지상군 병력이 헝가리 사태에 개입할 만큼 충분하지 않았다. 어쨌건 당시 미국의 유럽 주둔군에게는 서독을 방어하는 것이 최우선 순위였다.

마지막으로 대량보복전략의 기치 아래서는 점증적 대응 전략을 구사할 여지가 별로 없었다. 다시 말해, 아무것도 하지 않는 것과 핵전쟁을 할 듯 위협하는 것 사이의 전략으로 대응하기가 힘들었다. 뿐만 아니라 헝가리를 지원했다가는 제3차 세계대전을 촉발하고 양 강대국이 핵 공격을 주고받는 상황으로 비화될 위험이 있었는데, 헝가리는 그런 위험을 감수할 만한 가치가 전혀 없었다. 그리하여 덜레스가 요구했던 대로 공산주의를 몰아내기 위해 봉기했던 헝가리 국민들은 미국의 확실한 지지도 받지 못한 채 외로운 싸움을 하게 되었다.

미국은 헝가리를 방치한 것에 대해 대가를 치렀을지도 모르겠다. 물론 군사적이거나 금전적인 유형의 대가는 아니었다. 미국의 신뢰성이 손상되고 외교와 군사정책에서의 결점을 노출시킨 무형의 대가였다. 한편 헝가리 국민들이 치른 대가는 혹독했다. 제2차 세계대전이 끝나고 불과 11년 후 소련이 대규모 군대를 앞세워 침공한데다 부다페스트를 점령하고 헝가리 전역을 유린한 것이다. 라코시의 경제정책으로 이미 휘청거렸던 헝가리는 소련의 침공으로 만신창이가 된 피해를 극복할 가능성이 거의 없었다. 한마디로 넘어진 사람이 짓밟힌 셈이었다.

그러나 돌이켜보면 헝가리에 대한 소련의 침공이 헝가리에게는 뜻하지 않은 전화위복의 기회가, 미국에게는 '눈에는 눈 이에는 이'의 막다른 외교 전략에서 탈피할 수 있는 기회가 되었을지도 모르겠다. 먼저 헝가리의 상황부터 살펴보자. 사실 헝가리에서 공산주의가 재집권하는 과정은 그만하면 다행일지도 몰랐다. 더 악화될 여지도 있었기 때문이다. 너지 대신에 소련이 선택한 지도자는 야노시 카다르János Kádár였다. 카다르는 너지보다 민주주의적 성향은 약했지만 국가 경제의 관리자로서는 더 유능했다. 카다르는 소련과 바르샤바조약기구에 충실한 외교정책을 유지하는 동시에, 장기적으로는 사회주의와 자유 시장 주의가 혼합된 경제체제를 도입했고 헝가리 국민들의 삶의 질을 끌어올렸다. 다른 모든 동유럽 지도자들과 마찬가지로 카다르도 소련과 국민들 사이에서 아슬아슬한 줄타기 곡예를 해야 했다. 또한 바깥으로는 소련의 또 다른 침공을 미연에 방지하고, 안으로는 국내 문제가 불안 요소로 악화되는 것을 막아야 했다. 다행히 카다르는 그 두 가지를 어느 정도 효과적으로 관리할 수 있었다. 카다르가 1988년 총서기장에서 해임되었을 때는 물론 경제정책 실패도 한몫했지만 건강 악화도 커다란 이유였다. 그는 다음 해인 1989년 당 서기직과 중앙위원에서도 물러났고 그해 7월에 세상을 떠났다. 그의 조국 헝가리에서 공산 정권이 붕괴하기 불과 석 달 전이었다.

한편 미국은 헝가리 사태를 기점으로 롤백과 대량보복보다 덜 극단적인 정책을 찾을 수 있었다. 1950년대 말 미국은 대량보복 전략을 대체할 정책을 찾으려 노력했고 '유연 반응flexible response' 이라는 새로운 독트린을 수립했다. 존 F. 케네디가 채택하고 헨리 키신저Henry Kissinger 교수와 맥스웰 테일러Maxwell Taylor 장군이 주창한 미국의 새로운 전략은, 특수부대부터 공중 기동부대에 이르기까지 모든 군사 부문에서 재래식 군사력을 다시 강조했을 뿐 아니라 직접적인 핵전쟁을 배제한 대안들을 옹호했다. 유연 반응 정책의 근본적인 원칙은, '사용할 수 있는 유일한 도구가 망치일 때는 모든 것이 못으로 보인다'는 것이었다. 말인즉 대량보복의 렌즈로 보면 모든 외교정책 문제와 군사적 도발 행위는 때려 박아야 하는 못일 뿐인 것이다. 그래서 케네디 시절의 접근법은 도구함에 가능한 한 많은 도구를 비치하는 데 초점을 맞추었다.

그러나 불행하게도 유연 반응 정책은 담금질할 시간이 주어지지 않았다. 케네디와 후임인 린든 존슨 대통령이 베트남전쟁에 개입함으로써 그 정책은 곧바로 엄중한 시험의 도마에 올랐다. 베트남전쟁은 미국이 저지른 온갖 나쁜 결정들의 집합체였고, 그런 결정들이 재앙을 불러왔다. 좀 더 미묘하고 유연한 외교정책 접근법을 찾으려는 미국의 노력도 예외가 아니었다. 그런 노력들은 되레 일련의 끔찍한 선택으로 귀결되었다.

미국이 1950년대에 소련을 억제하기 위해 덜 적대적이고 덜 대립적인 접근법을 사용했더라면, 그것은 1956년 헝가리 혁명을 기점으로 더욱 신뢰할 수 있는 외교정책으로 성장했을지도 모른다. 실용적인 측면에서 보면 롤백정책을 사용한 것은 모든 도발을 핵무기를 과시하는 방법으로 해결하는 것과 동일한 효과를 가져왔다. 실제로 롤백정책이 당시에는 특히 유럽에서 소련식 공산주의가 확산되는 것을 매우 효과적으로 억제했다. 그리고 롤백정책을 계속 사용했더라면 베트남전쟁이 발발하기 전까지는 그럭저럭 유의미한 효과를 거두었을 것이다. 그렇다면 상상이 아닌 실제적으로 미국의 국력에는 어땠을까? 단언컨대 롤백 일변도의 외교정책보다는 롤백이 없는 외교정책이 좀 더 적절했을 것이다. 또한 그랬다면 최소한 미국은 동유럽 사람들에게 미국이 도와줄 거라는 헛된 희망을 심어 주지 않았을 것이다.

일등 국가 자리에서 내려온 영국과 프랑스 : 1956년

짐 워바네스

"영국과 프랑스는 자신들이 처한
새로운 현실을 받아들이지 못했다"

결정권자를 더욱 나약하게 만드는 결정도 있고, 기존의 약점을 드러내는 결정도 있다. 앞의 결정에 대한 대표적인 사례는 1941년 히틀러의 소련 침공 계획, 즉 바르바로사 작전이었다. 두 번째 유형에 대한 사례 하나는 그로부터 15년 후에 만들어졌다. 영국과 프랑스가 프랑스의 동맹국인 이스라엘과 힘을 합쳐 이집트를 침공한 사건이었다. 그들의 직접적인 목적은 이집트의 가말 압델 나세르 Gamal Abdel Nasser 대통령이 수에즈운하를 국유화하려는 시도를 저지하는 것이었다. 당연한 말이지만 당시에는 이집트 침공이 좋은 아이디어처럼 보였다. 그렇지 않았으면 굳이 침공할 이유가 없지 않았겠는가? 그러나 결과적으로 참담한 실패로 끝났을 뿐 아니라 유럽 식민 제국들의 최후의 발악이라는 민낯을 드러냈다. 식민지 시대가 막을 내리면서 한때 단독으로도 천하를 호령하던 영국과 프랑스의 힘도 함께 막을 내렸다.

전통적 강국이었던 두 나라가 어쩌다 그 지경까지 되었을까? 이 질문에 대한 답을 찾으려면 시계를 제2차 세계대전 때로 돌려야 한다. 영국은 전쟁에서는 승리했을지 몰라도 평화에서는 패자였다. 6년간 이어진 전쟁으로 영국의 국가 재정은 물론이고 병력 손실로 인한 인력 문제가 한계점에 이르렀다. 아니, 엄밀히 말하면 한계점을 약간 넘어섰다. 그리고 1945년 전쟁이 막바지에 이르자 영국은 10년 만에 총선을 치렀다. 독일의 패배와 태평양에서의 평화가 가시화되자 영국 국민들은 전시의 지도자이자 예전 대영제국의 수호자였던 윈스턴 처칠과 그의 보수당이 아니라, 클레멘트 애틀리Clement Attlee가 이끄는 노동당 정권을 선택했다. 애틀리의 노동당은 제국의 해외 영토에 투자하던 자원을 본토로 돌려 투자하고 복지국가를 건설하겠다는 공약으로 영국인들의 선택을 받았다. 이는 나라가 전쟁으로 피폐해지자 영국인들이 해외에서의 지배력보다 국내의 사회적 평등에 더 많은 관심을 쏟는 새로운 국가로의 변화를 선택한 것이라고 볼 수 있다.

한편 영국 식민지들도 각자도생의 길을 모색했다. 가령 인도는 1947년 독립을 쟁취했다. 인도는 왕관의 보석 같은 존재로 대영제국의 가장 큰 자부심이었고 사실상 식민 제국 영국의 존재 이유였다. 게다가 1956년을 전후로 영국령 말라야(말레이 반도와 그 주변 섬들로 이루어진 옛 영국령의 총칭이다. -옮긴이)와 케냐에서도 영국의 통치에 대항하는 봉기가 발생했고(케냐에서의 무장봉기는 마우마우Mau Mau라고 불린다) 키프로스의 그리스계 주민들도 독립을 요구하며 무장투쟁을 벌였다. 한편 키프로스에는 영국의 수에즈에 대한 군사 작전상 작전기지가 세워진다.

프랑스의 상황은 영국보다 더 나빴다. 제2차 세계대전의 '승전국'이라는 지위는 미국이 베푼 일종의 자선 행위에 지나지 않았다. 프랑스는 1940년 독일의 침공을 받았고 불과 한 달 반 만에 독일에 항복하며 점령되었다. 심지어 필리프 페탱Henry Philippe Pétain 원수가 이끄는 비시Vichy 정부(제2차 세계대전 중에 나치 독일의 점령 하에 있던 남부 프랑스를 1940년부터 1944년까지 통치한 정권으로 정식 명칭은 프랑스국French State이었다. - 옮긴이)와 런던에 세워진 망명정부 자유 프랑스Free French 사이에서 국론이 분열되었다. 한편 자유 프랑스는 지도자였던 샤를 드골 장군의 까칠하고 오만한 태도 때문에 평판이 좋지 않았고 대중적인 인기를 얻지 못했다. 요컨대 영국은 독일군의 폭격, 많은 사상자, 경제적 압박 등 세계대전의 부수적 결과로 고통받았던 반면, 프랑스는 독일군에게 직접 패배하고 점령당했으며 분열되었다. 심지어 프랑스는 전쟁 후반부에 다른 국가들에게 안방을 내주었고 프랑스 국토는 사실상 그들의 폭격 목표물과 피비린내 나는 전장이 되었다.

프랑스의 고난은 국내에만 국한되지 않았다. 해외에서도 프랑스의 문제는 첩첩산중이었다. 식민지들에서 위기가 잇따라 발생했고 결국에는 프랑스를 거의 갈기갈기 찢어 놓게 된다. 먼저 프랑스는 베트남에 대한 식민 지배력을 유지하기 위해 전쟁을 벌였지만 1954년 디엔비엔푸에서 결정적으로 패배하면서 전쟁을 마감했다. 미국이 막대한 전쟁 비용을 대 주었음에도 불구하고 프랑스는 베트민 공산당에게 처절히 패했다. 그런 다음 프랑스의 지척에 있던 알제리에서 전쟁이 벌어졌고, 그 전쟁은 1962년 알제리의 독립으로 막을 내렸다. 뿐만 아니라 프랑스 군부 내에서 새롭게 등장한 결사 항전 주의자들이 샤를 드골과 그의 정부를 지지함에 따라 폭력적인 내분까지 발생해 심각한 내홍에 휩싸였다.

영국과 프랑스의 국력이 쇠하자 힘의 균형추가 동쪽 소련과 대서양 너머의 미국으로 기울었다. 쉽게 말해 미국과 소련이 전후 시대의 초강대국이 되었다. 심지어 소련은 제2차 세계대전 중에 프랑스보다 훨씬 심각한 피해를 입었음에도 강국으로 우뚝 섰다. 그러나 영국 정부와 프랑스 정부는 새로운 현실을 인정할 수 없었다. 여전히 일등 국가인 것처럼 고개를 꼿꼿이 들고 콧대를 세웠다. 게다가 새로 구성된 국제연합 UN이 빈사 상태였던 국제연맹을 대체했고, 이제는 집단 안보가 무력 외교를 제치고 완전한 대세가 되었다. 요컨대 1956년 즈음에는 천지가 개벽하듯 세상이 완전히 달라졌지만 프랑스와 영국의 지도자들은 그것을 확실히 깨닫지 못했다.

수에즈 위기는 1956년 6월 영국이 수에즈운하 지역에서 철수를 완료한 직후에 시작되었다. 이집트의 나세르^{Gamal Abdel Nasser} 대통령이 수에즈 지역을 점거했다. 그는 군인 출신 정치인으로 역동적이고 카리스마가 있었으며 이집트의 대통령을 넘어 범아랍권의 지도자가 되겠다는 야망을 품고 있었다. 영국의 앤서니 이든^{Anthony Eden} 총리는 이집트의 행동에 격분했고, 수에즈운하에 대한 통치권을 되찾고자 프랑스와 손을 잡았다. 영국과 프랑스에게 가장 이상적인 시나리오는 나세르를 권력에서 몰아내는 것이었다. 특히 이든 총리는 공격적인 맹수의 본능을 지닌 독재자인 나세르를 30대 시절에 영국이 억제하지 못했다고 생각하여 단단히 벼르고 있었다.(나세르는 이집트가 비공식적인 영국의 식민지 상태였던 1952

년 34세 때에 세력을 규합해 쿠데타를 일으켜 이집트에 대한 영국의 영향력을 차단시켰고, 쿠데타 세력 내부의 권력투쟁 끝에 1954년에 총리에 올랐으며, 1956년에 대통령에 당선되었다. - 옮긴이)

　　수에즈운하에 대한 지배력을 되찾기 위한 군사작전은 일종의 '좋은 경찰과 나쁜 경찰' 작전이라고 표현해도 무방하다. 나쁜 경찰 역할은 당시 프랑스의 최우방이었던 이스라엘에게 억지로 떠맡겼다. 작전은 크게 2단계로 계획되었다. 먼저 이스라엘이 가자 지구와 시나이 반도를 침략한 다음 수에즈운하 지역으로 진격할 계획이었다. 이후 2단계에서 영국과 프랑스가 개입하되 표면적으로는 양국이 독립적으로 작전을 개시하기로 했다. 물론 그들의 실질적인 목표는 똑같았다. 수에즈운하 지역을 점령하는 것이었다.

　　사실 이스라엘은 침략자 역할을 마지못해 받아들였지만 어쨌든 맡은 역할을 성실히 이행했다. 1956년 10월 29일 이스라엘이 카데시 작전 Operation Kadesh 을 개시했다. 그런 다음 11월 5일과 6일 이틀에 걸쳐 프랑스와 영국이 지중해를 통해 이집트를 공격했다. 군사적으로 보면 그 작전은 비록 오점은 있었지만 전반적으로는 성공이었다. 이스라엘은 맡은 역할을 훌륭히 수행했고 프랑스가 그 뒤를 이어 이집트를 공격했으며 마지막으로 소극적인 지휘관이 이끌던 영국이 이집트에 발을 들였다. 그러나 정치적으로 보면 그것은 순전히 재앙이었다. 3국 동맹은 국제사회의 지지를 거의 받지 못했고, 그나마 서독이 가장 적극적인 지지를 보여 주었다. 한편 미국은 아예 적대적인 반응을 보였고 유엔은 지원을 거절했다. 사실 미국의 입장도 이해가 가지 않는 건 아니었다. 당시 유럽에서는 혁명을 진압한다는 명분으로 소련이 헝가리를 침공해 한창 전쟁 중이었다. 따라서 아이젠하워 대통령은 만약 미국이 영국과 프랑스의 공격을 인정해 준다면 헝가리를 침공한 소련을 비난할 수 없다고 생각했다. 더욱이 아이젠하워는 자신이 식민주의라고 생각하는 체제가 제2차 세계대전 후의 세상에 부활하는 것을 지지할 생각이 없었다.

마침내 유엔이 캐나다를 전면에 앞세워 정전협정을 중재했고, 영국과 프랑스는 12월 22일 이집트에서 철군했다. 그리고 이스라엘은 이듬해 3월까지 시나이 반도를 계속 점거했다.

수에즈 대치의 직접적인 승자는 이집트와 이스라엘이었다. 나세르는 국력이 쇠하는 두 강대국을 제압해 굴욕을 안겨 주었고 자신은 권좌를 유지했다. 더욱이 그는 수에즈운하 지역에 대한 통치권을 지켜 냈다. 이스라엘이 그 전쟁에서 수행한 역할은 중동 지역의 초강대국으로 부상하는 첫 번째 단계였다. 게다가 이스라엘은 수에즈 위기가 발생하기 전에 시작된 이집트의 티란 해협 봉쇄를 해제시키는 덤도 얻어 냈다. 이제 이스라엘은 유일한 홍해 연안 항구인 에일라트를 통해 인도양 항로로 자유롭게 교역할 수 있게 되었고, 이는 유대인 국가의 경제 호황을 견인했다.

한편 부수적인 승자도 있었는데 바로 캐나다였다. 특히 캐나다의 외무부 장관 레스터 피어슨Lester Pearson은 수에즈운하 분쟁을 평화적으로 해결하기 위한 중재 노력으로 노벨 평화상을 수상했다. 또한 유엔도 정전을 중재하는 과정에서 입지가 강화되었다. 피어슨은 뿐만 아니라 수에즈 사태를 통해 국제조직인 유엔이 지역 분쟁을 종결시키는 데 도움을 주기 위해 평화유지군을 파병할 수 있음을 증명해 보였다. 당연한 말이지만 유엔평화유지군에 캐나다 군대도 포함되었다.

영국과 프랑스가 수에즈 위기를 군사적으로 해결하려 한 결정은 실수였다. 유럽의 두 강호가 그런 결정을 하지 않았더라면 세상은 달라졌을 것이다. 먼저 영국과 프랑스는 비록 일장춘몽으로 끝날지라도 어쨌든 당분간 강대국이라는 미몽을 유지할 수 있었을 것으로 보인다. 또한 양국은 자신들이 사용할 수 있는 수단이 줄어든 상황에 맞춰 수에즈운하의 반환을 요구하는 대신에 보상을 협상했다면 외교정책 목표를 달성했을 가능성이 더 높았다. 양국 입장에서는 부분적인 승리가 완전한 패배보다 더 유익했을 것이다. 어차피 군사적으로 그리고 정치적으로 완전한 승리는 불가능한 상황이었기 때문에 더욱 그렇다.

뜻밖에도 수에즈운하를 둘러싼 군사적인 선택지가 결국 이집트와 이스라엘 사이에서는 장기적인 평화로 이어졌다. 수에즈 위기 당시에 양국 간의 장기적인 평화를 예상하는 것은 당연히 불가능했다. 1970년 나세르가 심근경색으로 사망했고 나세르의 정치적 동지였던 안와르 사다트Anwar Sadat가 대통령에 올랐다. 사다트는 1973년 시리아와 손잡고 이스라엘을 공격하여 제4차 중동전쟁을 주도했지만, 1977년 이집트의 국가수반으로는 최초로 예루살렘을 방문해 이스라엘과 평화조약을 체결했다. 역으로 생각해 보면, 나세르가 수에즈 분쟁에서 이겨 권력을 유지한 덕분에 자신이 지명한 후계자가 자신의 철천지원수와 평화를 달성하는 초석을 놓은 셈이 되었다. 그렇다면 과연 나세르는 이스라엘과의 평화를 바랐을까? 우리로서는 그의 마음을 알 길이 없다. 그럼에도 불구하고 한 가지는 확실하다. 만약 나세르가 1956년 수에즈 위기에서 패해 권좌에서 축출되었다면 사다트가 대통령이 되었을지도 불투명했다.

한편 수에즈 분쟁을 중재한 피어슨은 1963년 캐나다 총리가 되어 1968년까지 재임했다. 이것 역시 만약 그가 1956년에 외교적 성과를 거두지 못했다면 어찌 되었을지 알 수 없는 노릇이다. 게다가 그가 법무부 장관으로 임명했던 피에르 트뤼도Pierre Elliott Trudeau는 자유당 당수가 되었고 나중에는 캐나다 총리가 되었다. 비록 캐나다 역사상 가장 위대한 정치인 중 하나로 꼽히는 그의 업적이 오늘날에는 약간의 논란거리가 되지만, 1968년 49세의 젊은 총리는 '트뤼도 열풍'의 수혜자였다. 캐나다 국민들은 그를 사랑하거나 미워하거나 둘 중 하나였고, 그는 1984년까지 캐나다 정치판의 최고 실력자였다. 심지어 요즘에도 트뤼도에 대한 캐나다 국민들의 애증이 첨예하게 갈린다. 수에즈운하에서 분쟁이 발생하지 않았더라면 피어슨도 트뤼도도 캐나다에서 최고 권력자가 되는 길이 좀 더 험난했을 것이다.

이제 수에즈 분쟁의 패전국인 영국과 프랑스를 살펴보자. 먼저 영국은 수에즈 위기의 결과들을 단기간에 극복했다. 이든은 다음 해인 1957년 총리직에서 사임했고, 해럴드 맥밀런Harold Macmillan이 보수당의 당수와 총리를 이어받았다. 새 총리는 제2차 세계대전 때처럼 미국과 매우 좋은 관계를 구축했고 양국의 '특별관계'를 신속하게 복구했다. 또한 맥밀런은 영국인들에게 '현재의 영국이 역사상 가장 좋은 상태'라는 것을 납득시킬 수 있었다.(맥밀런은 1957년의 어떤 연설에서 영국의 경제 번영을 보여 주기 위해 "never had it so good"이라고 표현했다. -옮긴이) 맥밀런의 영국 정부는 수에즈 분쟁의 굴욕을 말끔히 씻어 내고 영국의 자신감을 회복시켰다. 얼핏 보면 수에즈 분쟁으로 자신감이 흔들린 적조차 없는 듯했다. 반면 프랑스는 제2차 세계대전 때부터 시작된 불안이 지속되었다. 비록 패했어도 수에즈 위기는 잠잠해졌다. 그러나 1954년부터 시작된 알제리의 탈식민지 투쟁은 잦아들 기미가 보이기는커녕 갈수록 잔혹해졌고, 1962년 알제리가 독립할 때까지 프랑스 징집병들은 아랍 병사들과 격전을 이어 갔다. 프랑스는 독자적인 식민 제국 노선을 유지하려 노력했지만, 일등 국가로서의 신뢰성을 잃었고 이미 이빨 빠진 호랑이였다.

마지막으로 이스라엘과 이집트의 일반 국민들의 이야기를 해 보자. 결과부터 말하면 1967년과 1973년에 양국은 서로 한 방씩 주고받았다. 먼저 1967년 이스라엘이 이집트의 공군기지를 상대로 예방적 공습을 벌여 또다시 전쟁이 발발했다.(제3차 중동전쟁, 6일 전쟁, 아랍-이스라엘 전쟁 등으로 불리며, 이스라엘을 상대로 이웃 국가인 이집트, 요르단, 시리아, 레바논이 연합하여 벌인 전쟁이다. -옮긴이) 이 전쟁에서는 이스라엘이 시나이 반도에서 압도적 승리를 거두었고 이집트는 시나이에서 철수했다. 그러나 6년 후인 1973년 이집트-시리아 아랍 연합군이 이스라엘 점령지에 대한 기습적인 합동 공격으로 제4차 중동전쟁이 터졌고, 이번에는 아랍 연합군이 이스라엘을 파괴 직전까지 몰아가며 전략적 승리를 거두었다. 그리고 4년 뒤인 1977년 이집트와 이스라엘의 관계는 해빙기를 맞아 마침내 평화협정을 맺었다. 이스라엘은 지금도 징병제를 유지하지만, 이후 이집트를 상대로 군사력을 사용한 적은 한 번도 없었다. 수에즈 분쟁이 발생하고 21년 뒤인 1977년 중동의 상당한 지역에서는 대체로 평화를 찾아보기 힘들어졌지만, 중동에서 가장 강력한 군사력을 보유한 두 국가 사이에서는 평화가 엄연한 현실이었다.

수에즈 분쟁이 역사에 남긴 파장은 오래 지속되지 않았다. 물론 이집트는 예외였을 것이다. 쇠락하는 두 제국을 상대로 정치적 승리를 거두지 못했다면, 나세르는 사다트에게 이집트를 물려

줄 수 없었고 목숨마저 부지하지 못했을 가능성이 컸다. 그랬더라면 사다트가 이스라엘과의 사이에 평화의 문을 여는 것은 불가능했을지도 모르겠다. 한편 프랑스의 제4 공화국은 수에즈 위기에서 패하고 2년 뒤인 1958년에 무너지고 제5 공화국이 출범했다. 그리고 이듬해 외골수의 원칙주의자 드골 장군이 대통령으로 취임했다. 물론 제4 공화국이 붕괴한 직접적인 원인은 알제리에서 발생한 위기였다. 그러나 수에즈 분쟁에서 패하지 않았다면 제4 공화국에서 제5 공화국으로의 전환은 좀 더 늦춰졌을 수도 있었다. 프랑스는 아직도 강력한 대통령책임제로서 제5 공화국 체제를 유지하고 있다. 고로 1956년 수에즈 위기에서의 흑역사가 없었다면 오늘날 프랑스인들은 지금과는 사뭇 다른 정치 세계를 경험하고 있을지도 모를 일이다.

심장 박동기를 만들어 낸 그레이트배치의 실수 : 1958년

빌 포셋

"전기저항기를 잘못 사용한 실수 덕분에
수백만 명이 목숨을 구했다"

인류의 크고 작은 실수와 그런 실수가 인류 역사에 어떤 변화를 가져왔는지에 관한 책을 쓰다 보면 저절로 우울해질 수도 있다. 그런데 고맙게도 역사를 바꾼 실수라고 해서 전부 흑역사는 아니었다. 인류에 도움을 주었던 실수들도 있었다. 그런 실수로는 페니실린 발명이 가장 유명하지 싶다. 널리 알려진 대로 그것은 실수라기보다 우발적인 사건에 가까웠다. 1928년 알렉산더 플레밍Alexander Fleming이 배양 접시에 빵부스러기를 떨어뜨렸는데 배양 접시를 세척하지 않은 덕분에 우연히 항생제가 발명되었다. 페니실린처럼 수많은 사람들의 목숨을 구한 또 다른 사건이 있었다. 정확히 말하면 사람을 구한 '의료사고'였다. 지금부터 그 이야기를 해 보자.

미국의 전기 기사이자 발명가였던 윌슨 그레이트배치Wilson Greatbatch는 1950년대에 해군에서 전역했고 본격적인 의학 연구가의 길을 가게 되었다. 그의 실험 중 하나는 수십 그램짜리 소형 발진기(입력 신호가 없어도 일정한 주파수의 신호가 출력되는 회로를 말한다. -옮긴이)와 관련이 있었는데, 발진기는 심장의 박동을 빠짐없이 기록하는 장치였다. 심장박동을 기록하는 것은 심장 질환과 불규칙한 심장박동, 즉 부정맥을 진단하는 데 도움을 주기 위해서였다. 그레이트배치는 심장박동 기록기를 설정하던 중에 실수로 발진기 대신에 전기저항기를 설치했다. 당시는 실리콘 기술이 초창기 단계여서 그런 실수는 다반사였다. 그런데 환자의 몸에 부착된 '기록기'는 심장박동을 기록하는 대신에 몇 초마다 작은 전하를 방출했다. 환자는 그 전하를 거의 느끼지 못했지만, 그 저항기가 전기신호를 방출할 때마다 심장이 뛰었다.

플레밍과 그가 부주의로 흘린 빵부스러기처럼, 그레이트배치가 대단한 이유는 실수로 전기저항기를 장착했다는 것이 아니라, 그 실수가 만들어 낸 잠재적 가능성을 알아보았다는 점이다. 그레이트배치가 순전히 행운의 실수로 심장박동기를 발명하기 전에도 심장박동을 변화시키는 데 사용되는 기계들이 있었다. 그 기계들은 환자들에게 고통스러운 충격을 주었고 전력을 많이 소모했으며 무게만도 몇 킬로그램이나 되었다. 단언컨대 이동성도 실용성도 떨어졌다. 그러다 보니 그런 기계는 병원에서 긴급한 의료 상황에서만 사용되었다. 우연히 심장박동기를 발명한 이후 몇 달간 그레이트배치는 자신이 발명한 발진기를 개선하는 데 주력했고, 마침내 예전보다 더 가볍고 사람의 몸에 쉽게 삽입할 수 있는 발진기가 만들어졌다. 현대의 심장박동기는 1958년에 처음으로 환자의 몸에 삽입되었고, 그 환자는 18개월간 그레이트배치가 발명한 박동기의 도움을 받아 생명을 유지했다. 그레이트배치는 심장박동기를 개선하는 일을 멈추지 않았다. 당시 심장박동기에는 커다란 불편함이 있었는데, 건전지를 자주 교체해야 했던 것이다. 그레이트배치는 그 문제로 골머리를 썩이다가 1970년대에 해결책을 찾아냈다. 그의 구세주는 리튬 건전지였다. 얼마 지나지 않아 건전지 성능이 크게 향상된 심장박동기가 거의 전 세계에서 사용되었다.

미국 전문 엔지니어 협회는 심장박동기를 20세기 공학의 10대 업적 중 하나로 선정했다. 그레이트배치가 실수로 저항기를 사용하지 않았더라면 세상은 더 암울한 곳이 되었을 가능성이 컸다. 무엇보다 심장박동기가 필요한 환자들의 수명이 수십 년씩 늘어났다. 심지어 오늘날에는 운동선수들에게 선수로서의 수명을 증가시켜 주는 심박 조율기도 있다. 지금 이 순간 그레이트배치의 실수로 미국에서만 20만 명을 포함해 전 세계 100만 명 이상의 심장이 뛰고 있다. 그의 실수 덕분에 몇 년의 시간을 '선물'받은 사람들 중에는 테레사 수녀Mother Teresa, 영화배우 커크 더글러스Kirk Douglas, 베네딕트 교황Pope Benedict, 미국 프로야구 선수 테드 윌리엄스Ted Williams, 세계적인 싱어송라이터 엘튼 존Elton John 등이 포함된다.

케네디의 편이 아니었던 댈러스에서의 운명 : 1963년

더글러스 나일스

"저격범이 몇 명인지는 중요하지 않았다. 많은 불운이
겹쳐 작은 실수가 돌이킬 수 없는 결과를 낳았다"

1963년 11월 22일 미국을 발칵 뒤집은 커다란 사건이 발생했다.
존 F. 케네디 대통령이 암살된 사건이었다. 케네디의 암살은 현대
미국인들이 집단적으로 앓는 가장 큰 정신적 외상이라고 해도 틀
리지 않다. 사건 당시 초등학생 나이만 되었어도 모든 미국인은 케
네디 암살 소식을 들었을 때 어디서 무엇을 하고 있었는지 지금까
지도 생생히 기억한다.

　케네디 암살 외에도 미국 현대사에서 미국인들에게 커다란
정신적 외상을 남긴 사건이 두 개 더 있다. 하지만 케네디 암살에
따른 정신적 외상과 다른 두 개의 사건은 본질적으로 달랐다. 하나
는 1941년 12월 7일 진주만에 대한 일본의 기습 공격이고 다른 하

나는 2001년 9월 11일 알카에다 테러 공격이다. 진주만공격과 알카에다 테러는 몇 가지 공통점이 있다. 먼저 미국 전체를 벌집을 들쑤신 듯 술렁이고 분노에 휩싸이게 만들었다. 아니, 단순한 분노를 넘어 사실상 전 세계가 한마음으로 명명백백한 적에게 복수를 다짐하게 만들었다. 뿐만 아니라 두 사건이 벌어진 후 미국은 보복에 대한 공감대가 형성되었고 현직 대통령을 중심으로 하나의 목소리를 냈다.

그러나 댈러스에서 케네디 대통령을 저격한 범인은 제2차 세계대전 당시의 일본이나 알카에다와는 근본적으로 달랐다. 그는 사회의 비참한 낙오자였고, 오죽 비열한 인간이었으면 공산권으로 망명하려는 그의 시도에 대해 소련과 쿠바 모두가 거절했을 정도였다. 심지어 천인공노할 범죄를 저지르고 이틀 뒤 다른 교도소로 이송되던 중 암살되는 바람에 그의 범죄에 대한 해명을 듣거나 배후를 밝힐 기회도 사라졌다. 끔찍한 범죄자였지만 리 하비 오즈월드Lee Harvey Oswald와 관련해 굳이 긍정적인 점을 꼽으라면 딱 두 가지다. 그가 싸구려 총으로도 목표물을 맞힐 만큼 상당한 명사수였다는 점과, 어쩌면 행운아였을 수도 있다는 점이다.

이 책에서 소개하는 대부분의 흑역사를 포함해 인류 역사에서 만들어진 많은 실수들은 두 가지 요소로 이루어진다. 강력한 힘을 가진 누군가가 어리석은 결정을 하고, 그 결정이 극적이고 광범위한 영향을 미친다는 것이다. 그러나 인류 최대의 '흑역사들' 중에는 그저 운이 나빠서 벌어진 사건들도 더러 있었다. 가령 케네디 대통령이 텍사스를 순회하는 유세에 댈러스를 포함시킨 결정이 대표적인 경우다. 그 결정 자체에는 어리석거나 경솔한 것은 전혀 없었다. 또한 미리 공개된 이동 경로를 따라 오픈카 퍼레이드를 벌이는 것도 전혀 전례가 없는 일이 아니었다. 그렇지만 운명의 11월 22일 케네디가 딜리 플라자를 경유하기로 예정된 운명의 오픈카를 타게 만든 결정은 그의 인생에서 최악이자 최후의 결정이 되고 말았다.

다른 모든 대안적인 시나리오를 상상하면 화가 나서 시쳇말로 머리가 돌아 버릴 지경이다. 유세 날짜를 바꾸었다면 어땠을까? 솔직히 말해 텍사스의 민주당 지도자가 텍사스 유세와 관련된 위험 요소를 경고하는 서한을 백악관에 보냈다. 악명 높은 우익 선동가로 불명예 퇴역한 후 댈러스에 거주하던 에드윈 워커Edwin Walker 장군이 케네디 대통령을 '자유 진영의 부담liability to the free world' 으로 규정했다는 내용이었다. 그러나 그의 경고는 무시되었고 심지어 케네디에게 그의 서한을 보여 주지도 알리지도 않았다. 대통령 특별보좌관은 어차피 케네디가 그 경고를 심각하게 받아들이지 않을 것이니 시간만 낭비하는 꼴이라고 생각했다.

비극적인 케네디 암살 사건에서 얄궂은 운명이 장난을 쳤다. 영원한 낙오자이자 거의 대부분 시간을 실업자로 지낸 리 하비 오즈월드가 1963년 10월 중순에 일자리를 얻었는데, 텍사스 교과서 배급 건물에서 배급할 도서를 분류하는 일이었다. 그런데 하필이면 그로부터 채 6주가 지나기 전에 대통령의 카퍼레이드가 바로 그 건물 앞을 지나가게 된 것이다! 케네디 대통령이 댈러스를 방문하려는 의지가 강했더라도 퍼레이드의 이동 경로를 약간 변경했으면 어땠을까? 그랬더라면 오즈월드는 방아쇠를 당길 기회조차 없었을 것이다.

미국에서 대통령 암살 사건은 1963년 케네디가 처음이 아니었다. 미국 역사에서 잔인한 36년 동안 세 명의 미국 대통령이 암살당했다. 1865년에는 제16대 대통령 에이브러햄 링컨이, 1881년에는 제20대 제임스 가필드James Abram Garfield가, 1901년에는 제25대 윌리엄 매킨리William McKinley가 저격범의 손에 목숨을 잃었다. 매킨리 사후에, 링컨 대통령이 위조지폐 방지를 위해 창설한 재무부 산하 비밀 검찰국secret service이 미국의 행정 수반을 경호하는 중요한 임무를 맡게 되었다. 그 이후로 태프트William Howard Taft, 테디라는 별명으로 불리는 시어도어 루스벨트, 후버, 프랭클린 루스벨트, 트루먼 등에 대한 암살 시도가 있었지만 모두 저지되었다. 저격범의 총격으로 부상을 입은 대통령은 딱 한 명이었다. 시어도어 루스벨트였다. 1909년 두 번의 임기를 마치고 퇴임한 그는 1912년 대통령 선거에 재도전했고, 선거운동을 하던 중에 암살 시도가 있었다. 그러나 그는 운이 좋았다. 총알이 두툼한 연설 원고 뭉치와 금속제 안경 케이스에 맞은 것은 유명한 일화가 되었다. 그리하여 총알의 속도가 느려져 목숨을 구할 수 있었다.(시어도어 루스벨트는 가슴팍에 총알이 박혀 피를 흘리면서도 연설을 끝까지 마쳤다)

어쨌건 댈러스에서 운명은 케네디의 편이 아니었다. 오히려 운명은 잔인한 장난을 쳤고, 젊고 활동적인 미국의 지도자가 겨우 34개월 만에 백악관을 떠났다. 첫 임기에서 불과 3년도 채우지 못했다! 만약 케네디가 살아서 임기를 채웠다면 역사는 어떻게 전개되었을까? 격동의 1960년대 미국은 얼마나 달라졌을까? 실제보다 더 좋아졌을까? 특히 1960년대와 케네디에 관한 이 질문은 '만약'을 전제하는 가상의 현대사에서 가장 중대한 물음 가운데 하나이다. 케네디는 미국의 가장 위대한 대통령 중 한 명이 될 수 있었을까?

암살범의 총탄에 비명횡사하지 않았더라도, 케네디의 유산에 손상을 입힐 수도 있었을 몇 가지 어두운 시나리오가 있다. 그의 끝없는 불륜 행각이 세상에 알려졌더라면 미국인들이 그에게 등을 돌렸을 것은 거의 자명하다. 하지만 1960년대의 미국 언론은 그런 개인사를 파헤치는 경향이 없었던 터라 어떻게 되었을지는 모르겠다. 언론은 그렇다 쳐도 케네디의 정적이 비난을 살 만한 추문을 폭로할 수는 있지 않았겠냐고? 하지만 그런 공격이 과연 미국인들의 호응을 얻었을지는 의문스럽다. 복잡한 사생활보다 그의 발목을 잡았을 수도 있는 더욱 심각한 변수는 따로 있었다. 당연한 말이지만 그의 건강과 관련된 문제였다. 비록 케네디가 젊고 활력 넘치는 이미지를 보여 주었지만 사실 그는 '걸어 다니는 종합병원'이었다. 혹시라도 그의 많은 질환 중 하나가 악화되어 휠체어를 타는 신세가 되었을 수도 있지 않았을까? 또는 건강 때문에 그의 트레이드마크인 친근하고 강력한 리더십으로 대통령직을 수행하는 것이 불가능하게 되었을지 누가 알겠는가?

하지만 케네디가 그처럼 위험한 지뢰밭을 성공적으로 건넜다면 어땠을까? 솔직히 그는 저격범의 총탄에 무너지기 전까지 아주 성공적으로 잘 헤쳐 오고 있었다. 그가 1964년 대통령 선거에서 재선에 안착했을 것은 거의 확실했다. 어쨌든 케네디보다 카리스마가 훨씬 부족했던 후임 대통령 린든 존슨도 1964년 대통령 선거에서 이겼으니 말이다. 단순히 이긴 것이 아니라 그는 공화당 후보 배리 골드워터Barry Morris Goldwater를 역사에 길이 남을 압도적인 표차로 제치고 백악관에 제 힘으로 입성했다. 더욱이 동시에 치러진 총선에서도 민주당이 승리해 상원과 하원 모두를 장악했다.

만약 재선에 성공했다면 케네디의 두 번째 임기는 어떻게 전개되었을까? 정책적으로는 예상하기가 쉽다. 그가 제안했던 많은 정책들 중에서 빈곤층과 노령 인구의 의료비와 교육비에 대한 정부 지원 증가와 세금 인하는 실행되었을 것이 거의 확실하다. 그렇다면 사회 분위기는 어땠을까? 1960년대의 미국이 유례없는 양극화로 지독한 몸살을 앓는 가운데 미국의 자신감과 낙관주의가 사라졌다. 만약 케네디가 대통령이었다면 그런 1960년대의 혼란스러운 분위기 속에서도 미국의 자신감과 낙관주의가 유지될 수 있었을까?

이제 케네디 대통령과 관련해 누구나 묻고 싶은 마지막 질문 두 개가 남았다. 사실 꼭 짚어 봐야 하는 가장 커다란 물음들이다. 첫째, 케네디는 미국의 베트남전쟁 개입 문제를 어떤 식으로 풀어나갔을까? 둘째, 케네디는 갈수록 폭력적으로 비화되며 첨예하게 대립하던 민권운동에 어떻게 대처했을까?

널리 알려진 대로 베트남에 미국 군대를 최초로 파병한 대통령은 존 F. 케네디였다. 물론 전투병은 아니었다. 남베트남 군대를 훈련시키는 임무를 위해 특수부대원들을 파병한 것이었다. 린든 존슨과 마찬가지로, 케네디도 북베트남의 공산주의 반군을 진압하기 위해 대규모 육군과 해병대를 파병하게 했을까? 일단은 그랬을 가능성이 매우 높아 보인다. 하지만 달리 생각해 볼 여지도 있다. 1962년 제3차 세계대전으로 비화될 일촉즉발의 쿠바 미사일 위기 때가 좋은 단서가 된다. 여러 증거에 따르면, 당시 그는 단호한 군사행동을 종용하는 수많은 조언자들에게 강단 있는 도덕심으로 맞섰다고 한다. 따라서 어쩌면 재선에 성공한 것에 심리적인 안정을 얻어 더욱 대담해져서 1965년부터 미군의 베트남 주둔 병력을 증가시키자는 요구를 거절했을 가능성도 배제할 수 없다.

베트남전쟁에 대한 케네디 대통령의 반응은 예측하기가 그리 어렵지 않다. 그러나 민권운동에서 그가 어떤 역할을 했을지 정확히 예측하기는 훨씬 힘들다. 다만 그의 반응을 짐작해 볼 근거는 분명히 한 가지 있다. 북부 출신이었던 케네디에게는 민권운동이 남부 출신인 린든 존슨에게보다 중요한 사안이 아니었다는 사실이다. 솔직히 남부 출신 민주당 의원들은 텍사스 출신 존슨에게도 마지못해 지지를 보냈다.(존슨 대통령이 1964년에 서명한 민권법 시행이 의회를 통과했고, 1965년에는 흑인들에게 참정권을 부여하는 선거권법에 대한 의회의 승인도 받아 냈다. - 옮긴이) 따라서 케네디가 그들의 지지를 얻기는 더 어려웠을 것으로 보인다. 그럼에도 케네디는 정의감이 강한 인물이었고 고로 결국에는 역사의 바른 편에 서기로 결정했을 가능성이 매우 높다.

슬프게도 그리고 비극적이게도 우리는 케네디가 어떻게 했을지 상상의 나래를 펼 수밖에 없다. 우리는 그것을 눈으로 직접 확인할 기회 자체를 박탈당했다.

돈 먹는 하마가 된 우주왕복선 : 1963년

윌리엄 터도슬라비치

> "인류가 한 번도 가 보지 못한 곳으로
> 가지 않기 위해서"

미국항공우주국(NASA, National Aeronautics and Space Administration)
이 개발한 우주왕복선은 인류 역사상 가장 놀랍고도 가장 진보한 우
주선이었다. 또한 그것은 흰 코끼리(돈만 많이 들고 더 이상 쓸모는 없는
처치 곤란한 물건을 의미한다. – 옮긴이)이기도 했다. 그러나 우주선의 운
명이 반드시 흰 코끼리일 필요는 없었다. 시간은 20여 년 전으로 거
슬러 올라간다. 적절한 사람들이 적절한 결정을 했더라면 당시에 우
주를 안방처럼 누볐을 더 저렴한 대안이 있었다.

　1950년대와 1960년대에 항공우주공학자들은 재사용이 가능
한 우주비행선을 개발하는 데 집중했다. X-20(미국에서 항공기를 개
발할 때마다 고유한 형식 번호를 부여하는데, 기체 번호가 X로 시작하는 것

은 eXperimental의 약자로서 신기술 시험 등을 위한 각종 실험기를 뜻한다. – 옮긴이)은 '동적 비행'이라는 뜻을 가진 다이내믹 소어링dynamic soaring, 줄여서 다이나–소어Dyna-Soar라고도 불렸다. 보잉이 제작한 이 우주선은 날개 끝에 방향타가 장착된 삼각익을 가졌고 로켓 엔진을 탑재했으며 조종사는 한 명이 탈 수 있었다.

이후 변경된 설계도를 보면 객실에 다수의 우주인을 태울 수 있는 공간이 확보되었다. 미국은 지구 저궤도low-earth-orbit 우주 정거장을 구상하고 있었는데, 다이나–소어는 그 정거장을 지상 지원하는 데 유익할 터였다. 다이나–소어는 로켓 상단에 결합시킨 제미니Gemini의 원추형 캡슐을 기반으로 했고 우주정거장에 도킹해 임무를 수행할 계획이었다.

이런 모든 아이디어는 당시의 항공 우주 분야에서는 상당히 진보된 개념이었지만 구체적인 프로그램으로 발전하지 못했다. 우주 캡슐을 사용해 우주인을 궤도로 진입시키기 위한 머큐리 계획(미국항공우주국이 1958년부터 1963년까지 추진했던 미국 최초의 유인 우주 비행 탐사 계획이다. – 옮긴이)과 그다음 단계인 제미니 계획(미국항공우주국이 1966년까지 시행했던 2인승 유인 우주비행선 계획으로 Gemini는 라틴어로 '쌍둥이'라는 뜻이다. – 옮긴이)이 실행 중인 데다 다이나–소어의 용도가 불확실했기 때문에, 비용이 너무 많이 들고 딱히 쓸모가 없어 보였던 이 우주비행선 계획은 폐기되었다.

앞서가는 생각, 앞서가는 설계

다이나–소어는 관련 기관들의 상충적인 미래 아이디어들 사이에서 태어났다. 먼저 미국항공우주국은 극초음속 비행의 한계를 시험하고 싶었다. 한편 미국 공군은 지구 궤도에서 소련에 핵무기를 투하하고 소련 위성들을 탈취하며 수준 높은 정찰 임무를 수행할 수 있는 유인 우주선을 원했다. 그리고 이 모든 것은 1966년에 실현될 예정이었다!

다이나-소어는 크게 세 구역으로 나뉘었다. 먼저 조종사를 위한 생명 유지 장치가 탑재된 조종석이 있었다. 그리고 질소로 채워 가압된 밀실로 운영할 중앙 구역에는 우주선에 영향을 미치는 최대 750개 변수들을 측정할 수 있는 데이터 기록기와 계측기 등 990파운드에 이르는 장비를 실을 예정이었다. 마지막으로 중앙 구역 바로 뒤쪽에 추진제 탱크와 단단斷段식 로켓 엔진을 실을 수 있도록 가압되지 않은 두 개의 장비 구역을 마련하기로 했다.

다이나-소어의 개념 스케치를 보면, 크기는 우주왕복선의 약 3분의 1 수준이었고 탑재한 로켓 엔진은 7만 2,000파운드의 추력을 낼 수 있었다. 또한 다이나-소어는 우주선 자체보다 훨씬 단순한 구조를 가진 발사체 타이탄 IIIC(1959년부터 2005년까지 사용되었던 미국의 우주 발사체로 2005년 마지막 타이탄 IV의 발사를 끝으로 현재는 완전히 퇴역하였다. - 옮긴이)의 앞부분에 연결되어 궤도에 진입할 수 있었다.

궤도에 진입한 후 다이나-소어는 궤도나 고도를 변경하기 위해 필요한 연료를 연소할 수 있도록 타이탄 3단을 유지할 터였다. 비행 계획에 따르면, 조종사가 캘리포니아에 위치한 에드워즈 공군기지에 착륙하기 위한 사전 준비 작업으로서 발사체인 타이탄 3단을 인도양에 떨어뜨리도록 되어 있었다. 그런 다음 비행체는 바퀴가 아니라 일련의 와이어 브러시로 활주로에 착륙할 예정이었다.

'대기권에 진입할 때 뜨거운 열이 발생'한다는 것은 다이나

소어의 경우 절제된 표현이었을 것이다. 계획에 따르면, 몸체 바닥과 날개의 앞전wing leading edge을 몰리브덴으로 코팅하고 최대 섭씨 1,500도까지 견딜 것으로 기대되었다. 한편 지르코늄으로 코팅한 노즈콘nose cone(항공기 등의 원추형 앞부분이다. - 옮긴이)은 대기권에 재진입할 때 섭씨 2,000도의 열을 견딜 수 있어야 했다.

1962년 말이 되자 다이나-소어 프로젝트는 이제 완전체로 합쳐지는 수순만 남은 것처럼 보였다. 중대한 하위 시스템에 대한 테스트가 완료된데다 금속공학의 발전으로 다이나-소어의 구조를 설계대로 구현할 수 있게 되었다. 게다가 실물 크기의 모형도 공개되었다. 다이나-소어에 비하면 머큐리 우주 캡슐은… 밋밋해 보였다.

다이나-소어는 조종사가 요yaw(비행기 천장, 즉 수직축 회전으로 비행기가 좌우로 방향을 전환할 때 사용하며 선회 시 진행 방향과 항공기의 기수가 바뀌는 현상을 수정할 때 사용하는 방식이다. - 옮긴이), 피치pitch(비행기 날개, 즉 가로축 회전으로 고도를 변경하기 위해 기동하는 방식이며 비행기의 전후 기울어짐을 말한다. - 옮긴이), 롤roll(코에 해당하는 비행기 앞부분. 즉 세로축 회전으로 선회하기 위해 기동하는 방식으로 비행기의 좌우가 기울어짐을 말한다. - 옮긴이) 모두를 완벽히 통제하는 명실상부 우주를 비행하는 기계가 될 터였다. 한편 조종사는 대기권 재진입 시에 수동으로 조종할 수 있어야 했다. 심지어 미국은 다이나-소어를 수동으로 조종할 수 있는 시험 비행 조종사들도 선발했다.

돈에 발목을 잡히다

국방부 장관 로버트 맥너마라Robert McNamara는 다이나-소어 프로젝트에 아무 감흥을 받지 못했다. 오히려 그는 다이나-소어가 방향성이 부족하다는, 즉 용도와 목적이 불분명하다는 사실을 꿰뚫어 보았다. 그리고 당연히 어떤 질문이 절로 떠올랐다. 다이나-소어는 소련을 공격할 준비가 된 공군의 우주 비행기일까? 아니면 이제껏 아무도 하지 못한 일을 할 수 있는 미국항공우주국의 연구용 항공기일까? 다이나-소어의 목적이 무엇인지 아무도 명확히 대답할 수 없다면, 도대체 그 비행기로 무슨 임무를 수행할지 누가 계획할 수 있겠는가?

다이나-소어는 결국 1963년을 넘기지 못했다. 맥너마라 장관이 일련의 프로젝트 검토를 실시한 후에 프로젝트 자체를 폐기시켰다. 그것은 잔인한 죽음이었다. 불과 몇 달만 있으면 다이나-소어가 시험 비행에 나설 수 있었다. 게다가 미국은 이제까지 5억 3,000만 달러를 투입했고 그 프로그램은 이미 절반의 반환점을 한참 지났다.

어쩌면 다이나-소어의 죽음이 전혀 헛된 것이 아니었을지도 모르겠다. 6년 후 다이나-소어를 통해 획득한 데이터가 다른 우주선 설계에 다시 사용되었다. 바로 스페이스셔틀, 즉 우주왕복선이었다.

똑같은 문제, 다른 프로그램

당시 미국항공우주국은 달 탐사를 목적으로 아폴로 프로그램을 추진하고 있었다. 그러나 이제 그것을 대체할 우주 프로그램이 필요했다. 1969년 닐 암스트롱Neil Armstrong이 인류 역사상 최초로 달에 착륙해 미국 성조기를 꽂는 모습을 보면서, 일각에서는 달에 국기를 꽂을 다음 주자가 누구일지 우려하고 있었다.

비록 서류상이지만 우주왕복선과 스카이랩이라고 명명된 유인 우주정거장이 동시에 탄생했다. 이번 계획에도 각각의 관계 부처가 원하는 것이 미국항공우주국의 요구를 중심으로 얽히고설켰다. 우주 경쟁에서 소련에게 선수를 빼앗긴 터라 어떻게든 만회해야 했던 미국으로서는 인간을 달에 보내는 계획에서는 돈이 전혀 문제가 되지 않았다. 그러나 우주왕복선은 다른 이야기였다. 반드시 제한된 예산 한도 내에서 실행되어야 했다. 게다가 1970년대의 인플레이션을 고려하면 우주정거장에 책정된 예산은 눈 깜짝할 새에 가치를 잃게 될 터였다.

게다가 관계 기관들도 자신들의 입맛에 맞는 요구를 했다. 먼저 공군은 우주선이 캘리포니아에 있는 반덴버그 공군기지에서 이륙하기를 원했다. 공중정찰과 첩보 활동에 이상적인 극지 주변의 궤도를 선점할 수 있다는 군사적 이유에서였다. 한편 미국 국가 정찰국(NRO, National Reconnaissance Office)은 스쿨버스만 한 크기의 차세대 첩보 위성들을 우주로 보내기 위해 초대형 화물칸을 원했다.

만약 미국항공우주국이 예산 우선권을 획득하고 싶었다면 다른 기관들이 우주왕복선 프로젝트에 '숟가락을 얹도록' 해 줄 필요가 있었다. 그렇게 하면 행여 나중에 문제가 생기더라도 그 프로그램 자체를 죽이기가 더 힘들어질 것이니 말이다. 그러나 그런 정치적 타협은 우주선 설계에 영향을 미칠 뿐 아니라 애초 계획한 것보다 더 큰 우주선이 필요하고 더 많은 예산이 들어간다는 뜻이었다.

결론은? 미국항공우주국은 하늘을 나는 트럭을 가지게 되었다. 심지어 화물칸 크기는 가로세로가 약 4.5미터와 18미터에 달했다. 미국항공우주국은 맥도널 더글러스McDonnell Douglas의 민간 항공기 DC-3형 우주왕복선을 원했고, 또한 1년에 최대 50차례 비행할 수 있는 우주선을 기대했다. 그러나 미국항공우주국의 두 번째 우주왕복선 챌린저호가 1985년에 기록한 9회 비행이 최대 기록이었다. 다른 해에는 기껏해야 4회 내지 6회만 임무를 수행했다. 게다가 우주왕복선 발사를 준비해서 실제 이륙시킬 때까지 약 1만 명의 인력이 투입되었고, 한 번의 임무에 약 4억 5,000만 달러가 소요되었다. 심지어 1986년 챌린저호와 2003년 컬럼비아호가 폭발함으로써 우주왕복선 프로그램이 몇 년을 퇴보했다.

그렇다면 공군과 NRO는 우주왕복선으로 원하던 것을 얻었을까? 공군은 몇몇 기밀 임무에 우주왕복선을 투입했지만 우주왕복선의 가치가 미미한 걸로 드러났다. 결국 공군은 위성을 궤도에 진입시키기 위해서는 전통적인 로켓 추진체를 사용하는 것이 더 편리하다는 사실을 깨달았다. 이는 NRO도 마찬가지였다. 이처럼 우주왕복선의 역할이 우주인들을 국제 우주정거장에 보내는 것이 전부라면, 돈 먹는 하마인 우주왕복선보다 저렴한 캡슐형 우주선이 그 일에 더 적합하지 않았을까?

2011년 우주왕복선이 135번째 임무를 완수했다. 그러나 통계적으로 볼 때 우주왕복선의 본체인 궤도선orbiter(우주왕복선은 크게 세 부분으로 구분되는데, 궤도선과 외부 연료 탱크와 고체 연료 추진체가 그것이다. 우주왕복선의 정식 명칭은 '궤도 왕복선'이다. – 옮긴이)이 또다시 폭발할 가능성이 명백해졌다. 그리하여 아틀란티스의 마지막 비행을 끝으로 현존하던 모든 우주왕복선이 퇴역했다. 우주왕복선 프로그램에 총 2,000억 달러 이상이 소요되었다.

더 나은 행동 방침

아폴로 계획은 소련보다 달에 먼저 착륙하기 위한 냉전 시대의 우주 경쟁으로, 1960년대에 200억 달러가 들어간 초대형 프로젝트였다. 물가 상승률을 고려하여 오늘날의 달러 가치로 환산하면 1,000억 달러가 훨씬 넘는 엄청난 액수였다. 물론 당시 상황에서는 아폴로 계획을 포기하는 것은 어지간해서는 선택하기 힘든 카드였을 것이다. 혹시 다이나-소어가 자금 지원을 받았더라면? 그것이 아폴로 계획에 영향을 미쳤을까? 다이나-소어가 살아남았다면 어떤 일들이 벌어졌을지 차근차근 짚어 보자.

다이나소어가 취소되었을 때 우주 비행까지 3년이 채 남지 않았었고, 우주 비행까지 추가로 필요한 예산은 3억~4억 달러에 불과했다. 1966년 7월 예정대로 첫 번째 비행이 실현되었더라면, 비행 시험 조종사 제임스 우드James Wood는 우주에 나간 열일곱 번째 미국인이 되었을 것이다. 하지만 이보다 더 중요한 것은, 그가 명실상부하게 우주비행선을 조종한 1호 조종사로 역사에 기록되었을 거라는 점이다.

첫 비행 이후 4년간 다이나-소어 프로그램의 역량을 완벽히 개발하기 위해 수많은 궤도 임무가 진행되었을 것이다. 그리고 다이나소어가 '단골 우주선'이 되었을 가능성이 컸다. 그랬더라면 우주왕복선에 비해 훨씬 적은 인력으로 다이나-소어의 발사를 준비하고 실제 이륙시킬 수 있었을 것이다.

미국항공우주국은 1961년에 시작된 아폴로 프로그램 외에 이미 우주정거장을 설계하는 일도 진행하고 있었다. 특히 유인궤도실험실(MOL, manned orbiting laboratory)이라고 명명된 프로그램은 우주정거장을 '품은' 3단 타이탄 로켓과 결합된 제미니 캡슐에 의존했을 것으로 보인다. 첫 비행은 1971년으로 예정되었다. 만약 다이나-소어가 '살아서' 유인 우주선 역할을 수행했더라면 제미니 캡슐의 역할은 구명정으로 격하되었을지도 모르겠다.

그러나 현실에서는 일이 거꾸로 흘렀다. 미국의 첫 번째 우주정거장인 스카이랩은 우주왕복선 컬럼비아호가 임무에 투입될 준비가 되기 전인 1973년에 발사되어 궤도에 진입했다. 심지어 스카이랩은 1979년 대기권으로 재진입하던 중에 불에 타 버렸다. 컬럼비아호가 최초 비행에 성공한 것은 2년 뒤인 1981년이었다.

다이나-소어와 MOL이 손을 잡았더라면 우주왕복선 프로그램을 올바른 순서로 진행할 수 있었을 것이다. 우주왕복선을 먼저 우주로 쏘아 올리고 그 후에 우주정거장을 세우는 순서로 말이다. 지구 저궤도에 지원 기지가 구축되었더라면, 재사용이 가능한 달 착륙선을 제조하는 공장 역할을 할 수도 있었지 싶다. 그랬더라면 1979년 인류 최초로 달 표면의 '고요의 바다'에 첫발을 딛을 수 있었을 것이다. 이후 인류 최초의 달 기지가 건설되었을 것이고, 그러는 내내 MOL에 보급과 지원이 꾸준히 이루어졌을 것이다.

당연한 말이지만, 이런 모든 우주 장비들이 마침내 더 나은 것으로 대체되고 퇴역하는 수순을 밟았을 것이다. 인류의 우주 탐사 역사를 새로 쓴 다이나-소어는 퇴역 후 스미스소니언 항공우주박물관 천장에 스피릿오브세인트루이스호Spirit of St. Louis(1927년 미국 비행사 찰스 린드버그Charles Lindbergh가 사상 최초로 뉴욕에서 파리까지 대서양 무착륙 단독 횡단에 성공했을 때 조종했던 단엽기이다. -옮긴이)와 나란히 전시되었을지도 모르겠다. 그리고 그 아래에는 머큐리 캡슐이 놓였을 수도 있었다.

다이나-소어의 운명이 달라졌다면, 생각만으로도 행복해지
는 이 모든 일이 현실이 되었을 것이다.

비극의 10년을 만든 통킹 만의 유령 전투 : 1964년

더글러스 나일스

"1739년 귀가 잘린 로버트 젱킨스Robert Jenkins 선장이
의회에 출석한 이래로, 한 번이라도 전쟁을 시작할
타당한 명분이 있었을까?"

(스페인령 식민지에서 스페인 병사에 의해 귀를 잘린 영국 상선의 젱킨스 선장
이 영국 의회에 출석해 스페인 정부의 배상을 요구했고, 배상에 응하기로 했
던 스페인 정부가 말을 뒤집자 그것이 도화선이 되어 영국과 스페인 사이에
'젱킨스 귀 전쟁War of Jenkins' Ear'이라고 불리는 전쟁이 발발했다.– 옮긴이)

제2차 세계대전의 끝은 또 다른 전쟁의 시작이었다. 바로 냉전이었
다. 한쪽에는 미국과 연대한 서구 민주주의 국가들이 포진했고, 반
대편에는 소련으로 대변되며 1949년 이후 중국까지 합세한 공산
권이 자리했다. 양측은 한 치의 양보도 없는 적대적인 대치 상황을
이어 갔다. 그러던 중 한 번은 냉전이 열전으로 폭발했다. 한반도를
잿더미로 만든 한국전쟁이었다. 그러나 1950년에 시작해 1953년
까지 이어진 한국전쟁은 전장이 한반도로 국한되었고 결국에는 정
전으로 끝났다. 그다음으로 전쟁이 발발할 가능성이 가장 높은 잠
재적 화약고는 '철의 장막'인 것처럼 보였다. 이 용어는 1946년 윈
스턴 처칠이 어떤 연설에서 동서로 쪼개진 유럽 대륙의 상황을 아

주 적절하게 묘사한 뒤로 유명해졌다. 또한 분단 도시 베를린도 잠재적인 시한폭탄이었다. 서반구도 완전한 무풍지대는 아니었다. 서반구에 속하는 쿠바에서 피델 카스트로Fidel Castro가 주도한 혁명으로 공산주의 국가가 수립되었기 때문이다. 그러나 핵무기로 무장한 양 진영은 자칫 치킨 게임으로 비화될 직접적인 대치에 신중했던 터라 다행히 실제 전투는 잦지 않았다.

하지만 인도차이나 반도에서는 폭풍 전야와 같은 불길한 기운이 감돌았다. 북베트남과 남베트남이 오래전부터 갈등을 빚어온데다 냉전 상황까지 맞물려 갈수록 갈등이 고조되었다. 정확히 말해 양 베트남의 골이 깊어진 것은 1954년 프랑스가 자국의 예전 아시아 식민지들에서 철수한 이후부터였다. 제1차 인도차이나전쟁이 끝나자 베트남은 공산주의 체제인 북부 즉 월맹과 자본주의 체제인 남부 즉 월남으로 분단되는 아픈 운명을 맞게 되었다. 한 지붕 아래 다른 체제를 유지하는 두 베트남은 거의 필연적으로 서로에게 총부리를 겨누는 철천지원수가 될 수밖에 없었다. 1950년대 후반과 1960년대 초반에 걸쳐 남베트남은 민주주의의 가면 아래서 부패하여 곪을 대로 곪았고, 공산주의 반군은 정권을 전복시키기 위한 시도를 멈추지 않았다. 반군은 베트콩으로 알려진 무장 단체로서, 이들은 북베트남만이 아니라 중국과 소련의 공산당 정부로부터도 무기와 훈련과 물자를 지원받았다.

미국은 남베트남 정권의 생존에 기득권적인 깊은 이해관계가 얽혀 있었다. 드와이트 아이젠하워와 존 F. 케네디는 '세계 공산주의world communism'가 야기한 위협에 맞서 남베트남을 지원해야 한다는 심리적 강박이 있었다. 그러다 1964년 린든 존슨이 백악관 주인이었을 때 남베트남의 상황이 악화되었다. 베트콩의 반란이 남베트남의 생존 자체에 중대한 위협으로 부상했다. 북베트남의 공산당으로부터 강력한 지원을 등에 업은 베트콩은 남베트남의 고립된 군사시설을 수시로 공격했고, 남베트남의 사이공 정부로부터 상당한 국토에 대한 통치권을 빼앗았다. 울창한 숲과 험준한 지형으로 뒤덮인 시골이 그들의 대표적인 목표물이었다.

1960년대 초반 미국 육군의 역할은 그린베레Green Berets로 불리는 전설적인 특전 부대를 포함해 소규모 정예 부대들의 활동으로 제한되었고, 그들은 남베트남 군대를 훈련시키고 군대를 운용하는 데 도움을 주는 지원 임무에 주력했다. 남베트남 군대는 대부분 내륙 벽지의 험준한 밀림 지역에 사는 다양한 소수 인종 출신의 병사들로 구성되었다. 당시 미국 해군은 남베트남 전역과 북베트남 일부 해안의 앞바다인 남중국해에 대한 제해권을 장악했다. 미군의 통합 전략 본부인 베트남 군사 원조 사령부가 1962년 오늘날 호찌민 시로 개명한 남베트남 수도 사이공에 세워졌고, 1964년 초 윌리엄 웨스트모얼랜드William Westmoreland 장군이 총사령관으로 부임했다.

1964년 8월 북베트남 연안에 주둔하던 미국 해군이 대치 상황을 야기했고, 이것은 미국의 가장 비극적인 군사행동 중 하나의 도화선이 되었다. 소규모 전투였고 적어도 미국 측에서는 무혈 충돌이었다. 그러나 냉전이라는 변수가 끼어들자 전혀 예상치 못한 상황으로 전개되었다. 이 사건은 재앙적인 오판이 되었고 결국 베트남전쟁으로 이어졌다.

남중국해를 정찰하던 미국 해군 함대에 구축함 매덕스호가 포함되었다. 매덕스호는 전자 데이터와 정보를 수집할 수 있는 특수 장비를 구비했다. 그런 데이터와 정보는 북베트남의 군사적 자산의 역량과 위치를 확인하는 데 유용하게 쓰였다. 7월 말 매덕스호는 북베트남 근해에서 정찰 임무를 수행하라는 명령을 받았는데, 이에는 노골적인 도발 행위에 대한 하노이 즉 북베트남의 대응 의지를 시험하려는 목적이 숨어 있었다. 존 헤릭John Herrick 함장의 지휘하에 매덕스호는 북베트남 해안에서 16킬로미터 지점까지 근접했고, 결국 이것은 영해권 논란을 야기했다. 미국은 연안에서 12.8킬로미터까지 북베트남 영해로 인정했던 반면, 북베트남은 19.2킬로미터까지 자신들의 영해라고 주장했다.

역사가 늘 그렇듯 여기에도 다른 요인들이 끼어들었다. 8월 1일 남베트남의 특공대원들이 본토와 지척에 있던 북베트남 섬들에 상륙해 정찰 임무와 방해 작전을 개시했다. 동시에 북베트남의 다른 지역들에 일단의 대원들이 공중 투하되었다.(그들은 즉각 생포되었다) 한편 CIA의 지령을 받은 라오스의 항공기 조종사들이 북베트남 영토 내의 군사시설들을 공격했다.

그런 와중에 전자 기기를 가득 장착한 매덕스호가 공격 지점에서 160킬로미터쯤 떨어진 북베트남 연안을 정찰했다. 당연히 북베트남은 미국 구축함이 남베트남 특수부대원들의 활동을 지휘하거나 최소한 지원한다고 생각했다. 8월 2일 북베트남이 반격에 나섰다. 미국 구축함을 향해 초계 어뢰정 몇 척을 출동시킨 것이다. 미국 구축함이 함포를 쏘고 북베트남의 초계 어뢰정이 어뢰를 발사하는 소규모 전투가 벌어졌다. 그러자 인근에 주둔하던 항공모함에서 미국 폭격기 몇 대가 출격해 북베트남의 초계 어뢰정 함대를 공격했다. 북베트남의 초계 어뢰정 함대는 몇 척이 파손된 피해를 입은 후 퇴각했다.

교전 후 헤릭 함장은 매덕스호가 적의 대대적인 어뢰 공격을 받았고, 어뢰를 피한 후에 응사했다고 보고했다. 그리고 그날 국방부 장관 로버트 맥너마라는 헤릭의 보고 내용을 대통령에게 그대로 보고했다. 그런데 얼마 지나지 않아 헤릭이 앞서의 보고 내용을 수정했다. 매덕스호가 어뢰정들에게 먼저 포격했다고 인정한 것이다. 더군다나 헤릭의 최초 보고를 듣고 불과 몇 시간 뒤에 첫 보고서가 부정확했다는 사실을 알게 되었을 때 맥너마라 장관은 린든 존슨 대통령에게 그 사실을 보고하지 않았다.

사건의 진상 즉 사건이 발생한 순서의 전말이 세상에 알려진 것은 그로부터 몇 년이 지난 뒤였다. 사실 북베트남의 초계 어뢰정들이 매덕스호에서 약 9킬로미터 이내로 접근했을 때 매덕스호가 어뢰정을 향해 먼저 사격했다. 선제공격을 당한 북베트남 어뢰정들이 매덕스호에 근접해 어뢰를 발사했고, 매덕스호는 모든 어뢰를 피해 아무런 피해를 입지 않았다. 반면 북베트남은 어뢰정 한 척이 매덕스호의 함포에 맞았고 다른 어뢰정들은 매덕스호를 지원하기 위해 출격한 미군 폭격기의 공격으로 파손되었다.

교전에 대한 소식은 거의 즉각적으로 워싱턴 D.C.에 알려졌다. 그러나 미국이 선공을 날렸다는 사실을 포함해 일부 세부 사항들은 상당한 시간이 지난 후에야 대통령에게 보고되었다. 한편 베트남 본토와 연안에서의 긴장은 점점 고조되었다. 8월 4일 베트남 앞바다는 폭풍우가 몰아쳤다. 매덕스호는 또 다른 구축함 터너 조이 호와 함께 정찰 중에 불길한 레이더 신호와 음파 신호를 포착했다. 인근에 북베트남의 초계 어뢰정들이 있다는 징후였다. 그것도 이틀 전에 마주친 어뢰정보다 더 많아 보였다. 그때부터 매덕스호와 터너 조이 호는 거의 네 시간 동안 보이지 않는 목표물을 향해 맹포격을 쏟아부었다. 워싱턴에 보낸 초기의 보고서들에는 적의 초계 어뢰정 두 척이 침몰했다는 내용이 포함되었다. 그러나 파편을 포함해 그 사실을 입증해 줄 증거물은 전혀 입수하지 못했다. 그로부터 몇 시간도 지나지 않아 헤릭 함장은 또다시 상충적인 보고서를 올렸다. 적의 어뢰정들이 실제로 인근에 출동했는지 의심스럽다고 보고한 것이다. 게다가 음파탐지기를 담당한 병사가 경험이 부족해서 매덕스호의 프로펠러가 작동하는 소리를 어뢰정의 신호로 오판했을 가능성을 제기했다.

그럼에도 불구하고 린든 존슨은 곧장 단호한 행동이 불가피하다고 결정했다. 솔직히 당시는 대통령 선거가 몇 달 남지 않은 터라 그에게는 시간이 금이었다. 공화당 후보는 강경한 반공주의자였던 배리 골드워터였고, 따라서 존슨 대통령은 무엇보다도 강인함을 보여 주는 것이 급선무라고 판단했다. 또한 굳이 대선이 아니더라도 평소 린든 존슨은 베트남이든 세상 다른 어느 곳에서든 공산당의 공격에 대해 심히 우려했다. 그리하여 존슨 대통령은 8월 4일 늦은 오후 대국민 방송 연설에서 북베트남이 통킹 만에 주둔하던 미국의 구축함을 공격했다는 사실을 강조했다. 요컨대 자신에게 유리한 선택적 정보만 제공한 것이다.

일부 의원들이 좀 더 상세한 세부 사항을 요구했지만, 그들의 요구는 다수의 목소리에 잠식되었다. 언론과 미국인 대부분은, 전부는 고사하고 많은 진실을 알지 못한 채로 그저 린든 존슨이 연설에서 보여 준 굳은 결의와 강경한 어조를 받아들였다. 8월 7일 의회는 통킹 만 결의안이라고도 불리는 동남아시아 결의안을 채택했고, 베트남에서 공산주의의 위협을 분쇄하기 위해 필요하다고 생각하는 모든 군대를 파병할 수 있는 권한을 대통령에게 주었다.

그로부터 불과 1년 후인 1965년이 되자, 미국의 강력한 개입

없이는 남베트남이 채 몇 달도 버티지 못할 거라는 사실이 명백해졌다. 그러자 린든 존슨 대통령은 의회가 쥐여 준 권한을 유감없이 행사하기 시작했다. 그해 여름 미국 해병대를 파병했고, 곧바로 육군 정규군을 추가로 파병했다. 이후 몇 년간 미국은 베트남에 50만 명이 넘는 병력을 투입했을 뿐 아니라, 존슨 대통령은 중국의 개입이 우려된다는 이유로 전투 작전에 관한 규제들을 완화해야 한다고 강력히 주장했다. 사실 중국의 개입과 관련해서는 그의 우려가 전혀 근거 없는 것은 아니었다. 그리하여 이길 수 없는 전쟁의 늪 속으로 미국은 점점 깊이 들어갔다. 1972년 미군 전사자는 거의 5만 8,000명에 육박했고, 남과 북을 합쳐 베트남의 인명 피해도 수십만에 이르렀다.

1973년 이제 미국은 베트남전쟁의 '베' 자만 들어도 두드러기가 날 지경이었다. 그래서 린든 존슨에게서 백악관을 넘겨받은 리처드 닉슨Richard Nixon 대통령은 자신의 두 번째 임기를 시작하자마자 베트남에서 미군 철수를 완결했다. 미국의 개입이 없었더라면 1965년에 남베트남이 맞이했을 운명이 1975년에 현실이 되었다. 월남은 무너졌고 월맹이 베트남을 무력으로 통일했다. 최초의 미군 전투부대가 베트남에 발을 들이고 무려 10년 만이었다.

미국 의회와 린든 존슨이 1965년 공산주의자들의 공격을 분쇄하기 위해 성급하게 달려드는 대신에 좀 더 신중한 대응을 고려하고 정확한 사실들을 좀 더 철저하게 수집했더라면 어땠을까? 무엇보다 미군 전사자만이 아니라 베트남에서 전장의 이슬로 사라진 모든 병사들의 목숨을 구할 수 있었다. 궁극적으로 보면 남베트남이 북베트남에 흡수 합병되는 것은 기정사실이었을 것이다. 그러나 강산이 무려 세 번이나 바뀌도록 서로에 대한 증오가 자라나지

212

않았을 수도 있었다. 또한 1960년대 중반에 통일되었더라면, 베트남이 반드시 미국의 철천지원수가 될 필요는 없었을지도 모른다. 1975년이 아니라 그 10년 전인 1965년에 통일되었다면 베트남이 현재 구가하는 번영으로의 길이 훨씬 일찍 시작되었을 것이고, 그 길에서 인명 피해도 베트남 사람들의 고통도 크게 줄어들었을 것은 확실하다.

통킹 만 사건은 작은 오해와 성급한 결정으로 결국 미국과 베트남 모두에게 비극의 10년 세월을 안겨 주었다. 만약 통킹 만 사건에 비문을 세운다면 1965년 린든 존슨이 그 사태에 대해 공보 담당 비서에게 했던 발언이 가장 적절할 것이다.

"잘은 몰라도 우리 해군이 고래를 쐈을 것이다."

KKK, 민권 운동가 살해 사건으로 스스로 무덤을 파다 : 1964년

짐 워바네스

"쿠 클럭스 클랜의 몰락이 시작되다"

가끔은 나쁜 사람들이 나쁜 결정을 하고 무고한 사람들이 고통을
당한다. 그러나 그들이 야기한 공포에서 더 나은 세상이 탄생한다.
이에 관한 대표적인 사례는 과격 백인 우월 단체인 쿠 클럭스 클랜,
일명 KKK가 1962년 6월 21일 인권 운동가 세 명을 살해한 사건이
다. 피해자는 마이클 슈워너Michael Schwerner, 앤드루 굿맨Andrew
Goodman, 제임스 체이니James Chaney로, 앞의 둘은 백인, 체이니는
흑인이었다. 살인 사건이 발생하기 전에 KKK는 미국 남부는 물론
이고 여러 지역에서 강력한 세력으로 확실한 존재감을 과시했다.
오죽했으면 군사 역사학자 맥스 부트Max Boot가 KKK를 역사상 가
장 효과적인 반란군 중 하나로 포함시켰을 정도였다. 심지어 흑백

분리주의를 지지하던 정치인들이 그 단체에 공개적으로 가담했을 뿐 아니라 KKK는 비밀리에 무장 세력을 운영하기도 했다. 하지만 슈워너, 굿맨, 체이니를 살해한 이후에 모든 것이 변했고, 오늘날 KKK는 누군가를 조롱할 때 사용하는 진부한 표현에 지나지 않게 되었다.

KKK 단원들은 재건 시대 이후부터 공포의 대상이었는데, 특히 흑인들에게는 극도의 공포와 동의어 같은 존재였다. 그리고 시간이 흐름에 따라 흰색 가운과 불타는 십자가는 어떤 운동의 상징이 되었다. 그것은 예로부터 그들의 목표물이었던 흑인은 물론이고 이민자, 가톨릭 신자, 유대인 등을 향해 증오를 분출하는 광범위한 운동으로서 풀뿌리 운동이라고 해도 무방했다. 일례로 우드로 윌슨 대통령은 1915년 개봉작으로 D. W. 그리피스^{David Wark Griffith}가 감독한 영화 '국가의 탄생^{Birth of a Nation}'에서 미화된 KKK 이미지에 공개적으로 동조했다. 그러나 흰 가운 아래에는 언제나 테러범들이 숨어 있었다.

1960년대 초반 미시시피는 흑백 갈등의 중심지였다. 인종 분리 주의자들과 민권, 특히 참정권을 미시시피 주 흑인 주민들에게 확대시키기 위해 노력하는 사람들 사이에 갈등의 골이 아주 깊었다. KKK는 개별 집단으로서 그 갈등의 용광로에 깊이 관여했을 뿐 아니라, 경찰 등 법 집행관들을 KKK 회원이라고 간주했다. 사실 그들이 그렇게 생각한 것도 무리는 아니었다. 예컨대 슈워너, 굿맨, 체이니 등을 구타하고 살해해서 암매장한 사건은 KKK 내부 어떤 사조직의 소행이었는데, 그 조직의 지도자가 바로 네쇼바 카운티의 보안관 로렌스 A. 레이니^{Lawrence Andrew Rainey}로 알려져 있었다.

물론 그 살인 사건은 당시 KKK가 흑인에 대한 증오심에서 저지른 유일한 사건이 아니었다. 그런데도 유독 그 사건이 중요하게 부각된 데에는 특별한 이유가 있었다. 의지가 없어서건 아니면 아예 불가능한 일이었건, 여하튼 미시시피 주 정부는 분리주의자 범인들을 법정에 세우지 못했고, 그래서 연방 정부가 직접 나서서 살인자들을 기소하게 되었다. 당시 FBI 국장이었던 J. 에드거 후버는 민권 단체들이 공산당 앞잡이들이라고 의심했다. 그러나 많은 사람들이 탄원서를 올리자 린든 존슨 대통령과 후버 국장은 세 명의 피해자에 대한 살인 사건을 해결하기 위해 연방 자산을 동원하는 쪽으로 가닥을 잡았다. 린든 존슨은 암매장된 시신들을 찾기 위해 선원들까지 투입했고, 후버 국장은 수사를 진두지휘하기 위해 미시시피로 직접 날아갔다.

연방 정부가 적극적으로 개입한 덕분에 21명의 공모자들이 밝혀졌고, 1964년 12월 4일 그들 대부분이 피해자들의 민권을 침해한 혐의로 체포되었다. 그런데 어찌 된 일인지 1967년 그중 일곱 명만 유죄판결을 받았고 심지어 모두가 6년 미만의 수형 생활 후에 출소했다.

물론 그런 솜방망이 처벌은 안타까운 일이었다. 그러나 세 명의 민권운동가를 살해한 사건은 민권운동의 역사에서 전환점이 되었다. 존슨 대통령은 그 사건을 빌미로 자신이 추진하던 민권법과 선거권법에 대한 지지를 규합할 수 있었고, 그리하여 슈워너, 굿맨, 체이니가 추구했던 목표들을 법제화했다. 게다가 전국의 언론이 그 사건에 지대한 관심을 보였는데, 이는 KKK 하위 조직들로 구성된 '보이지 않는 제국Invisible Empire'에게 아주 불리했다. KKK가 저지른 다른 범죄와 폭력 사건들에 대한 언론의 보도가 잇따르고 보이지 않는 제국마저 대중에 노출되자 이제 KKK 단원이라는 것이 수치스러운 불명예가 되었다.

그렇다고 연방 정부가 언제나 정의의 편이었다는 뜻은 아니다. 1965년 미시건 주 디트로이트에 거주하던 주부이자 민권운동가였던 비올라 리우조Viola Liuzzo가 살해된 사건이 발생했다. 이번에도 범인들은 KKK 단원들이었고, 이번에도 FBI가 나서서 그 사건을 해결했다. 그런데 네 명의 공범 중 한 명이 오랫동안 FBI로부터 돈을 받고 정보원으로 활동했다는 사실이 밝혀졌다. 전해지는 말에 따르면, 후버 국장은 그 사실을 은폐하려고 리우조를 희생양으로 삼으려 했다고 한다. 그녀가 마약중독자이고 흑인 남성과 불륜을 저질렀다는 것을 폭로해서 여론을 조작하려 했던 것이다. 사건의 본질과는 하등의 관련이 없었지만, 1960년대 중반에는 마약과 불륜 주장이야말로 핵폭탄급의 파장을 불러왔다. 그러나 연방 권력은 일부 사건을 제외하고 대부분은 민권운동의 편에 서서 지지했다. 비록 후버 국장이 가끔 KKK 피해자들이 공산주의와 관련 있다고 의심하는 등 오히려 피해자들에게 양면적인 태도를 보인 것은 사실이지만, 존슨 대통령이 강하게 밀어붙여 마침내 시행한 기념비적인 민권법은 국민 통합에는 절호의 기회였고 반대자들에게는 커다란 타격이었다.

그런 모든 폭력적인 행위는 KKK의 중대한 실수 하나로 귀결되었다. 네쇼바 카운티에서 벌어진 다중 살인 사건은 KKK에게 치명적인 결정타였다. 어쩌면 그 사건들이 조용히 묻히고 전국적으로 퍼져 나가지 못했을 수도 있었다. 그런데 그 사건에 전국적인 관심이 쏟아졌는데, 이렇게 된 데에는 피해자들이 북부의 이상주의적인 젊은 백인 민권운동가 두 명과 지역의 흑인 동료 한 명이었다

217

는 사실이 모종의 역할을 했을 수도 있다.

KKK 단원들은 오만함으로 화를 자초했고, 미국의 정치 문화, 언론, 연방 정부의 태도 등을 자신들의 입맛에 맞춰 잘못 해석했다. 마치 자신들이 법 위에 군림하는 듯 착각하면서 슈워너, 굿맨, 체이니를 살해하지 않았더라면 미국인들의 삶은 크게 달라졌을 것이다. 무엇보다도 존슨 대통령이 추진했던 민권법과 선거권법이 의회를 통과하지 못했을 가능성을 배제할 수 없다. 적어도 역사에 길이 남을 기념비적인 지지를 받으며 두 법안이 통과하기는 어려웠을 것으로 보인다. 실제로 린든 존슨은 '아군'으로부터도 공격을 받았다. 소속 정당인 민주당 내에서 흑백 분리 주의를 지지하는 보수주의자들이 그의 법안들에 강력히 반대했던 것이다. 그래서 존슨 대통령은 두 법안을 통과시키기 위해 공화당 의원들과 손을 잡을 수밖에 없었다. 네쇼바 카운티에서의 살인 사건들로 공감대가 형성되지 못했다면, 린든 존슨의 법안들이 반대자들의 문턱을 넘기가 훨씬 어려웠을 수도 있었다.

또한 그 살인 사건은 미국 사회 전반에 경종을 울렸다. 그리하여 비록 오락가락 갈지자 행보일지언정 연방 정부는 KKK에 대해 법의 잣대를 들이댔고, 미국인들은 KKK의 목표와 수단에 대해 거부감을 갖게 되었다. 이 두 가지가 없었다면 단언컨대 KKK는 오래도록 미국인의 삶에서 존재감 있는 세력으로 건재했을 것이다. KKK는 1865년에 조직된 이후 거의 100년간 성공적인 비밀 운동으로 확실히 자리매김했는지도 모르겠다. 그러나 1964년에 저지른 끔찍한 사건을 시작으로 KKK는 가파른 내리막길을 걷게 되었다. 심지어 오늘날에는 비주류파의 지엽적인 운동이자 단골 웃음거리 내지 조롱거리로 전락했다. 1964년 미시시피에서 벌어진 사건이 없었더라면, 반세기가 훌쩍 지난 오늘날까지도 KKK가 더 많은 행동을 펼치고 더 많은 지지를 받으며 더욱 강력한 단체가 되었을 가능성도 배제할 수 없다. 요컨대 우리 세상은 그들 운동가의 희생과 더불어 살인자들의 판단 착오에 커다란 신세를 졌다.

엔터테인먼트 역사상 가장 큰 실수, '스타 트렉'을 놓치다 : 1969년

짐 워바네스

"NBC는 좁은 시야와 짧은 생각으로
'스타 트렉Star Trek'의 무한한 잠재력을 알아보지 못했다"

영화, TV 등등 대중매체를 통한 대중문화가 사회 전체의 문화에 장
기적인 영향을 미치는 경우가 더러 있다. TV 프로그램 '스타 트렉'
도 그중 하나다. 아니, 가장 대표적이라고 해도 무방할 것이다. 그
러나 '스타 트렉'의 오리지널 시리즈는 단 3년간 79편의 에피소드
만 방송되었고, 1969년 NBC가 그 프로그램을 종영했다. 이른바 평
점 대박 프로그램으로 쾌조의 출발을 했지만, 시리즈가 계속될수록
평점이 추락했고 반응도 들쭉날쭉해졌다. 이런 상황은 좀체 나아지
지 않았다. 솔직히 이것은 NBC가 자초한 것으로 방송 시간대를 수
시로 옮긴 탓이었다. 그리하여 단연코 가장 혁신적인 공상 과학 TV
프로그램이 NBC의 정규 프로그램에서 신디케이션syndication(프로

그램 제작사가 완성된 프로그램을 개별 독립 방송국에게 직접 공급하는 프로그램으로 주로 황금 시간대를 피해 심야, 새벽, 낮 시간대 같이 비주력 시간대에 방송된다. - 옮긴이) 재방송 프로그램으로 전락했다.

NBC가 '스타 트렉'을 폐지한 것은 TV 방송 역사를 통틀어 방송사가 저지른 최악의 결정 가운데 하나였다. 물론 당시에는 천리안 정도가 있어야 '스타 트렉'의 미래 상품성을 알아보았을 것이다. '생애'도 짧았고 예산도 아주 적은 프로그램이었지만, '스타 트렉'은 방송 당시 수백만 시청자들의 상상력에 씨앗을 뿌렸다. 여담으로, 제작비가 얼마나 적었으면 방송 소품인 휴대용 의료 스캐너 트라이코더 tricorder (환자의 건강 상태를 현장에서 자동으로 알려 주는 휴대용 의료 기기이면서 무전 기능을 겸비한 컴퓨터 장치다. - 옮긴이)를 소금통으로 만들었다고 한다. 하지만 방송국 경영진의 사랑을 받지 못한 프로그램의 운명은 잔인했다. '스타 트렉'은 1969년 NBC에게 '손절' 당했다. 그런데 인생사에만 새옹지마가 있는 게 아니다. '스타 트렉'도 새옹지마라는 비유가 딱 어울린다. 시간이 흐르면서 사람들의 상상 속에 뿌려진 씨앗이 자라 문화적 거목으로 성장했을 뿐 아니라, 새로운 시리즈와 영화로 제작된 알짜배기 미디어 프랜차이즈가 되었다.

'스타 트렉'은 신디케이션 방송 분야에서 폭발적인 인기를 끌었고, 그중에서도 극초단파 전파대를 사용하는 독립 방송사들이 경이로운 성공을 거두었다. 79편이 전부인 '스타 트렉'의 오리지널 시리즈가 수백만 시청자들을 사로잡았을 뿐 아니라, 독립 방송사들이 거대 방송국 계열사들과 경쟁할 수 있는 빠르고 쉬운 경로를 제공했다. 특히 평일 오후 시간대에서의 선전이 돋보였다. 대부분 10대 소년과 젊은 남성들로 구성된 팬층을 거느린 '스타 트렉'

이 주로 중장년층 여성 시청자들을 TV 앞으로 불러들이는 드라마 연속극과의 경쟁에서 승리한 것이다. 게다가 그 경쟁은 시청자만이 아니라 광고주들 사이에서도 벌어졌다. 가령 장난감 회사가 세제 제조업체와 경쟁하는 구도로 생각하면 이해하기 쉽다. 요컨대 초등학생이나 중고등학생이 방과 후 집에서 '스타 트렉'에 푹 빠지는 데에는 기존 TV 프로그램 편성의 패러다임을 파괴하는 극단적인 무언가가 있었다. 그런 다음 모두가 성장해서 어른이 되었다.

NBC는 자신들이 어떤 실수를 저질렀는지 곧바로 알아차린 듯했다. NBC는 1973년과 1974년 '스타 트렉'을 애니메이션으로 제작해 두 시즌 방송했고, 오리지널 시리즈에 등장했던 인물 중 상당수가 그대로 나왔다. 그러나 오리지널 시리즈와 마찬가지로 애니메이션도 적은 제작비로 어려움에 처했고, 제작 가치production value(세트, 소품, 의상 등등 제작에 투입된 물리적 양에 비례한 흡인력을 말한다. - 옮긴이)를 달성하는 것조차 버거운 신세였다. '스타 트렉' 애니메이션은 3년간 방송된 오리지널 시리즈보다 수명이 더 짧았는데, 부분적으로는 애니메이션의 주요 시청자인 어린아이들의 마음을 사로잡지 못했기 때문이었다. 게다가 '스타 트렉'의 원작자 유진 로든베리Eugene Roddenberry는 애니메이션 시리즈를 거의 치욕적인 오점으로 생각하는 듯했고 '스타 트렉' 시리즈에서 빼 달라고 요구했다.

그렇다면 '스타 트렉'은 언제 어떤 모습으로 더 많은 대중에게 진정으로 귀환했을까? 1979년 프랜차이즈 형식으로 제작되어 개봉된 첫 번째 영화 '스타 트렉: 모션 픽처The Motion Picture'는 비록 상상력이라고는 눈을 씻고 봐도 없는 제목이 붙었지만, 오리지널 시리즈의 배역들을 실사 영화 무대로 그대로 옮겨 왔고 출연 배우들도 영화 무대에서 다시 뭉쳤다. 이 영화는 '스타 트렉' 프랜차이즈의 미래에 지속적으로 영향을 미치게 되는데, 그중 하나는 외계 종족인 클링온 족의 변신이었다. 오리지널 시리즈에서는 훈 족의 아틸라 왕처럼 수염을 기른 인간과 비슷한 외모였지만, 영화에서는 이마의 뼈가 돌출되어 좀 더 외계인다운 외모로 바뀌었다. 또한 자신들만의 고유한 언어를 사용했고 사무라이 같은 전사적인 문화를 가졌다. 뿐만 아니라 그들은 행성 연방의 적이 아니라 동맹이 되면서 진화를 계속하게 된다. 영화 '스타 트렉'은 상업적으로는 성공했지만 평단의 호평을 받지는 못했다.

'스타 트렉' 영화들이 연이어 제작되자 특정한 양식이 만들어진 것처럼 보였다. 홀수 번째 영화들은 대개 낮은 평가를 받은 반면, 짝수 번째 영화들은 많은 인기를 끌었던 것이다. 이런 양상은 두 번째 극장판 영화인 '스타 트렉 II: 칸의 분노Wrath of Khan'부터 시작되었다. 이 영화의 가장 큰 특징 중 하나는 오리지널 시리즈에서 추방당한 초인超人 칸을 재등장시켰다는 점인데, 오리지널 시리즈에서 칸을 연기했던 리카르도 몬탈반Ricardo Montalban이 여기서도 칸을 연기했다.

그런 다음 '스타 트렉'은 다시 TV로 무대를 옮겼고, 새로운 TV 시리즈 '스타 트렉: 넥스트 제너레이션The Next Generation'이 제작되었다. 딱 어울리는 제목을 입은 이번 시리즈의 시대적 배경은 오리지널 시리즈의 100년 후였고, 함선 엔터프라이즈호는 더 커지고 훨씬 진보되었으며 당연히 승무원들도 새 인물로 교체되었다. 1987년부터 1994년까지 방송된 이번 시리즈는 새로운 세대의 팬들을 양산했을 뿐 아니라 많은 논란도 낳았다. 가령 오리지널 시리즈에서 함장이었던 제임스 T. 커크James T. Kirk와 새 함장인 장뤽 피카르드 Jean-Luc Picard 중에서 누가 더 유능한 선장인가 같은 갑론을박이었다. 이후 세 개의 TV 시리즈가 더 제작되었는데, '스타 트렉: 넥스트 제너레이션'의 시대를 배경으로 하는 '스타 트렉: 딥 스페이스 나인 Deep Space Nine'(1993~1999년)과 '스타 트렉: 보이저 Voyager'(1995~2001년), 그리고 인간의 초창기 성간 비행을 다룬 '스타 트렉: 엔터프라이즈 Enterprise'(2001~2005년)였다.

한편 J. J. 에이브럼스 Jeffrey Jacob Abrams가 오리지널 시리즈에 등장한 인물들과 우주선 엔터프라이즈호를 그대로 영화 무대로 옮겨 와 리부트 reboot(시리즈의 연속성을 버리고 처음부터 새롭게 시작하는 것을 의미하며, 전반적인 틀에서 가급적 벗어나지 않도록 원래 내용을 수정하는 리메이크와는 다르다. - 옮긴이) 영화 두 편을 제작했다. 2009년의 '스타 트렉: 더 비기닝 The Beginning'과 2013년의 '스타 트렉: 인투 다크니스 Into Darkness'가 그것이다.

이제 NBC 이야기로 넘어가 보자. 지금까지 소개한 모든 시리즈와 영화가 제작되는 데서 NBC는 어떤 역할을 했을까? NBC는 얼마나 수익을 거뒀을까? 1974년 애니메이션 시리즈를 끝으로 NBC와 '스타 트렉' 프랜차이즈의 동거는 완전히 종을 쳤다. 파라마운트 픽처스가 '스타 트렉' 극장판 영화들과 '넥스트 제너레이션' 시대를 다룬 TV 시리즈를 제작했다. 그리고 신디케이트 방식으로 제작된 '넥스트 제너레이션', '딥 스페이스 나인', '보이저', '엔터프라이즈' 등은 방송사 극초단파 채널에서 방송되었다. 그러나 NBC는 애니메이션 시리즈 이후 프랜차이즈 성공으로 단 한 푼도 챙기지 못했다. 결국 NBC가 '스타 트렉' 프로그램을 종영한 것은 엔터테인먼트 역사상 가장 큰 실수 중 하나가 되었다.

NBC의 입장을 두둔하고 싶은 사람들도 있을 듯하다. 세상에 누가 '스타 트렉'이 이토록 오래 사랑받는 콘텐츠가 될 거라고 예견할 수 있었겠냐고 말이다. 하지만 NBC는 '스타 트렉'과 손절할 당시에도 최소 3년 이상 '스타 트렉'을 더 방송해야 했다. 오리지널 시리즈에서 엔터프라이즈의 통신장교 우후라로 출연했던 니셸 니컬스Nichelle Nichols가 들려준 이야기가 핵심적인 증거다. 니컬스는 오리지널 시리즈에서 하차하고 자신이 가장 좋아하는 일을 시작할 예정이었다. 바로 음악이었다. 그러던 차에 미국 유색인종 지위 향상 협회 회의에 참석했다가 우연히 마틴 루터 킹 주니어Martin Luther King Jr.를 만났다. 킹 목사는 니컬스가 젊은 흑인 여성들의 역할 모델로서 '스타 트렉'에 계속 출연해야 한다고 강력히 주장했다. 그래서 그녀는 마음을 바꾸었고 '스타 트렉'에 잔류했다. 안타깝게도 NBC의 경영진은 마틴 루터 킹 목사가 본 것을 볼 수 있는 눈이 없었다.

상업적으로 성공하려면 오리지널 '스타 트렉'은 성장해야 했고, 그런 성장에는 시간과 돈이 필요했다. 만약 NBC가 굳이 황금 시간대는 아니더라도 좋은 시간대를 찾아 '스타 트렉'을 방영했다면, '스타 트렉'은 성장에 필요한 시간과 돈을 거머쥐었을 가능성이 아주 높았다. 그랬더라면 NBC와 팬들 모두가 윈윈 했을지도 모르겠다. 먼저 NBC는 '스타 트렉' 프랜차이즈에 계속 참여해 그에 합당한 이익을 챙길 수도 있었다. 한편 일반 시청자는 물론이고 트레키Trekkie 또는 트레커Trekker라고 불리던 광팬들은 훨씬 더 일찍, 훨씬 더 많은 '스타 트렉'을 만나볼 수 있었을 것이다.

게다가 '스타 트렉'은 더 많은 젊은이들이 원대한 포부를 갖도록 동기를 부여할 수도 있었다. 실제로 '스타 트렉'은 학생들에게 영감을 주는 '진로 상담사'의 역할을 톡톡히 했다. '스타 트렉'의 영향으로 과학과 기술 분야로 진로를 정한 학생들이 있었고 심지어 우주 비행사를 꿈꾼 학생들도 있었다. 예컨대 엔터프라이즈의 기관장이자 스코티로 불렸던 스콧 몽고메리Scott Montgomery에게서 영감을 받아 실제로 공학자가 된 사람들도 있었다. 뿐만 아니라 마틴 루터 킹 주니어가 역설했듯이, 우후라는 흑인 소녀들의 역할 모델로서 기술자와 지도자가 되는 미래를 보여 주었다. 아마도 NBC에서 주판알을 튕겼던 사람들은 당시의 결정을 정당화시켜 줄 나름의 이유가 있었을 것이다. 하지만 역사는 다른 이야기를 들려준다. 결국 그들의 결정은 자승자박이었다. '스타 트렉'은 미국 대중문화의 가장 유명한 아이콘으로서 하나의 문화 현상으로까지 자리매김했다. 그런데 수 세대에 걸쳐 건설적인 영감을 주는 문화 현상을 생산할 수도 있었던 NBC는 주판알만 튕기다가 그 기회를 놓쳐 버렸다.

리처드 닉슨의 잘못은 워터게이트 말고도 많다 : 1971년

짐 워바네스

"아마도 역사는 이것을
닉슨의 가장 큰 실수라고 평가할 것이다"

역사의 흐름을 바꿔 놓은 흑역사들 중에는 대통령이 저지른 실수가 많다. 그중 가장 큰 몇 가지 실수가 한 사람에게서 나왔다. 바로 미국의 제37대 대통령 리처드 닉슨이었다. 어쨌든 그는 탄핵 압박에 몰려 울며 겨자 먹기로 불명예 사임한 미국의 유일한 대통령이었다. 그를 탄핵의 문턱까지 끌고 갔던 워터게이트 스캔들은 한마디로 3류 잡배나 저지를 법한 절도 행위였다. 또한 비록 무참한 실패로 끝났지만 은폐를 시도했을 뿐 아니라, 절도 행위 자체도 온갖 잘못으로 점철되었다. 워터게이트 스캔들은 민주당 전국 위원회 본부 사무실에 무단으로 침입하기 위해 '배관공' 부대를 조직한 것에서 시작되었다.

하지만 워터게이트가 닉슨이 저지른 유일한 대실수는 아니었다. 미국 TV들이 워터게이트 스캔들을 연일 보도하는 와중에 그는 '지출 거부'라고 불리는 권한을 행사해 대통령으로서의 힘을 과시하고자 했다. 쉽게 말해 그는 의회가 특정 프로젝트에 할당한 자금을 집행하는 것을 거부했다.

그것은 입법부의 권한인 예산 과정에 대한 일종의 사후 탈취 행위였다. 그러나 오해하지 않도록 부언하자면, 지출 거부는 닉슨이 만든 권한도 그가 처음 사용한 것도 아니었다. 지출 거부의 기원은 제3대 대통령 토머스 제퍼슨Thomas Jefferson이 함포로 무장한 신형 군함의 구매를 거절한 때로 거슬러 올라간다. 제퍼슨은 공동 방위에 그런 군함이 필요하지 않다고 생각했다. 그런데도 닉슨이 지출 거부를 사용한 것이 왜 문제가 될까? 결과적으로 중요하고 모험적인 과학 프로젝트에 커다란 피해를 안겨 주었기 때문이다. 뿐만 아니라 대통령 자신도 커다란 대가를 치러야 했다.

미국의 우주 프로그램은 소련에 선수를 빼앗겨 '최초' 역사를 소련에 몽땅 내어 주며 질질 끌려다녔다. 그런 열세를 단박에 뒤집을 특단의 묘책이 필요했다. 소련보다 먼저 달에 사람을 보내는 것이었다. 1957년 소련은 첫 번째 위성들을 궤도에 진입시킴으로써 지지리 운도 없는 미국의 뱅가드 프로젝트를 앞서게 되었다. 궤도 진입은 우주 경쟁에서 중요한 이정표였다. 그런 굴욕에 더해 미국의 우주 비행사들이 '통조림 햄'보다 나을 게 없다는 조롱까지 받아 벙어리 냉가슴을 앓아야 했다. 하지만 우주 경쟁에서 미국의 와신상담이 쾌거를 일궈 냈다. 1969년 7월, 달에 인류의 작은 첫 발자국을 남긴 건 미국인들이었다. 한편 소련의 우주 프로그램은 여전히 지구 궤도를 벗어나지 못했다.

다들 알겠지만, 아폴로 11호가 달에 착륙한 이후 미국의 우주 프로그램이 침체기를 맞았다. 대중의 지지는 물론이고 심지어 우주 프로그램에 대한 관심까지 급속도로 줄었다. 존 F. 케네디 대통령은 "우리 미국이 이런 일들을 하는 이유는 쉬워서가 아니라 어렵기 때문입니다"라는 발언으로 달에 가자고 미국인들을 자극했다. 반면 닉슨은 작심한 듯 우주 예산을 과감히 삭감했다. 그는 미국에 새로운 우주 목표를 제시하기는커녕 사실상 아폴로의 유산까지 죽여 버렸고, 미국이 과연 달에 돌아갈 수 있을지조차 불투명하게 만들었다.

달 임무와 관련해 몇 가지 후속 프로젝트가 계획되었지만 출발조차 하지 못했다. 또한 아폴로-소유즈 시험 프로젝트(인류 최초의 국제 합동 우주 프로젝트이자 미국과 소련의 우주 경쟁에서 정점을 찍는 임무였다. - 옮긴이) 같은 일부 프로그램은 정치적인 이유로 지구 궤도 임무로 축소 변경되었다. 그나마도 아폴로-소유즈 시험 프로젝트는 나은 편이었다. 다른 프로그램들은 아예 공중분해되었고, 그런 프로그램에서 사용하던 부품들을 해체해 스카이랩 우주정거장 같은 저비용 프로젝트에 투입했다. 그 모든 것의 중심에는 인플레이션을 잡기 위해 연방 정부의 허리띠를 졸라맸던 닉슨 대통령이 있었다. 그는 우주로 진출해야 하는 인류의 운명을 거부하고 특정 기업들의 일자리를 빼앗음으로써 정치적 자본을 획득할 수 있다고 생각했다.

만약 리처드 닉슨이 10년 전 존 F. 케네디처럼 우주 프로그램의 투사가 되었더라면 무슨 일이 전개되었을지 짚어 볼 필요가 있다. 먼저 아폴로와 새턴(미국항공우주국이 아폴로 계획을 위해 만든 거대한 로켓이다. - 옮긴이) 기술이 수혜를 입었을 것으로 보인다. 그런 기술이 더욱 발전해 달에서 확대된 임무를 수행하는 차세대 우주선이 탄생했을 수도 있다. 비록 나중의 일이지만, 실제로도 두 개의 임무에서 우주인들이 달 표면에 더 오래 머물도록 지원할 수 있는 새로운 모델의 달 착륙선이 사용되었다. 둘째, 아폴로와 새턴 이후 유인 우주 프로젝트를 위한 차세대 발사용 로켓들이 개발되어 인류를 달보다 훨씬 멀리, 심지어 화성까지 보냈을지도 모르겠다. 이는 무슨 뜻일까? 우주 프로그램에 대한 닉슨의 스크루지 같은 태도는 인류가 행성들을 직접 탐사할 수 있는 길을 막았다. 어쩌면 영원히 그 길이 열리지 않을지도 모르겠다.

닉슨의 긴축재정에서 살아남은 프로그램들은 예산도 규모도 상대적으로 작은 프로젝트들이었다. 가령 스카이랩은 새턴 로켓 프로그램에서 유망한 부분이었고, 새턴V 로켓의 3단을 중심으로 지구 궤도에서 우주정거장을 건설했다. 스카이랩 1호는 태양 전지판을 전개시키지 못하는 바람에 스카이랩 2호를 타고 도착한 첫 번째 승무원이 응급으로 수리한 다음에야 정상적인 운용을 시작할 수 있었다. 즉 스카이랩은 애초의 계획대로 기능하지 못했다. 새턴V보다 크기가 작은 새턴IB 로켓 일부는 아폴로 사령선과 기계선에 우주 비행사들을 태워 스카이랩으로 데려다주기 위해 살아남았다.(진정한 우주정거장으로서의 스카이랩은 1호뿐이고, 스카이랩 2호, 3호, 4호는 아폴로 계획의 사령선과 기계선을 이용해 승무원들을 왕복시켜 준 이동 수단이었다. - 옮긴이) 그리고 마지막 새턴IB 로켓이 1975년 아폴로-소유즈 임무에서 미국인 세 명을 우주로 보냈다. 미국과 소련의 최초 합동 우주 프로젝트는 정치적으로 중대한 가치가 있었지만 과학적인 가치는 미미했다.

한편 스페이스셔틀, 즉 우주왕복선 프로그램도 닉슨이 휘두른 예산 삭감의 칼날을 용케 피했고, 솔직히 살아남은 가장 중대한 프로그램이었다. 그런데 이 프로그램이야말로 우주 비행사들을 지구 궤도 너머로 보낼 수 없었던 진정한 장애물이었다. 우주왕복선 기술은 1981년 컬럼비아호가 첫 비행에 성공함으로써 깊은 인상을 남겼다. 게다가 우주왕복선은 아주 거대했을 뿐 아니라 재사용이 가능하다는 장점이 있었다. 솔직히 재사용이 가능한 최초의 궤도 우주선이었다. 더군다나 그것은 또 다른 성공적인 프로젝트로서 국제 우주정거장의 승무원을 교체하거나 수리 등에 필요한 자재와 보급품을 수송하는 주요 운반 로켓의 역할도 수행했다. 그러나 결과적으로 우주왕복선은 예상보다 운행하는 데 돈이 많이 들고 효율성도 떨어지는 것으로 드러났다. 게다가 1986년에는 챌린저호가, 2003년에는 컬럼비아호가 탑승한 우주 비행사들과 함께 폭발한 것은 미국항공우주국에 커다란 타격을 안겨 주었고 이는 다시는 경험하고 싶지 않은 끔찍한 악몽이 되었다.

사실상 미국의 유인 우주 비행 프로그램은 지구 저궤도 임무로 축소되었다. 그리고 2011년 아틀란티스의 비행을 마지막으로 우주왕복선 시대의 막이 내렸을 때, 미국은 우주 비행사들을 우주로 보낼 수 있는 능력도 함께 잃었다. 오늘날 미국항공우주국은 우주 비행사들을 국제 우주정거장에 보내려면 러시아의 장비에 전적으로 의존해야 한다. 하지만 그것마저 중단될 가능성도 없잖아 있다. 블라디미르 푸틴Vladimir Putin 러시아 대통령이 크림 반도와 우크라이나를 상대로 위험한 도박을 전개해 긴장이 고조됨에 따라 새로운 냉전이 가속화된다면 미국인 우주 비행사 모두가 지구에 발이 묶이지 말라는 법이 없다.

리처드 닉슨은 사방에서 쏟아지는 공세에 궁지로 몰렸고 갈수록 인기가 떨어졌을 뿐 아니라 중국에는 지출 거부 권한도 잃었다. 1974년 의회가 지출 거부 통제법을 통과시킴으로써 닉슨이 행정 수반으로서 권한을 일방적으로 행사할 수 있는 권리를 박탈했다. 당시 그의 처지가 얼마나 사면초가였는지는, 대통령 권한을 제한하는 그 법안에 마지못해 직접 서명한 것을 보면 잘 알 수 있다. 그리하여 그의 후임 대통령들은 지출 거부 권한을 아예 구경조차 못하게 되었다. 지출 거부 권한을 잃었다는 것은 이후 대통령들이 과도한 연방 지출에 대항하기 위해 예전에 사용했던 영향력의 일부도 함께 잃었다는 뜻이었다.

닉슨이 예산을 집행하는 것과 관련해 저지른 실수가 가져온 긍정적인 결과물이 하나 있었다. 지출 거부 권한을 종식시킨 지출 거부 통제법에 의거해서 1974년 의회 예산처가 창설된 것이었다. 다시 말해 의회는 미국의 행정 수반에게서 지출 거부 권한을 박탈한 것 외에도, 의회 내에 예산 연구 전담 기구를 설립했다. 백악관 관리 예산실과는 달리, 의회 예산처는 명실상부 초당적인 조직이고 특정한 이해관계에 휘둘리지 않으며 오직 예산과 관련된 객관적인 분석만 제공한다.

우주왕복선 시대에 미국항공우주국이 위업을 달성했고, 의회 예산처가 창설됨으로써 미국 정치가 진일보했다. 그럼에도 불구하고 닉슨이 미국의 유인 우주 프로그램을 약화시킨 것은 엄청난 실수였다. 닉슨이 다른 길을 갔더라면 무엇보다 발사 추진체와 우주선 기술이 크게 발전했을 것이다. 그랬더라면 미국인들을 다시 달에 보내는 것은 물론이고 더 먼 우주로 진출시켰을 것이 거의 확실했다. 또한 닉슨 개인도 이득을 보았을 것이다. 실질적인 과잉 지출과 무책임한 예산 편성에 대항하는 도구를 계속 지닐 수 있었을 테니 말이다. 그랬더라면 후대는 리처드 밀하우스 닉슨Richard Milhous Nixon을 어떻게 기억했을까? 물론 워터게이트에 얽힌 큰 실수들은 변명의 여지가 없었고 그것이 평생 꼬리표처럼 따라다녔을 것이다. 하지만 그 실수 말고도 그는 백악관 주인으로서 중대한 실수를 여럿 저질렀다. 무엇보다 그가 우주 프로그램을 공중분해시킴으로써 야기한 결과가 40년이 지난 지금까지 영향을 미치고 있다.

배관공 요원들을 만들어 낸 닉슨의 두려움 : 1972년

폴 A. 톰센

"오늘날 세상은 디스토피아와 유토피아 중
어디와 비슷할까?"

1972년 6월 17일 워싱턴 D.C.의 워터게이트 호텔에 입주한 어떤
사무실에 누구 말마따나 '3류 좀도둑들'이 침입했다가 현행범으
로 검거되었다. 범행 장소는 민주당 전국 위원회 본부였고, 도둑은
전부 다섯 명이었다. 닉슨의 공보 담당 비서 론 지글러Ron Ziegler
는 그것이 "3류 절도 사건"이라고 일축했다. 하지만 명백히 그 행
위는 대통령 선거운동 중에 벌어진 실수였다. 현장에서 발각되어
결국 아무것도 훔치지 못했지만, 닉슨은 '닉슨, 그 어느 때보다 지
금Nixon, now more than ever' 캠페인을 통해 그해 11월에 치른 대통
령 선거에서 압도적인 표차로 재선에 성공했다. 그런데 닉슨 행정
부가 지시한 절도 행각은 그를 대통령에서 끌어내렸고 미국의 정

치판을 급진적으로 바꿔 놓았다.

　리처드 닉슨은 첨예한 우익 대 좌익 대결 구도에서 전혀 예상치 못한 행보를 펼쳐 정치적 자본을 축적했다. 1913년 캘리포니아 요바린다에서 태어난 닉슨은 양친 모두가 파시즘 단체인 미국친우 봉사회의 열성적인 회원이었다. 제2차 세계대전이 한창이던 1942년 워싱턴 D.C.에 위치한 물가 행정처에서 근무하던 닉슨은 시쳇말로 '철밥통'을 내동댕이치고 해군에 자원했으며 태평양전쟁에서 다양한 행정직을 두루 거쳤다. 종전 후 그는 본격적으로 정치인의 경력을 시작했다. 1946년 연방 하원 의원 선거에서 5선인 민주당 하원 의장 제리 부어히스Jerry Voorhis와 맞붙었고, 진보주의자인 부어히스가 공산당의 비밀 공작원들을 부린다고 주장함으로써 선거에서 이겼다. 훗날 닉슨은 조지프 매카시 상원 의원과 한 배를 탔고, 국무부 장관의 특별보좌관을 지낸 앨저 히스Alger Hiss가 소련 간첩이라는 혐의에 대해 조사했다. 초선 하원 의원인 닉슨은 히스에 대한 의회 청문회에서 스타로 등극해 대중의 유명세를 등에 업고 1950년 미국 상원 의원 선거에 출마했다. 영리하게도 매카시와는 일찌감치 손절하였는데, 공산당 색출 열풍으로 논란이 되었던 매카시즘에 연루되지 않은 덕분에 1952년에는 드와이트 아이젠하워의 부통령 후보로 지명되었다.

　본격적으로 행정부에 몸을 담은 1950년대와 1960년대에 닉슨은 오랫동안 평지풍파를 겪었다. 시기가 좋지 않았든 아니면 경쟁자의 정치적 수완이 뛰어나서든, 그는 그 시간 동안 정치 생명에 영향을 미치는 여러 사건에 휘말렸고 피해를 최소화해야 했다. 예컨대 1952년 9월 닉슨은 불법 정치자금을 수수했다는 의혹에 휘말려 스스로를 변호해야 했다. 그가 받은 뇌물 중에 자녀들을 위한 강

흑역사 085

235

아지도 포함되었는데, 그 강아지 이름을 따서 체커스 사건으로 불렸던 불법 정치자금 수수 의혹은 그를 침몰시키지는 못했지만 아이젠하워 행정부에서의 그의 역할에 손상을 입혔다. 1960년 대통령 선거에 출마한 닉슨은, 비록 정치인으로서는 경량급이어도 대중적 인기가 높았던 민주당의 존 F. 케네디를 뛰어넘을 수 없었다. 그리고 1964년에는 공화당의 대통령 지명권조차 따내지 못했다. 1968년 공화당 대통령 경선에서 승리하고 결국 대통령에 당선되었지만, 그런 승리조차 뉴욕 주지사 넬슨 록펠러Nelson Rockefeller와 정치 신인이자 캘리포니아 주지사였던 로널드 레이건의 선전으로 빛이 바랬다. 닉슨에게는 모든 선거운동이 선거의 결과를 뒤흔들 가능성이 있는 미지의 X 요인을 지닌 것처럼 보였다.

그래서인지 첫 번째 재임 기간 내내 리처드 닉슨은 재선에서 패배하는 것에 대한 두려움으로 전전긍긍했다. 그는 민주당과 공화당 모두에서 콘크리트 지지층이 얕았고, 그런 그에게 선택은 하나였다. 능수능란한 중도주의자의 길을 가는 것이었다. 의회에서도 별반 다르지 않았다. 그는 민주당 의원과 공화당 의원 모두에게서 지지를 받을 수 없었기에 환경보호주의자, 일부 반전 시위자, '법과 질서'(1968년 닉슨의 대선 슬로건으로. 당시 마틴 루터 킹의 암살 사건으로 미국 전역이 폭력 사태로 몸살을 앓았을 때 법과 질서를 바로 세우겠다는 강경한 구호로 백인 중상류층의 표심을 장악하며 당선되었다. ─옮긴이) 지지층 등 각각의 사안에 따라 이해관계 집단들과 연대를 맺었다. 게다가 그는 경쟁 기반도 허약했는데, 솔직히 스스로 경쟁 기반을 깎아 먹었다고 해도 과언이 아니다. 예를 들어 1972년 닉슨 대통령은 선거 자금 개혁 법안에 서명하여 법제화한 사실을 자신의 치적으로 내세웠지만, '안성맞춤으로' 그 법안을 실행시키지는 못했다. 뿐만 아니라 1969년 그는 대외적으로는 달 착륙을 축하했지만, 뒤에서는 우주 프로그램의 예산을 크게 삭감했다. 심지어 지출 거부 권한을 행사함으로써 의회가 승인한 연방 프로그램들에 대한 예산을 집행하지 않은 것으로 악명을 얻었다.

1972년 재선에 도전한 리처드 닉슨은 별다른 악재가 없어 무난히 당선될 것으로 점쳐졌다. 그런데도 예전 선거들에서 경험했던 지난한 불운들이 망령처럼 쫓아다니며 그의 인식을 왜곡시켰다. 닉슨은 1970년 이른바 닉슨 독트린으로 철군 계획을 발표함으로써 베트남전쟁에서 미국의 역할을 축소하기를 원하는 국민들의 지지를 얻었다. 그리고 소련과 중국을 방문하는 등 양국과 관련해 그가 거둔 외교적 성과들은 그가 지나치게 전투적인 인물일 수 있다는 대중의 인식을 희석시키는 데 도움이 되었다. 또한 평등 기회 고용 위원회, 환경 보호청, 직업 안전 위생 관리국 등에 자금을 지원함으로써 미국 정치 세상의 중요한 중도파들로부터 확고한 지지도 이끌어 냈다. 특히 평등 기회 고용 위원회와 직업 안전 위생 관리국은 그의 재임 시절에 설립되었다. 반면 민주당의 대통령 후보였던 조지 맥거번George McGovern은 미국 정치 세계에서 열성적인 좌파였고(이는 유권자의 3분의 2를 소외시켰다는 뜻이다), 설득력 없는 국가 안보 공약과 대통령 선거운동 축소를 제안했다. 심지어 그가 러닝메이트로 지명한 사람의 과거 정신 질환이 밝혀지는 바람에 부통령 지명자도 교체해야 했다. 이처럼 대선 판도가 자신에게 절대적으로 유리한데도 닉슨은 자신에게 불리한 것만 보았다. 가령 자신이 명령한 캄보디아 폭격과 관련된 기밀이 유출되고 언론이 국방부 기밀 보고서인 펜타곤 페이퍼를 무단으로 보도하는 것 같은 불가항력적인 변수를 두려워했다. 결국 재선 실패에 대한 두려움에서 커다란 사고를 치고 말았다. 자신의 두려움을 덜려는 처절한 몸부림으로 닉슨은 배관공들로 위장한 다섯 명의 선거운동원들에게 경쟁자인 민주당 대통령 후보에 대한 부정적인 정보를 캐내라는 임무를 맡겼다.

닉슨이 두려움 때문에 무리수를 두지 않았더라면 당시 미국 정치판은 근본적으로 달라졌을 것이다. 그가 이제까지 정치인으로서 거둔 성공에서 몇 가지 단서를 찾아볼 수 있다. 첫째, 막대한 자원을 투입하고도 미군이 베트남 공산주의자들을 패배시키지 못한 실패를, 닉슨 대통령은 뛰어난 수완을 발휘해 '명예로운 평화'를 구축하기 위한 시도로 이미 성공적으로 재구성했다. 따라서 베트남전쟁의 종결을 미국의 베트남 사태 개입의 완결로 재구성하려고 시도했을 가능성이 매우 높았다. 그랬더라면 미국인들은 제럴드 포드Gerald Rudolph Ford Jr. 행정부의 패배주의자적인 발언을 들을 필요도 없었고, 미군의 패배라는 인식에서 어느 정도 자유로워졌을지도 모르겠다. 둘째, 그의 중도주의적인 정치 접근법과 좌우 진영에 대한 개인적 원한이 결합되어, '그'의 공화당이 우파나 좌파 후보를 지명할 가능성을 원천적으로 봉쇄했을 것이다. 그랬다면 한때 공화당 경선에서 맞붙었던 보수 우파의 상징 로널드 레이건은 닉슨이 지배하는 정당에서 전국적인 지지를 얻지 못했을 가능성이 높았다.

또한 정치적 쟁점들도 아주 약간 달라졌을 것으로 보인다. 가령 1974년 크리스 도드Chris Dodd와 헨리 왁스먼Henry Waxman을 필두로 의회에 대거 진출한 민주당 개혁주의자들의 처지에 변화가 있었을 것이다. 닉슨 대통령의 민첩하고 능숙한 수완에 밀려 그들도 '선배들'이 그랬던 것처럼 별다른 활약을 펼치지 못했을 가능성을 배제할 수 없다. 그들 개혁주의자들은 연방 선거운동법 개정안과 연방 선거 위원회 설립같이 1974년에 선거운동 자금과 관련해 혁혁한 성과를 달성했다. 하지만 닉슨이 사임하지 않고 백악관을 차지하고 있었다면, 사실상 선거운동 자금 관련 노력이 아예 무산되었을지도 모르겠다. 한편 지미 카터Jimmy Carter 같은 후보가 비주류 대통령의 계보를 이어 갔을 수는 있다. 그러나 지미 카터 대통령과 월터 먼데일Walter Mondale 부통령은, 아니 제3의 민주당 대통령과 부통령은, 재임 기간 내내 닉슨이 다층적으로 구축한 관료주의적 기반을 무력화시키는 데 대부분의 시간을 투자하게 되었을 것이다. 마지막으로, 1960년대에 발생한 저항운동의 마지막 잔재들이 진보 성향의 대통령이 실패한 것에서 강력한 힘을 받지 못했더라면, 신보수주의 운동인 '도덕적 다수'(제리 폴웰Jerry Falwell 목사 주도로 1979년에 결성된 보수 우익 기독교의 정치적 전위 조직으로 보수적 유권자들과 복음주의 기독교인들의 정치적 각성을 주문했던 정치 캠페인이다. ―옮긴이)는 1970년대 후반에 등장하지 못했을지도 모르겠다.

하지만 어쨌거나 역사는 정반대로 흘렀다. 닉슨 대통령은 자신의 두려움에 굴복했고, 백악관의 누군가가 워터게이트 호텔에 대한 불법 침입을 지시했으며 닉슨의 정치적 생명을 끊어 놓았다. 상당한 시간이 흐른 뒤에 그리고 정치적 치명타를 입고 법적 투쟁까지 불사한 뒤에 마침내 닉슨도 두 손을 들었다. 양극화된 의회를 상대로 워터게이트 싸움을 벌여 봤자 절대 이길 수 없음을 깨달은 것이다. 1974년 8월 8일 닉슨은 대통령직을 사임하며 임기 중 사임이라는 치욕적인 역사를 썼다. 닉슨은 1972년 대통령 선거에서 49개 주의 선거인단을 싹쓸이하며 압도적인 승리로 백악관 재입성에 성공했지만, 결국에는 중심을 잃는 바람에 평생 일군 모든 것을 영원히 잃고 말았다. 요컨대 공든 탑이 무너졌다.

워터게이트 사건이 없었더라면 정치인 닉슨이 남긴 유산이 종말을 맞지는 않았을 것이다. 그리고 당시 부통령이던 제럴드 포드는 절대 대통령이 되지 못했을 것이다.(포드는 전 부통령 스피로 애그뉴Spiro Theodore Agnew가 뇌물 수수와 탈세 혐의로 사퇴한 후 미국 역사상 처음으로 수정 헌법 25조에 따라 공화당 하원 원내 대표로서 부통령직에 지명되었다가 닉슨의 사임으로 대통령직을 승계받음으로써 결국 선거에서 당선되지 않은 최초의 대통령과 부통령이라는 기록을 세웠다. - 옮긴이) 또한 이미 두 번의 대선에서 고배를 마신 '3수생' 레이건은 대통령 선거에 다시 도전장을 내밀지 못했을 가능성이 컸고, '딥 스로트deep throat'(백악관이 FBI의 수사를 방해한다는 정보를 워터게이트 사건을 보도하던 기자들에게 제공한 제보자에게 당시 유명했던 포르노 영화 제목을 따서 붙인 암호명이다. 오늘날에는 내부 고발자를 뜻하는 보통명사로 사용된다. 딥 스로트는 당시 FBI 부국장이었던 마크 펠트Mark Felt로 드러났다. - 옮긴이)는 오직 포르노 산업의 전문용어가 되었을 것이며, 우드워드Bob Woodward와 번스타인Carl Bernstein(〈워싱턴 포스트〉에서 워터게이트 사건을 보도한 기자들로 딥 스로트에게서 정보를 받았다. - 옮긴이)은 이름 없는 기자 생활에 만족해야 했을 수도 있다. 뿐만 아니라 미국의 공공 정책 대부분은 각각의 사안에 초점을 맞추는 경향이 있었을 터이지만 보수 진영과 진보 진영으로 양극화되는 양상은 크게 줄어들었을 가능성이 높다. 심지어 '제왕적 대통령' 시대가 1980년대까지 지속되었을지도 모를 일이다. 한편 강력한 국방 어젠다로 말미암아 외교에도 변화가 있었을 것으로 보인다. 첫째, 소규모의 지엽적 분쟁들보다는 소련의 아프가니스탄 침공에 더욱 완강히 대처하는 데 집중했을 수도 있다. 둘째, 1979년 이란 혁명으로 정권을 잡은 호메이니Ayatollah Ruhollah Khomeini 정부의 날카로운 이빨을 확인한 후에 미국은 1980년 실각한 이란 국왕을 복권시키고 이란에 붙잡힌 인질들을 구출하기 위해 전면적인 군사 개입을 추진했을 가능성도 배제할 수 없다. 어차피 '동상이몽'의 관계였지만, 중국을 포함한 소련 중심의 공산 진영과 미국 주도의 서구 자유 진영 사이에 긴장이 급격하게 고조되었을 것이다. 마지막으로, 문화적인 면에서도 안타까운 일이 생겼을지 모르겠다. 가령 앨런 무어Alan Moore가 스토리를 쓰고 데이브 기번스Dave Gibbons가 그림을 그린 디스토피아적 명작 만화 시리즈로 동명의 블록버스터 영화로도 제작된 '왓치맨Watchman'은 논란의 여지가 너무 많아서 영화 제작이 무산됐을 수도 있다.

이런 모든 것을 종합해 볼 때 두 번째 임기의 닉슨은 어떤 대통령이 되었을까? 재선 실패에 대한 두려움을 어느 정도 내려놓더라면, 닉슨은 '우리는 하나'라는 미국 정서가 '다양한 목소리가 공존'하는 문화를 능가하는 정치 세상의 감독자가 되지 않았을까?

반짝이던 코닥, 디지털의 돌부리에 넘어지다 : 1973년

윌리엄 터도슬라비치

"초점이 너무 좁아서 시대의 커다란 흐름을 읽지 못하다"

오래전 미국에서는 이스트먼 코닥 컴퍼니Eastman Kodak Company, 쉽게 말해 코닥을 빼면 사진 이야기를 할 수 없었다. '코닥 모멘트'(피사체가 반짝반짝 빛나는 순간, 즉 사진 찍을 가치가 충분한 찰나를 의미하는 속어다. - 옮긴이)라는 말을 모르는 사람이 없을 만큼 코닥은 아주 유명한 회사여서, 모성애, 애플파이, 코카콜라같이 가족을 떠올리게 만드는 단어들과 동급으로 통할 정도였다.

당시 미국 가정에서 사진을 찍고 그 사진이 만들어지는 가장 흔한 광경을 상상해 보자. 우선 '초점을 맞춰 셔터만 누르는' 간편한 코닥 카메라에 코닥 필름을 넣어 찍은 다음 코닥 화학물질로 인화하고 코닥 용지로 현상했을 것이다.

코닥은 100년이 넘게 우리와 동고동락했다. 한때는 맥도널드만큼이나 인지도가 높은 브랜드였고, 미국 경제지 〈포춘Fortune〉이 선정한 500대 기업에도 포함되었다. 뿐만 아니라 코닥의 주식은 다우존스 산업 평균 지수에 포함된 30개 우량 기업 주식 중 하나였다. 그러나 끝날 것 같지 않던 코닥의 화려한 주연의 시대는 갑자기 막을 내렸다. 심지어 오늘날 코닥은 비즈니스 역사에서 조연을 넘어 각주로 설명해 줘야 하는 처량한 신세로 전락했고, 거의 '듣보잡' 이름이 되었다. 도대체 코닥에게 무슨 일이 있었을까?

누르기만 하세요. 나머지는 우리가 알아서 해요

미국 사회에서 발명가에 대한 가장 흔한 정의는, 무언가와 관련해 현재의 방식이 시쳇말로 '왕짜증' 나서 더 쉽고 편리한 방법을 찾는 사람이다. 조지 이스트먼George Eastman이 딱 그런 정의에 부합하는 발명가 중 한 사람이었다.

때는 1870년대로 거슬러 올라간다. 은행원이었던 이스트먼이 한번은 카리브 제도의 도미니카공화국으로 휴가를 갔다. 휴가에서의 즐거운 추억을 사진으로 남기고 싶은 것은 예나 지금이나 인지상정이다. 그러나 당시에 사진을 찍는다는 것은, 필름 대신 유리판을 사용하던 거대한 싱글 샷 카메라를 질질 끌고 가야 한다는 뜻이었다. 모든 장비가 말도 못하게 무거웠다.

이스트먼은 그런 식으로 사진을 찍는 건 한마디로 어리석다고 생각했다. 그리하여 현재의 기술에서 불편함을 경험한 사람들이 그러하듯 그는 더 편한 방법을 찾기 시작했다. 먼저 그는 유리판을 빛에 민감한 감광 젤라틴으로 코팅한 종이로 교체했다. 그러던 중 다른 누군가가 필름을 발명하자 이스트먼은 그 필름에 자신이 특허 받은 젤라틴 형태의 감광 물질을 코팅했고 마침내 카메라 롤 필름이 제품화되었다.

1888년 이스트먼은 회사 이름을 코닥으로 변경했다. 코닥에 특별한 의미는 없었다. 그는 영어 철자 K의 독특한 모양새가 마음에 들었고, 그래서 K를 앞뒤에 넣어 그럴듯하되 아무 의미 없는 단어를 고안했을 뿐이다.

이스트먼은 자신이 발명한 필름을 사용하는 카메라를 계속 출시했다. 그가 정말로 금광을 발견한 것은 1900년 '박스 브라우니'를 세상에 선보였을 때였다. 그 카메라에는 사진 100장을 찍을 수 있는 롤필름이 미리 장착되어 있었다. 먼저 사람들은 찍은 사진을 현상하기 위해 필름이 들어 있는 카메라를 통째로 코닥으로 보냈다. 그러면 현상된 사진들과 함께 카메라를 돌려받았고, 그 카메라에는 100장짜리 필름이 새로 들어 있었다. "누르기만 하세요. 나머지는 우리가 알아서 해요"라는 코닥의 유명한 광고 문구가 이때 탄생했다. 그리고 박스 브라우니는 이른바 대박을 쳤다.

디지털카메라를 몰라본 코닥의 경영진

코닥은 20세기 내내 새로운 필름 포맷과 신제품들을 연거푸 출시했다. 개인용 영화 카메라(와 필름), 컬러슬라이드(와 슬라이드 영사기), '초점을 맞춰 셔터만 누르는' 저렴한 카메라(인스타매틱)에 미리 장착되는 카트리지와 함께 포장된 필름 등이 대표적이었다.

1976년 미국에서 판매되는 모든 카메라의 85퍼센트, 카메라 필름의 90퍼센트가 코닥 제품이었다. 1981년 기준으로 코닥은 100억 달러의 연간 매출을 달성했고, 1988년 코닥의 전체 종업원은 14만 5,000명을 넘었다. 심지어 코닥은 엑스레이 필름을 생산했고 그 시장 역시 독식했다!

코닥은 강력하고 거대한 몸집의 공룡이었다. 그러나 발가락을 야금야금 갉아먹는 작은 쥐를 알아보지 못했다. 그 쥐는 바로 전하 결합 소자(CCD, Charge-Coupled Device)였다. CCD는 1969년 AT&T 벨연구소에서 조지 스미스George Smith와 윌러드 스털링 보일Willard Sterling Boyle이 공동으로 개발한 감광 칩인데, 쉽게 말하면 빛을 전하로 변환시켜 화상을 얻어 내는 센서였다.

1973년 CCD는 뉴욕 로체스터에 위치한 코닥 본사의 연구실까지 등장했다. 20대의 젊은 엔지니어 스티븐 새슨Steven Sasson은 상사로부터 CCD 칩의 실질적인 용도를 찾으라는 '특명'을 받았다.

새슨은 여러 부품을 모아 몸체를 만들고 코닥의 슈퍼 8밀리미터 영화 카메라에서 사용하던 렌즈를 달았다. 그리고 그 렌즈 뒤에 CCD를 장착했다. 또한 그는 아날로그 이미지를 디지털로 바꿔 주는 여섯 개의 회로 기판을 만들고 디지털-아날로그 변환기에 연결시켰다. 그 휴대용 카세트테이프 기록기가 데이터를 저장하는 장치였으며 16개의 니켈-카드뮴 건전지로 작동했다. 맞다, 새슨의 장치는 디지털카메라의 효시였다.

새슨이 코닥 경영진 앞에서 디지털카메라를 시연했다. 이는 세계 최초의 디지털카메라가 공식 무대에서 처음 소개되는 순간이었다. 카메라가 영상을 촬영하는 데에는 채 1초도 걸리지 않았다. 그러나 카세트테이프에 디지털화된 영상을 기록하는 데 23초가 걸렸고, 그 데이터를 재생하고 흑백텔레비전에 100×100 해상도(1만 화소)의 영상을 투사하는 데 또다시 30초가 소요되었다.

결론은? 코닥의 경영진은 새슨의 카메라에서 별다른 인상을 받지 못했다.

'번거로운' 카메라의 시대가 저물다

코닥이 미국의 필름 시장을 소유했다고 해도 과언이 아니었다. 매출의 거의 100퍼센트 가까이가 카메라 필름과 그것과 관련된 모든 제품에서 발생했다. 그런 마당에 굳이 돈 찍는 기계를 포기할 이유가 있었을까?

코닥의 시장조사 팀을 이끌었던 빈스 바라바Vince Barabba는 1981년 코닥의 미래를 예견했다. 그는 기존의 필름 사업을 조사했고 시간이 흐를수록 디지털카메라가 발전되리라는 사실을 깨달았다. 그래서 바라바는 상사에게 좋은 소식과 나쁜 소식이 있다고 보고했다. 먼저 나쁜 소식은 디지털이 결국 필름을 대체할 거라는 사실이었다. 반면 좋은 소식은 디지털로 전환하기까지 10년 정도 걸릴 거라는 것이었다. 이는 코닥이 디지털로 전환하고 사업을 계속 유지하는 방법을 알아내는 데 10년 정도 여유가 있다는 뜻이었다.

필름 산업의 미래를 내다봤던 바라바는 1985년 코닥을 퇴사했고, 코닥의 경영진은 필름을 고수했다.

그래도 아직까지는 모든 것을 잃지 않았고 기회가 있었다. 변화는 언제나 조직 꼭대기에서 시작된다. 적절한 CEO를 앉힌다면 그가 변화를 요구할 수 있었다. 그리고 실제로 그의 주도 하에 변화를 달성할 수도 있었다! 코닥에도 그런 순간이 찾아왔다. 1989년 CEO 콜비 챈들러Colby Chandler가 은퇴했을 때였다. CEO 후보로 두 사람이 최종 물망에 올랐고 선택권은 코닥의 이사회가 쥐고 있었다. 필 샘퍼Phil Samper를 CEO로 승진시켜 디지털 미래를 선택할 수도, 케이 R. 휘트모어Kay Rex Whitmore를 CEO에 올려 필름 사업에 주력할 수도 있었다. 이사회는 휘트모어를 선택했고 그가 3년간 코닥을 이끌었다.

1993년 휘트모어를 해고한 코닥의 이사회는 당시 모토롤라의 CEO였던 조지 피셔George Fisher를 새로운 CEO로 영입했다. 피셔는 어드밴틱스 프리뷰Advantix Preview 필름과 카메라 시스템에 5억 달러를 투자했다. 이것은 필름을 사용하는 디지털카메라였다. 어드밴틱스 프리뷰는 사용자가 촬영한 사진을 즉시 확인할 수 있게 해 주었고, 사용자는 그 영상을 보고 원하는 개수만큼 사진 현상을 주문할 수 있었다. 어드밴틱스 프리뷰는 한마디로 폭망했고 피셔는 1999년에 해임되었다.

피셔가 어리석은 몽상을 좇는 와중에도 코닥은 마침내 1996년 DC20을 출시했다. 그것은 코닥 역사상 최초의 진정한 디지털카메라였다. 비록 소니가 디지털카메라를 최초로 출시하고 15년이나 흐른 뒤였지만, 늦었거나 말거나 어쨌든 그것은 출발이었다. 2001년 코닥은 미국의 디지털카메라 시장에서 점유율이 2위였고 선두주자는 당연히 소니였다. 하지만 점유율은 커다란 의미가 없었다. 사실 코닥은 카메라를 한 대 판매할 때마다 손해가 60달러씩 발생했다. 판매되는 모든 디지털카메라는 코닥이 필름, 현상용 화학약품, 인화 용지 등을 판매해 거둔 수익을 잠식했다.

코닥을 날려 버린 마지막 결정적 한 방은 휴대전화였다. 샤프와 삼성이 소형 디지털카메라를 장착한 휴대전화를 내놓았다. 스냅사진 정도는 휴대전화 카메라로 찍어도 충분했다. 그다음 2007년에 애플이 2메가픽셀의 단순한 카메라를 장착한 아이폰을 출시했다. 이제 초점을 맞추고 셔터를 누르는 '번거로운' 카메라 시대가 저물었다. 카메라가 내장된 휴대전화만 있으면 그만이었다.

마침내 파산 보호 신청을 하는 코닥

코닥은 고생을 사서 했고 사방에 돈을 뿌려 대며 저승길을 자초했다. 다각화 시도는 처참히 실패했고 이미 결과가 빤한 디지털카메라 사업부를 살리기 위한 헛된 몸짓으로 수익성 좋은 기존 사업들을 처분했다.

코닥은 사업 다각화를 위해 1988년 스털링 제약 회사를 인수했는데, 둘은 처음부터 함께할 수 없는 '짝'이었다. 코닥은 스털링을 인수하고 6년이 지난 후에야 마침내 필름 산업과 제약 산업이 어울리지 않는다는 사실을 깨달았고 그 사업을 매각했다. 그런 다음 코닥은 특수 화학물질을 취급했던 자회사 이스트먼 화학 회사도 처분했다.

코닥은 매각 대금으로 디지털카메라 사업에 투자했고 효과를 거두었다. 1999년 코닥의 디지털카메라 시장점유율이 27퍼센트까지 증가했다. 하지만 니콘, 캐논, 애플 등과의 경쟁으로 결국 코닥의 시장점유율은 추락했다. 코닥은 소비자 카메라 시장에 또다시 막대한 투자를 했고, 급기야 2007년 엑스레이 장비 사업부를 23억 5,000만 달러에 매각했다.(공식적인 매각 사유는 엑스레이를 필름에서 디지털로 전환하는 데 필요한 자금을 투자하고 싶지 않다는 것이었다) 그런 돈까지 또다시 집어삼키고도 2010년 코닥의 디지털카메라 시장점유율은 7퍼센트까지 주저앉았다.

2010년 말 코닥은 오직 디지털카메라 사업을 지키기 위해 초강수를 두었다. 특허들을 처분한 것이다. 하지만 그런 긴급 수혈의 효과는 채 1년도 가지 못했다. 최후의 결정타는 2012년이 되기도 전에 찾아왔다. 코닥은 마지막 지푸라기로 모든 처리 시설을 폐쇄하고 10만 명이 넘는 직원들을 해고했다. 그러나 이미 기울어진 운명을 되돌릴 수는 없었다. 부채가 60억 달러가 넘어서 50억 달러였던 자산 총액을 초과했다. 코닥은 2012년 미국의 파산법 제11조에 의거해 파산 보호 신청을 했다.

코닥과는 다른 선택을 한 후지 필름

대기업이 무너질 때 많은 사람들의 삶도 함께 무너진다. 한때 코닥의 임직원은 14만 5,000명이 넘었다. 임직원 각자는 매달 꼬박꼬박 나오는 월급봉투에 의지해 가족을 부양하고 보금자리를 지켰다. 따라서 코닥이 파산하지 않는 것이 그들 임직원에게는 물론이고 코닥에 투자한 주주들에게도, 코닥의 신제품을 개발한 과학자들에게도 최선이었다.

코닥의 파산은 피할 수 없는 운명이 아니었고, 코닥은 계속해서 그들에게 든든한 그늘이 되어 줄 수도 있었다. 어떻게 해야 했을까? 회사의 생존과 필름 사업을 맞교환하는 것이었다. 물론 필름 사업은 코닥에게는 현금을 가져다주는 '신성한 소'였으니 죽이기

초격차 086

249

힘들었을 것이다. 그렇다고 불가능한 것은 아니었다. 코닥이 그렇게 하려면 딱 한 가지가 필요했다. 코닥 이사회가 멀리 내다보면서 바라바의 보고서에 주의를 기울이고 샘퍼를 새로운 CEO로 영입해 디지털 전환을 맡겼더라면, 아무리 집안을 먹여 살리는 효자였어도 필름 산업을 포기하지 못할 것도 없었다.

밝은 노란색 상자 안에 빨간색 회사 이름이 선명히 찍힌 로고 뒤에 숨은 코닥은 사실 기술 기업이었다. 무엇보다 디지털 사진 기술에 필요한 특허들을 포함해 보유한 특허만도 1,700개가 넘었다. 따라서 카메라 시장에서의 경쟁에서 밀려났더라도 그런 특허들이 코닥의 새로운 수입원이 되어 줄 수도 있었다. 특허권 사용료를 받으면 충분했다. 그랬더라면 지금 이 순간에도 코닥에서 과학자들이 신제품을 개발하고 있을지 누가 알겠는가?

코닥과는 엇갈린 운명으로 늘 조명 받는 기업이 있다. 코닥의 최대 경쟁자였던 후지 필름이다. 사실 후지 필름의 행보를 돌아보면 코닥이 어떻게 했어야 했는지가 정확히 보인다. 후지 필름은 일본에서 필름 시장을 거의 독점하다시피 했고 회사 전체 수익의 60퍼센트가 필름으로 벌어들인 돈이었다. 언젠가 후지의 경영진은 조만간 디지털이 몰고 올 파괴적인 재앙을 알아보았고, 필름 사업의 매출을 '0'으로 만들기로 결심했다. 그때부터 후지 필름은 한 길만 바라보며 달려갔다. 우선 필름 시장이 존재하는 동안 필름으로 가능한 한 많은 매출을 달성하는 동시에 디지털로의 전환을 착실히 준비하며 사업을 다각화했다. 솔직히 코닥도 비록 주먹구구식이었지만 어쨌든 후지와 똑같은 선택을 했다. 그런데 둘의 운명은 극명하게 엇갈렸다. 일의 순서가 뒤바뀌었을 뿐 아니라 철저한 계획 수립으로 받쳐 주지 않았기 때문이다.

후지 필름은 다각화를 시도하면서 자사의 강점을 십분 활용했다. 가령 자사의 화학적 전문성을 화장품에 적용했는데, 피부 관리 제품과 카메라 필름의 기본 재료가 동일했기 때문이다. 바로 항산화제다. 또한 후지 필름은 필름에 관한 전문성을 LCD 평면 디스플레이를 위한 광학 필름에 접목시켰고, 오늘날 액정 디스플레이는 스마트폰, 태블릿 PC, 디지털카메라, 컴퓨터 화면 등등에 사용된다. 한편 후지 필름은 구조 조정과 대량 해고를 통해 확보한 현금으로 자사가 이익을 실현할 수 있는 시장에서 기업들을 인수했다.

코닥은 현금 지급기 같던 기존의 효자 사업 부문들을 지나치게 고집했다. 마케팅이 기술보다 우선시되었고, 관리가 혁신을 거부했다. 그리하여 코닥은 자사가 발명한 기술에 목덜미를 잡히고 말았다. 즉 디지털카메라라는 암초를 만나 좌초했다.

우리가 미처 몰랐던 뉴욕 이야기 : 1974년

윌리엄 터도슬라비치

"전통적인 진보주의가 죽다"

뉴욕 시와 관련해 믿기 힘든 이야기를 하려 한다. 오늘날 뉴욕은 번창하는 도시의 대명사이자 비교적 안전한 도시로 통한다. 그런데 뉴욕이 예전 한때에는 가장 살기 나쁜 도시였다. 정확히 말하면 존 V. 린지John Vliet Lindsay 시장이 1974년 1월 1일 아침에 전前 뉴욕 시장이 된 순간에 뉴욕의 모습이 그랬다.

　　린지 전 뉴욕 시장을 가장 후하게 평가하면, 사람은 좋았지만 시장으로서 무능했다는 정도다. 절대로 악의를 가진 나쁜 사람은 아니었다. 그가 선의로 시도했던 많은 좋은 일들이 역효과를 낳았고, 그 나쁜 결과가 크게 부각되었다.

얼굴을 빼면 핫바지인 뉴욕 신임 시장

로버트 F. 와그너 주니어Robert F. Wagner Jr.의 세 번째 뉴욕 시장 임기가 끝나 갈 즈음, 린지는 자신이 시장 선거에 출마할 기회가 왔다고 생각했다. 린지는 4선에 빛나는 연방 하원 의원이었고 지역구는 부촌인 맨해튼의 어퍼 이스트 사이드였다. 하원에서 그는 열렬한 민권 지지자로 활동하는 동시에 빈곤층의 삶을 개선하기 위해 많은 노력을 기울였다. 비록 보수적인 공화당 소속이었지만, 그의 진보적 성향은 지역구의 정치적인 정서와 많은 점에서 부합했다.

1965년 선거에서 린지는 뉴욕 시의 감사원장 에이브러햄 빔Abraham David Beame과 보수주의자인 윌리엄 F. 버클리 주니어William Frank Buckley Jr.와 맞붙었다. 민주당 소속인 빔은 이른바 '클럽하우스clubhouse' 또는 '기계machine'(권위 있는 보스 정치인을 중심으로 지지자와 사업체들이 모여 유착한 것을 말한다. - 옮긴이) 정치인으로 시장 당선을 목표로 출마했던 반면, 보수당 소속의 버클리는 자신의 소신을 알리기 위해 출사표를 던졌다.

40대 초반의 훈훈한 외모에다 시쳇말로 TV '화면발'을 잘 받았던 린지는 자신감 넘치고 유능하다는 인상을 주었다. 오죽했으면 언론인이자 정치 평론가인 머리 켐프턴Murray Kempton이 "그는 신선하고 다른 후보들은 고루하다"고 썼을 정도였다. 정말이지 절묘한 비유였다.

린지는 200만 명이 넘는 총 투표수 중에서 44퍼센트의 득표율로 깔끔하게 승리했고, 41퍼센트를 획득한 빔을 따돌렸다. 미국 정치 1번지인 뉴욕을 접수한 린지는 정치적 판단이 아니라 원칙에 따라 뉴욕 시정을 이끌어 가겠노라고 천명했다.

린지는 1966년 1월 1일 뉴욕 시장 취임 선서를 하자마자 첫 번째 위기에 봉착했다. 전미 운송 노동조합의 마이클 퀼Michael Quill 조합장이 파업을 선언했고, 뉴욕의 지하철과 버스가 운행을 중단함으로써 뉴욕 시민의 발이 꽁꽁 묶였다.

린지는 대중교통의 위기를 타개하기 위해 협상을 벌이는 대신 일종의 훈수로 맞섰고, 퀼에게서 파업 철회를 이끌어 내지 못했다. 린지는 결국 13일이 지난 후 항복했고 2년 동안 5,200만 달러의 임금 인상안을 승인했다. 그러나 임금 인상보다 더 중요하고 장기적으로 영향을 미친 결과는 따로 있었다. 퀼은 린지가 물러 터져 쉽게 요리할 수 있다는 것을 증명해 보인 셈이었다. 요컨대 뉴욕의 신임 시장은 잘생긴 얼굴만 빼면 핫바지나 다름없었다.

계속되는 시위와 눈에 갇힌 퀸스

도시를 책임지는 시장은 시정을 성공적으로 수행하려면 두 가지를 잘해야 한다. 첫째는 위기를 관리하는 것이고, 다른 하나는 일상적인 일을 관리하는 것이다. 린지는 두 가지 모두에서 낙제점을 받았다.

린지는 선거운동 때처럼 이미지 메이킹 능력을 유감없이 발휘해 뉴욕의 이미지를 '재미있는 도시'로 성공적으로 홍보했다. 매일 재미있는 일이 벌어져서 신나게 살 수 있는 도시 말이다. 그러나 뉴욕 서민들에게는 뉴욕이 그다지 재미있는 곳이 아니었다.

위기관리와 일상 관리가 1968년에 정면으로 충돌했다. 린지는 교육 시스템을 분권화하고 싶었다. 그래서 주민 대다수가 흑인인 브루클린의 오션힐과 브라운스빌에 지역 학교 위원회를 시범적으로 운영했다. 그는 학부모들이 위원회를 통해 지역 학교들의 운영 방식에 대해 큰 목소리를 낼 거라고 기대했다. 그런데 상황이 엉뚱하게 흘러갔다. 위원회가 아무런 이유도 없이 교사 13명과 행정 직원 여섯 명을 전보시킨 것이다. 그 상황을 더욱 악화시킨 것은 전보된 교직원 모두가 백인과 유대인이었다는 점이다.

미국 교사 연맹이 부당하다고 강력히 항의했고 그런 전보 조치가 그들의 고용 계약에 위배된다고 지적했다. 또한 교사들도 연맹의 주장에 힘을 실어 주기 위해 파업을 벌이는 실력 행사에 나섰다. 무려 55일간이나 학교 문이 닫혔고 100만 명 학생들의 학습권이 박탈당했다.

결국 뉴욕 주 정부가 적극적으로 개입해서 문제의 행정관들을 해고할 명분을 찾은 다음에야 위기가 해결되었다. 결과적으로 32개의 지역 학교 위원회가 구성되었는데, 각 위원회는 교사와 고용 계약을 체결할 권한을 갖되 누구를 채용하고 해고할지에 대해서는 아무런 발언권이 없었다.

마치 기다렸다는 듯이 다른 공공 노조들도 린지를 향해 목소리를 내기 시작했다. 경찰들이 태업 시위를 벌였고, 소방관들이 파업하겠다고 협박했으며, 환경 미화원들이 2주 동안 파업하는 바람에 온 도시가 쓰레기에 파묻힐 지경이었다. 그런 다음 눈이 내렸다.

1969년 2월 뉴욕에 엄청난 폭설이 내렸다. 맨해튼에서는 제설 작업이 신속하게 이루어졌다. 그러나 대표적인 빈민 거주지였던 퀸스나 브루클린에는 제설차의 그림자도 얼씬거리지 않았다. 린지는 시민들이 왜 불평하는지 선뜻 이해가 되지 않아 곤혹스러웠다. 자신이 돌아다니는 데 아무런 어려움이 없었기 때문이다. 5일 후 그는 퀸스를 방문했다가 가는 곳마다 우우 하는 야유와 조롱을 받아 곤욕을 치렀다. 게다가 그는 4륜 구동 트럭을 탔음에도 멀리 갈 수도 없었다. 거리가 아직도 거의 40센티미터에 달하는 눈으로 뒤덮여 있었기 때문이다.

물거품으로 돌아간 백악관 입성 계획

그런 린지이지만 아주 기특하게 잘한 일이 하나 있었다. 1968년 마틴 루터 킹 주니어가 암살당한 직후 미국의 많은 도시들이 폭동에 휩싸여 아비규환이었을 때였는데, 뉴욕의 대표적인 빈민가에서는 아무런 폭동도 일어나지 않았다. 그 배경에는 린지가 있었다. 린지는 불길한 낌새를 감지하고 곧장 흑인 동네인 할렘으로 달려가 침착하게 킹 목사의 죽음을 애도하며 길을 유유히 걸어 다녔고 성난 군중도 과격한 행동을 하지 않았다.

린지는 민권의 시대에 옳은 일을 하려고 노력했다. 그는 뉴욕 시가 적극적으로 나서서 흑인과 히스패닉 주민들에게 권한을 부여해야 한다고 진심으로 믿었다. 지난 수십 년간 아일랜드계, 이탈리아계, 유대인들을 위해서 그랬듯이 말이다. 그 믿음은 한 치의 거짓도 없는 진심이었다. 그 시절에는 공공복지 외에 뉴욕 시가 새로운 이민자들의 정착을 돕기 위해 사용할 수 있는 도구는 후견인 제도와 공적 서비스가 고작이었다.

린지는 소속 정당인 공화당의 전통적 지지 기반인 중산층에게 등을 돌렸고, 대신에 흑인과 중남미계 유권자들에게 대놓고 구애했다. 일례로 린지는 복지 서비스를 신청할 수 있는 자격 요건을 없애고 시한도 철폐했다. 그러자 단 4년 만에 복지 서비스 신청 건수가 50만 건에서 120만 건으로 140퍼센트 급증했고, 결국 뉴욕 시는 복지 예산을 12억 달러로 늘려야 했다.

린지는 1969년에 재선에 도전했다. 그러나 그의 재선을 바라지 않은 사람들이 많았다. 그는 공화당의 뉴욕 시장 후보 경선에서 탈락했다. 뉴욕 주 의원으로 활동했지만 인지도가 높지 않았던 존 마키John Marchi가 후보로 지명되었다. 린지가 생기발랄한 원색이라면 스탠튼 섬 출신의 마키는 무미건조한 무채색이었다. 하지만 마키는 백인 이민자 혈통으로 견실한 중산층 뉴욕 시민들이 지지하는 가치들을 대변했다. 맞다, 화려한 외모의 린지에게 '학을 뗀' 사람들이었다. 린지가 만든 재미있는 도시가 그들에게는 별로 재미있지 않았는데, 범죄가 증가했고 세금도 인상되었기 때문이다.

한편 민주당은 브롱크스 출신의 클럽하우스 정치인이었던 마리오 프로카치노Mario Procaccino를 뉴욕 시장 후보로 낙점했다. 이탈리아계였던 프로카치노도 마키와 같이 백인계 유럽 이민자 혈통의 중산층 표심을 공략했다. 심지어 그는 린지를 미국판 '강남 좌파'라 할 수 있는 "리무진을 타는 진보주의자"라고 조롱했다.

린지는 공화당에서 나와 진보당 후보로 시장 선거에 출마해 '내 탓이로소이다' 선거운동을 전개했다. 그는 자신의 잘못으로 진보 성향의 부유한 지지자들을 실망시킨 것을 인정하는 동시에 흑인과 푸에르토리코 공동체들의 표를 얻는 데 공을 들였다.

린지의 선거 전략이 먹혀들었다. 제3당 후보였음에도 린지는 42퍼센트의 득표율을 획득해 34퍼센트의 프로카치노와 22퍼센트의 마키를 가뿐히 따돌렸다. 프로카치노와 마키가 반린지 표를 나눠 가진 것이 린지가 4년 임기의 뉴욕 시장으로 재당선되는 데 일조했다.

타임스퀘어는 점점 환락화되어 갔고 범죄율은 곱절로 치솟았으며 부유한 백인 중산층이 교외 지역으로 썰물처럼 빠져나갔다. 또한 뉴욕의 실업률이 급증하는 와중에도 노조들은 해마다 상당한 임금 인상률을 관철시켰다. 그뿐이 아니었다. 뉴욕 시립 대학교가 입학 제도를 변경해 무시험으로 지원자 전원을 입학시키자, 수업료를 면제받았음에도 공부할 마음도 준비도 되지 않은 '무늬만' 학생들이 교정마다 넘쳐났다. 당연히 복지 수혜자의 명단은 조금도 줄어들지 않았다.

린지는 누구 말마따나 '다 계획이 있었다'. 그는 뉴욕의 모든 문제를 일시에 해결할 카드로 1972년 대통령 선거에 도전하는 길을 선택했다. 이번에는 민주당이었다. 하지만 '철새 정치인'에 대한 민주당원들의 반응은 싸늘했다. 플로리다 예비선거에서는 5위를, 위스콘신 예비선거에서는 6위를 기록해 그의 백악관 입성 계획에 제동이 걸렸다. 고향인 뉴욕에서도 분위기가 좋지 않았다. 뉴욕의 상황이 갈수록 악화되자 많은 주민들은 그가 대선에 정신이 팔려 시장의 직무를 태만히 한다고 비난했다. 민주당의 브루클린 지부장이었던 미드 에스포지토Meade Esposito가 그 상황을 촌철살인의 비유로 요약했다. "이미 결론은 나왔다. 사랑하는 시바여, 어서 집에나 돌아와라."('사랑하는 시바여, 돌아오라Come Back, Little Sheba'는 1950년 뉴욕 브로드웨이에서 공연된 연극으로 1952년 동명의 영화로도 제작되었다. 시바는 주인공 부부가 키우던 개로 집을 나간 후 돌아오지 않는데, 이는 부부의 돌아오지 않는 청춘을 상징한다. – 옮긴이)

61만 개의 일자리가 사라지다

린지의 임기가 끝나 가고 시장 직에서 물러날 준비를 하는 동안 범죄, 세금, 경제 불황, 예산 문제 등은 악화일로를 걸었다. 이제는 그 자신이 고루한 사람이 되었다. 게다가 이제는 신선한 사람도 없었다.

그가 시장으로 연임한 1966년부터 1973년까지 8년간 범죄가 137퍼센트 증가했고 강도 건수는 무려 209퍼센트나 급증했다. 그는 범죄 문제를 해결하려고 4,000명의 경찰을 추가로 채용하고 무전기를 지급했지만, 경찰들이 한 일이라고는 911 긴급 전화를 받고 출동하는 것이 전부였다. 게다가 경찰은 공공시설이나 문화재 등을 훼손하는 반달리즘vandalism적인 낙서, 도시 기반 시설의 파괴 같이 시민들의 '삶의 질'에 영향을 미치는 범죄를 통제하기 위한 노력을 전혀 하지 않았다.

린지가 시장으로 재임하는 동안 시 정부의 지출은 산술적으로는 133퍼센트, 물가 상승률을 고려하면 최대 61퍼센트까지 증가했다. 반면에 뉴욕의 경제는 추락했다. 린지가 시장에서 물러났을 때 복지, 병원, 뉴욕 시립 대학교가 합쳐서 매년 40억 달러를 빨아들였다. 더욱이 '공짜' 병원과 무상 대학 교육은 다른 도시들은 꿈에서조차 생각하지 않았던 복지 혜택이었다.

지출이 있으면 마땅히 수입이 있어야 하는 법, 린지는 복지 재원을 마련하기 위해 통근세와 지방 소득세를 도입했다. 그래도 재원이 충분히 확보되지 않았다. 그러자 린지는 부족분을 메우기 위해 부채를 끌어왔고 단기 부채가 34억 달러에 이르렀다. 새로운 공원이나 교량을 건설하는 것은 언감생심이었다. 린지의 재임 기간 동안 뉴욕에서는 총 61만 개의 일자리가 사라졌다. 사라진 일자리 각각은 시 정부가 세금을 부과할 수 있는 원천인 소득이 크게 줄어들었다는 뜻이었다.

린지의 유산을 넘어서지 못한 에이브러햄 빔

애초에 린지가 뉴욕 시장에 출마하지 않은 편이 뉴욕을 위해서는 최선이었을 것이다. 흔히 말하는 금수저였던 그는 돈에 대한 감각, 다른 말로 경제관념이 없었다. 한편 열혈 진보주의자로서 그는 민권 시대 이전에 오랫동안 사회적 약자로 소외되었던 가난한 흑인과 히스패닉들을 도와주고 싶었다. 하지만 결과는 참담했고 누구하나 이득을 얻지 못했다. 흑인과 히스패닉들의 삶에서는 실질적인 진전이 전혀 없었고, 중산층 백인들은 갈수록 위험해지는 도시를 버리고 교외로 탈출했으며, 도시는 거의 파산 상태에 이르렀다.

린지가 아니었다면 에이브러햄 빔이 뉴욕 시장에 당선되었을 가능성이 가장 높았다. 그는 실제보다 8년 일찍 뉴욕 시장이 되었을 것이고(빔은 린지의 후임 시장이었다. ─ 옮긴이) 그랬더라면 1974년 1월 1일 전임자에게서 물려받았을 때보다 8년 전 뉴욕의 재정은 훨씬 탄탄했을 것이다.

물론 빔도 린지 못지않은 진보주의자였다. 그는 도시에서의 일자리가 중산층으로 진입하는 티켓이라고 생각했다.(실제로 유대인 이민자 가정에서 태어난 흙수저로서 그는 그런 방식으로 중산층에 진입했다) 그러나 아마도 그는, 흑인과 라틴계의 표심에 다가갈 사다리로 무상 복지를 선택했던 린지와는 다른 노선을 걸었을 것으로 보인다.

공공 서비스가 가장 유력한 후보이지 싶다. 또한 그는 민권운동 분야에서도 뉴욕에서 가장 급진적인 인물들의 비위를 맞추었던 린지와는 다른 길을 갔을 것이다. 흑인과 히스패닉 출신의 선출 관료들로 구축된 기존 네트워크를 통해 후원 등의 서비스를 제공했을 가능성이 크다.

린지가 시장 집무실을 차지하기 전의 뉴욕이 바로 그런 모습이었다. 게다가 빔은 뉴욕을 그런 식으로 운영하는 법을 잘 알았다. 그런데 뉴욕은 잘못된 시장을 뽑았고, 그리하여 린지가 남긴 어두운 유산은 끈질기게 뉴욕을 괴롭혔으며 파산 직전까지 몰아갔다. 뉴욕의 추락에 제동을 거는 데는 백약이 무효했다. 긴급 구제금융과 예산 삭감조차 상황을 악화시킬 뿐이었다. 유권자들은 빔을 비난했고, 빔은 1977년 재선을 노렸지만 민주당의 뉴욕 시장 후보 경선에서 4위에 그쳤다.

만약 린지가 두 번째 임기를 마치며 대통령 선거가 아니라 뉴욕 시장으로 3선에 도전했더라면, 유권자들은 린지에게도 표로써 성난 민심을 그대로 보여 주었을 것이다.

B-2 폭격기의 기구한 운명 : 1977년

윌리엄 터도슬라비치

"B-2냐, B-2가 아니냐?
그것이 문제로다"

B-52 폭격기와 관련해서는 모든 것이 놀라움의 극치다. 연료 재
공급 없이 최대 비행 거리가 1만 9,200킬로미터에 이르고, 전 세
계 어디든 폭격을 가할 수 있으며, 최대 폭탄 탑재 중량은 약 3만
1,750킬로그램이다. 또한 15킬로미터 상공에서 최대 시속 800킬
로미터로 비행할 수 있다.

물론 다른 모든 전투기처럼 B-52도 영원할 수 없다. 경험의
법칙은 단순하다. B-52 1호기가 하늘을 나는 순간 그 기종을 대체
할 후계 모델을 설계하기 시작한다. 그리고 설계 과정에만도 수년
이 걸릴 것이다. 심지어 마지막 B-52가 조립 라인을 빠져나오자
마자 새로운 폭격기의 시제기가 격납고에서 나와 모습을 드러내야

한다.

미국 공군은 1950년대와 1960년대에 예산을 크게 초과하지 않고도 약 750대의 B-52 폭격기를 구매했다. 솔직히 말해 지금 이 순간 미국 공군의 폭격기 대대에서 현역으로 활동 중인 B-52가 76 대이고, 모두가 1960년대 초에 생산된 마지막 B-52 모델이다. 그리고 그때부터 지금까지 공군은 B-52의 대체 모델을 설계 중이다.

B-1 계획을 취소한 지미 카터

B-52를 대체하기 위한 최초 기종은 6기통 엔진을 장착한 XB-70 발키리였는데, 삼각익을 가진 우스꽝스럽게 생긴 괴물로 음속 장벽을 돌파하는 괴력을 지녔다. 1960년 소련의 지대공 미사일 공격으로 1인승 고성능 정찰기 U-2가 격추된 사건(정보 수집을 위해 초고도로 소련 영공을 침범했다가 방공망에 포착되어 S-75 지대공 미사일에 맞아 격추된 사건이다. ─ 옮긴이)의 여파로 XB-70 프로그램이 논란의 중심에 섰다. 결국 존 F. 케네디 대통령이 XB-70 프로그램을 취소시켰고, 공군은 B-52의 핵 공격 임무를 저고도 침투로 변경했다. 그러나 공군은 B-52를 대체할 후계 모델이 여전히 필요했다.

베트남전쟁 당시 B-52의 투입으로 임무 목록에 재래식 무기를 이용한 폭격이 추가되었고, 노후한 B-52 폭격기들이 퇴역했다. 그렇다면 B-52를 대체할 가능성이 높은 폭격기는 무엇일까?

어쩌면 B-1 랜서가 유망하지 싶다. B-1 랜서는, 구형 B-58 허슬러 같은 초음속 폭격기와, 탑재 중량도 크고 이미 성능도 입증된 B-52를 결합시키려는 시도로 설계되었다. 게다가 B-1은 소련에 핵무기를 투하하기 위해 저고도 침투 임무를 수행할 수 있어야 했다.

설계자들은 저고도 비행 시의 문제를 해결하기 위해 B-1에 '가변 후퇴익'을 달아 주었다. B-1은 날개를 앞쪽으로 최대한 펼치면 상당한 양력(항공기가 앞으로 나가면서 날개 윗면과 아랫면의 압력 차이에 의해 수직으로 생성되어 항공기를 위로 띄우는 힘을 말한다. - 옮긴이)을 받을 수 있었다. 그리고 후퇴익 덕분에 많은 항력(앞으로 나가는 항공기에 저항하여 항공기의 뒤쪽으로 작용하는 공기에 의한 일종의 마찰력이다. - 옮긴이)을 받지 않고 마하2의 속도를 낼 수 있었다. 미국 공군이 중거리 지상 공격기 F-111을 구매할 계획을 세웠다가 취소하자, 성능이 더욱 향상된 B-1 전투기들을 구매할 수 있는 예산 여력이 생겼다.

1970년대 초 B-1A의 몇몇 시제기가 시험 비행을 위해 공군에 인도되었다. 국방부 관리들은 200~250대의 B-1 전투기를 구입하는 프로그램을 고려하고 있었다. 제럴드 포드 대통령이 B-1을 구입할지 아니면 포기할지 고민하는 사이 프로그램 비용은 B-1 한 대당 1억 달러에 이르렀다. 그러던 중 1975년 소련의 한 조종사가 미그-25를 몰고 망명했고, 이로써 미그-25에 '하방 탐지 하방 발사' 레이더가 장착되어 있음이 밝혀졌다. 이는 소련이 그 레이더를 통해 저고도로 침투하는 모든 전투기를 탐지해 치명적인 공격을 가할 능력을 갖추었다는 뜻이었다. 다시 말해 아무리 저공으로 비행해도 소련의 방공망을 뚫을 수 없다는 뜻이었다.

1976년 B-1은 대통령 선거에서 주요 이슈가 되었다. 조지아 주지사였던 지미 카터가 공화당 후보로 출마했는데, B-1 프로젝트를 취소하겠다고 공약했다. B-1이 너무 비싼 데다 대체할 시기도 한참 지나서 구형이라는 이유에서였다. 카터는 1977년 대통령에 취임한 직후 자신의 공약을 지켜 B-1과 확실히 결별했다. 제조사인 록웰 인터내셔널은 미국의 각 주와 하원 의원 선거구 각각에 최소한 한 개 이상의 B-1 하청업체가 있다고 주장하며 반발했다.

가변익이 전익기로 대체되었다

B-52를 대체할 후계기가 여전히 필요했다. B-1이 B-52를 대체하지 않더라도 걱정하지 마라. 우리에게는 B-2가 있다! 카터는 1978년 B-2 프로젝트를 추진하기로 결정했다. 다만 일반에 공개되지 않아 대중만 몰랐을 뿐이다. 그 프로그램은 일급 기밀이었다.

노스럽 B-2 스피릿Northrop B-2 Spirit은 혁신적인 설계가 돋보였다. 설계자였던 잭 노스럽Jack Northrop은 제2차 세계대전이 끝난 후 '전익기flying wing'(주 날개의 일부를 동체로 이용하는 꼬리 날개가 없는 비행기를 말한다. - 옮긴이)를 실험했다. 전익기 디자인은 몸통이나 꼬리가 없기 때문에 항력 요소가 말끔히 제거되었고, 기체機體의 0.093제곱미터마다 양력을 생성시켰다. 기존의 전익기들(XB-35와 제트 동력을 사용하는 YB-49)은 조종에 어려움이 많았다. 전익기의 고질적인 문제를 해결하려면 비행 제어 시스템의 변화가 불가피했는데, B-2는 컴퓨터를 사용해 그 문제를 성공적으로 해결했다.

B-2 전익기는 레이더에 잘 포착되지 않았고, 이런 장점은 B-2에 '스텔스' 기술을 추가할 수 있는 좋은 출발점이 되었다. B-2 스피릿의 기체는 레이더에서 발사하는 전파를 최대한 편향시키도록 '조각'되었다. 그리고 편향시킬 수 없는 전파는 B-2의 표면

과 주익 모서리에 사용된 복합 재료와 특수 외장 도료가 흡수할 수 있었다. 또한 랜딩 기어, 폭탄, 엔진 등을 철저히 기체 내로 함입시킴으로써 적이 발사한 레이더 전파를 반사할 가능성을 완벽히 차단했다.

1981년 공군은 잭 노스럽에게 B-2에 대해 브리핑했고, B-2를 설계하면서 노스럽의 예전 전익기 설계를 많이 차용했다고 강조했다. 당시 86세였던 잭 노스럽은 이미 건강이 많이 악화되어 휠체어가 아니면 거동할 수 없었고 말도 할 수 없었다. 그는 말하는 대신 연약해진 손으로 글을 써서 대답했다. "신이 왜 나를 25년간 더 살려 주셨는지 이제 알겠습니다." 그로부터 열 달 후 잭 노스럽은 세상을 떠났다.

랜서냐, 스피릿이냐, 그것이 문제로다

B-1은 어쨌건 결국 소생했고, 1980년 대통령 선거에서 또다시 대선 쟁점이 되었다. 캘리포니아 주지사로 공화당 대통령 후보였던 로널드 레이건은, 카터 행정부가 소련이 군사력에서 우위일 수도 있는 시기에 오히려 미국의 군사력을 약화시켰다고 비난했다.

1980년 대통령 선거에서 승자는 레이건이었다. 대통령으로서 그에게는 두 가지 선택지가 있었다. B-1 프로그램을 취소된 상태로 두고 스텔스 폭격기 B-2에 모든 것을 투자할 것인가, 아니면 B-1을 부활시키고 B-2를 외면할 것인가? 레이건은 총 1조 달러가 들어가는 5년짜리 재무장 프로그램을 지지했다. 게다가 레이건은 평소 문제를 해결하는 접근법에서 사려 깊은 전략으로 대응하기보다는 돈으로 해결하는 성향이 더 컸다. 그래서 그는 B-1과 B-2 모두를 구매하기로 결정했다.

B-1B가 1980년대 초반에 생산에 돌입했고, 1대당 2억 달러로 총 100대가 구매되었다. 또한 B-2도 본격적인 개발에 착수해, 공군이 마지막 B-1을 인도받고 약 1년이 지난 1989년 B-2 1호기가 초도 비행을 마치고 공군에서 본격적인 시험 비행을 하게 되었다.

성능은 날아가는 화살촉에 비유되는 스텔스 폭격기 B-2 스피릿이 더 좋았다. 그러나 1991년 B-2는 성능과는 상관없는 커다란 문제에 봉착했다. 소련이 해체됨으로써 존재 이유가 사라진 것이다. 그리하여 애초 134대를 구매하기로 했던 계약이 20대로 축소되었다. 그래서 개발 비용 400억 달러를 20기의 기체에 골고루 분산해야 했고 대당 가격이 20억 달러로 치솟았다.

오늘날 미국 공군은 세 가지 모델의 폭격기를 운용한다. B-2 20대, B-1 67대, B-52 74대이다. 그리하여 총 폭격기 함대는 161대로 구성되었지만, 세 가지 상이한 모델들이라서 막대한 관리 비용만 나가고 규모의 경제 효과를 볼 수가 없다. 게다가 B-1과 B-52가 2040년까지 비행할 수 있도록 정비하고 개조하기 위해 진행되는 프로그램들도 있다.

XB-70, B-1, B-2 등은 B-52를 대체하기 위해 개발된 후계 기종들이었다. 그런데 B-52가 아직도 하늘을 날아다닌다.

아직도 하늘을 나는 B-52

만약 레이건이 카터 대통령을 이어서 B-1을 부활시키지 않았다면,

성능이 향상된 B-2는 애초 계획대로 134대가 전부 생산되었을 가능성이 크다. 그래서 400억 달러의 개발 비용을 134대에 분산했더라면 대당 가격을 약 3억 달러 선으로 낮출 수도 있었다. 물론 그렇더라도 1대당 2억 달러였던 B-1에 비하면 비싼 편이지만 말이다. 게다가 세 개 기종이 아니라 오직 기종 하나만 다루면 되니 정비 인력의 부담과 비용도 줄어들었을 것이다.

B-2는 실전에서도 매우 유용한 커다란 장점이 있다. 뛰어난 스텔스 성능을 보유한 B-2는, B-1과 B-52가 적의 레이더에 포착되고 격추당해 '침투가 불가능한' 환경에서도 작전을 수행할 수 있다. 이것은 새로운 고민거리를 안겨 준다. 오늘날 중국과 이란 같은 국가들이 반反접근/지역 거부(A2/AD, Anti-Access/Area-Denial)에 집중하기 때문이다. 이것은 자국 영해에 접근하는 미국의 전함을 격침시키거나 자국 영공에 다가오는 미국의 전투기를 격추하기 위해 저비용의 센서, 컴퓨터 네트워크, 정밀 유도 미사일 등을 사용하는 전략을 말한다. B-2의 뛰어난 스텔스 기능은 전략에 대응하는 좋은 방법일 것이지만, 겨우 20대만으로는 가시적인 효과를 거둘 만큼 충분한 '군사력'일지 의문이 생긴다. 만약 미국이 애초 계획대로 134대를 전부 보유했다면, 그래서 A2/AD에 강력한 대항마가 되었더라면 새로운 양상이 전개되었을 것이다.

여기에다가 B-3까지 더해 보라. B-3은 차세대 대체 폭격기 모델로 현재 설계 단계에 있다. 미국 공군은 B-3을 100대 구입할 계획이며 비용은 550억 달러에서 700억 달러가 필요할 것으로 예상한다. 운용할 수 있는 B-1이나 B-52가 없다면, 스텔스 기능을 장착한 B-3은 B-2의 대체 기종이든 아니면 폭격기 함대에 추가되는 것이든 만장일치로 자금 지원을 받을 수 있을 것이다.

21세기에 고성능의 폭격기 부대를 보유하는 것은 당연히 유익한 선택일 것이다. 그러나 지금도 1955년부터 활동을 시작한 B-52가 하늘을 날고 있다.

왕 연구소와 DEC의 컴퓨터 시장 잔혹사 : 1977년

윌리엄 터도슬라비치

"예전에 실리콘밸리의 강력한 경쟁자가 있었다"

컴퓨터 산업이라고 하면 무엇이 가장 먼저 생각나는가? 여러 후보
가 있지만 실리콘밸리도 그중 하나일 것이다. 그러나 오늘날 우리
가 아는 것과는 달리, 컴퓨터 산업이 언제나 캘리포니아 실리콘밸
리의 전유물이었던 것은 아니다. 미국 대륙 반대편에 첨단 기술 기
업들의 중심지가 또 있었다. 게다가 그들 기업은 하나같이 경쟁력
이 뛰어났다. 그곳은 바로 매사추세츠의 보스턴 외곽이었다.

디지털 이큅먼트 코퍼레이션(DEC, Digital Equipment Corporation)
과 왕 연구소Wang Laboratories를 들어 본 적이 있는가? 금시초문이
라고? 무리도 아니다. 하지만 한때 두 기업은 애플과 마이크로소프
트만큼이나 널리 알려진 IT 기업들이었다. 그렇게 대단한 기업들이

었다면서 어쩌다가 사라진 걸까?

고高세율로 악명 높은 매사추세츠에 위치했기 때문이었을까? 아니다. 그렇다면 정부의 규제 때문? 역시 아니다. 왕 연구소와 DEC가 무너진 이유는 외부에 있지 않았다. 컴퓨터 산업이 변하는 것에 발맞춰 변하지 못했기 때문이었다. 정부가 아무리 적극적으로 개입했어도 그들 기업의 운명을 바꿀 수는 없었을 것이다.

왕안과 켄 올슨의 도전

왕 연구소와 DEC의 대서사는 각각의 창업자들로부터 시작한다. 두 주인공은 중국계 미국인 왕안王安과 켄 올슨Ken Olsen이었다. 비록 출발점은 달랐지만 둘은 비슷한 성공 경로를 추구했다.

왕안의 출발점은 1936년으로 거슬러 올라간다. 당시 16세였던 그는 상하이의 국립 교통 대학에서 전기공학을 전공했다. 그리고 1945년 하버드 대학에서 물리학 박사 과정을 공부하기 위해 중국을 영원히 떠났다.

1948년 하버드에서 왕안은 컴퓨터 메모리 코어memory core를 발명했는데, 오늘날 사용되는 메모리칩의 '조상'인 셈이다. 그리고 1951년 단돈 600달러를 투자해 보스턴 사우스엔드의 차고에서 왕 연구소를 창업했다. 왕 연구소의 1호 제품은 특수 목적용 데이터 입력 장비, 종이 천공 테이프 판독기, 디지털 로직 모듈module(기계, 가구, 건물, 프로그램 등을 구성하는 규격화된 부품을 말한다. - 옮긴이) 등이었다.

창업 자금 600달러는 왕 연구소의 첫해에 1만 5,000달러의 매출로 돌아왔다. 이후 33년간 왕 연구소는 연평균 40퍼센트씩 성장을 이어 갔다. 한편 왕안은 그 과정에서 39개의 특허를 더 출원했고, 그 특허는 모두 오늘날 컴퓨터 산업의 초기 기틀이 되었다.

1960년대 회사가 탁상용 계산기 LOCI-2를 출시했을 때 왕안은 성공의 꽃이 만개했다. 뒤이어 왕 연구소는 LINASEC을 개발했는데, 식자공들이 신문의 열을 맞추는 데 사용하는 특수 목적용 컴퓨터였다.

이후 왕 연구소는 신제품 왕1200을 앞세워 사무용 컴퓨팅 분야로 진출했다. 왕1200은, 왕500 계산기에다가 IBM의 획기적인 디자인으로 유명한 셀렉트릭Selectric 타자기의 키보드와 데이터 저장을 위해 2중 테이프 카세트 데크를 결합시킨 워드프로세서였다. 테이프 카세트는 각각 20쪽 분량의 문서를 저장할 수 있었다. 왕1200의 최대 장점은 문서를 자체적으로 편집할 수 있어서 전체 문서를 다시 타이핑할 필요가 없다는 점이었다.

올슨은 매사추세츠 공과대학을 통해 컴퓨팅 세상에 입문했다. 그는 MIT에서 전기공학으로 학사와 석사 학위를 취득했고 1950년 대학원을 졸업한 뒤 MIT 링컨 연구소에서 일하게 되었다.

MIT 링컨 연구소에서 올슨과 동료인 할런 앤더슨Harlan Anderson은 학생들이 공동으로 사용하던 속도가 빠른 IBM 컴퓨터를 기피하고 대신에 TX-0이라는 소형 컴퓨터로 각각 작업하고 있다는 사실을 깨달았다. 회로를 테스트하는 18비트짜리 컴퓨터였던 TX-0은 사용자가 직접 프로그램을 입력할 수 있도록 프로그램화되어 있었다.

앤더슨과 올슨은 TX-0의 잠재력을 알아보았고 상업화할 방법을 모색했다. 마침내 1957년 하버드 경영 대학원의 조지 도리오 George Doriot 교수가 지원해 준 7만 달러로 디지털 이큅먼트 코퍼레이션을 창업했다. 앤더슨은 DEC를 창업한 직후 퇴사했고, 올슨이 그때부터 DEC를 단독으로 운영했다.

DEC의 첫 제품은 실험실 환경에서 사용하는 테스트 모듈이었는데, 창업 첫해에 5만 7,000달러의 매출을 올렸다. 그러나 올슨에게는 커다란 야망이 있었다. 냉장고 크기의 IBM 메인프레임mainframe보다 작고 프로그래밍이 가능한 대화형 즉 인터랙티브interactive 컴퓨터를 개발하는 것이었다. DEC는 1960년에 진정한 미니컴퓨터인 PDP-1을 출시했다. 가격은 환경 설정 구성을 어떻게 하는가에 따라서 10만 달러에서 90만 달러까지 다양했다. 하지만 진정한 의미의 미니컴퓨터라는 사실보다 더 중요한 것이 있었다. 프로그래밍이 가능하고 저가라는 두 가지 장점으로 무장한 PDP-1이 대형 컴퓨터의 대명사 IBM 메인프레임의 아성에 도전하는 대안 컴퓨터가 되었다는 사실이다.

이제는 작은 것이 대세다

DEC와 왕 연구소의 곳간이 미어터진 것은 1970년대였다. 왕 연구소는 1977년 사무 정보 시스템(기업 조직 내의 사무 부서에서 수행하는 다양한 업무를 효율적으로 수행하도록 각종 자료와 정보를 제공하고 지원하는 정보 시스템이다. - 옮긴이)을 출시해 대박을 터뜨렸다. 이로써 탁상용 계산기, 타자기, 테이프 카세트 데크 간 엉성한 매시업mash-up의 자리를, 자체적인 프로세서가 내장되었고 동축 케이블을 통해 문서 파일을 공통의 디스크 저장 영역으로 전송하는 네트워크화한 단말기가 폐찼다. 최대 24명의 사용자가 하나의 시스템을 공유할 수 있었고, 시스템을 운영하기 위해 특별한 훈련이 필요하지 않았다.

그런 유용성은 엄청난 성공으로 돌아왔다. 미국의 최대 기업 2,000곳 중에서 80퍼센트에 해당하는 약 1,600개 기업이 왕 연구소의 제품을 구매해서 사용했다. 이제는 봉투에 주소를 쓸 때 외에는 아무도 타자기를 사용하지 않았다.

DEC도 승승장구를 이어 갔고, 1970년대 중반에 16비트짜리 PDP-11 미니컴퓨터로 마침내 성공의 정점에 도달했다. 이때부터 올슨은 방향을 선회했다. DEC의 유능한 프로그래머들이 32비트 명령어 집합 아키텍처(ISA, instruction set architecture. 명령어 집합이라고도 하며 마이크로프로세서가 인식해서 기능을 이해하고 실행할 수 있는 기계어 명령어를 말한다. - 옮긴이)를 개발했고, 그것이 바로 가상 주소 확장virtual address extension, 줄여서 VAX라고 부르는 것이다. 유용한 일련의 기능들과 저렴한 가격 그리고 매력적인 마케팅으로 무장한 VAX 미니컴퓨터는 그야말로 천하무적이 되었다. 올슨은 VAX 미니컴퓨터의 어마어마한 성공에 고무되어 5년도 지나기 전에 자체적인 메인프레임 컴퓨터를 개발하기 위한 DEC의 모든 노력을 백지화시켰다. VAX 시스템의 가장 큰 경쟁 우위점은 컴퓨터를 교체하는 대신에 성능을 업그레이드할 수 있다는 것이었다.

1980년대 DEC와 왕 연구소의 비상은 멈출 줄 몰랐다. DEC는 IBM에 이어 세계 최대 컴퓨터 회사가 되었다. 한편 왕 연구소는 캘리포니아에서 고속 성장을 이어 가던 어떤 스타트업보다 더 크게 성장했다. 바로 애플이었다.

그러나 애플은 컴퓨터 산업에서 독특한 경로를 추구했다. 1970년대 후반에 애플은 '개인용 컴퓨터(PC, personal computer)'

를 판매하기 시작했다. 함께 탑재된 프로그램prepackaged program들을 실행시키는 사실상 독립형 탁상용 컴퓨터였다.

이 모든 움직임은 컴퓨터 산업에서 확실한 추세가 되었다. IBM은 그 추세를 일찌감치 알아보았고, 자체적인 PC를 개발하기 위해 '비밀 실험실skunk works'을 설립했다. 그 실험실은 회사의 관료 체제로부터 방해받지 않고 거의 독자적으로 활동했다. 다른 컴퓨터 기업들도 IBM PC의 운영체제(OS, operating system)와 응용 프로그램, 그리고 무엇보다도 네트워크 시스템을 개발하기 위해 팔을 걷어붙였다.

이 모든 기업의 시스템은 구성 전체가 표준화되었고 상호 운용interoperable이 가능했다. 하지만 뭐니 뭐니 해도 가장 중요한 것은 특정 회사가 표준을 소유하지 않았다는 점이다. 말인즉 가령 IBM이 아닌 제2의 회사에서 PC를 구입하고 제3의 회사에서 응용 프로그램을 구입해도 그 모든 것이 IBM 제품과 아무런 문제 없이 함께 작동할 수 있었다.

그러나 미국 북동부 연안에 있던 올슨과 왕안은 캘리포니아를 중심으로 컴퓨터 산업에 그런 광풍이 불어닥치고 있음을 알지 못했다.

산이 높으면 골이 깊은 법이다

1989~1990년에 DEC는 매출이 110억 달러를 상회했고 이익은 13억 달러에 육박했다. 올슨의 회사가 너무 잘나가서 돈 찍는 기계였다고 해도 과언이 아니었을 것이다. 비즈니스 전문 잡지 〈포춘〉

은 올슨을 미국의 가장 성공적인 기업인으로 선정했다.

한편 왕안은 1986년 회사의 경영 일선에서 물러났고 아들인 프레더릭Frederick이 경영권을 승계했다. 이 무렵 왕 연구소는 PC 와 미니컴퓨터로 이미 사업을 다각화했다. 왕안의 개인 재산은 16억 달러에 이르렀고 미국의 다섯 번째 부자로 등극했다. 그리고 왕 연구소는 〈포춘〉이 선정한 500대 기업에서 227위에 이름을 올렸고 매출은 20억 달러에 달했다.

하지만 DEC와 왕 연구소는 공통적인 약점이 하나 있었다. 둘 다 사유私有(저작권 소유자의 예외적 법적 권한 하에 허가된 것을 말하며 오픈 소스와 반대되는 개념으로 독점이라고도 한다. – 옮긴이) 소프트웨어와 시스템에 의존한다는 점이었다. 다시 말해 왕 연구소나 DEC 장비를 사용하는 기업은 다른 업체가 생산한 컴퓨터 하드웨어, 소프트웨어, 네트워킹 장비 등을 추가할 수 없었다.

IBM 멀티메이트Multimate, 워드퍼펙트WordPerfect, 자이라이트XyWrite, 마이크로소프트 워드 등은 모두가 워드프로세싱, 즉 문서 처리 프로그램으로 IBM과 호환되는 모든 PC에서 동일한 작업을 수행할 수 있었다. 게다가 이 프로그램들은 왕 연구소의 사유 솔루션보다 비용도 더 저렴했다.

DEC의 실수는 왕 연구소보다 훨씬 당혹스러운 것이었다. DEC는 PC, OS, 개방형 시스템open system(정해진 규약을 따른다면 어떤 업체라도 해당 시스템의 명세spec를 사용하도록 허락된 것을 말한다. – 옮긴이), 네트워킹 등의 버스에 올라탈 기회를 아예 놓치고 말았다. 뿐만 아니라 VAX 제품 라인을 쇄신하지도 못했다. 올슨은 DEC의 사유 제품 라인을 유지하는 것에 너무 집착했다. 그것이 결국 올슨의 목줄을 죄는 실수가 되었다. 오히려 올슨은 그런 제품 라인에서 과

감히 탈피해 컴퓨터 시장의 변화를 주목하고 탐색했어야 옳았다.

DEC의 매출이 추락했다. DEC 이사회는 1992년 올슨을 해임했고 반도체 부문의 책임자였던 로버트 파머^{Robert Palmer}를 새 CEO로 선임했다. 그러나 파머도 몰락의 내리막길로 곤두박질치던 DEC에 제동을 걸 수 없었다. 결국 DEC는 1998년 컴팩^{Compaq}에 흡수되었고, 매각 대금은 90억 달러가 조금 넘었다.

왕 연구소의 몰락은 훨씬 비참했다. 프레더릭은 겨우 3년간 왕 연구소를 운영했다. 왕 연구소는 그간 사업을 확장하면서 추가적인 주식 공개로 자금을 확보한 것이 아니라 부채를 끌어왔다. 문제는 매출이 감소하자 부채를 상환하기가 더욱 어려워졌다는 점이다. 왕안은 결국 1989년 아들을 해고했고, 제너럴 일렉트릭(GE, General Electric)의 경영자 출신으로 1년 전부터 왕 연구소에 둥지를 튼 리처드 밀러^{Richard Miller}를 구원투수로 등판시켰다. 그리고 왕 연구소의 창업자 왕안은 이듬해 세상을 떠났다.

신임 CEO 밀러의 리더십하에서 왕 연구소는 생존을 위해 과감한 변화를 시도했다. 개방형 시스템으로 전환했고, 회사의 부채를 상환했으며, 구조 조정을 단행했다. 그럼에도 왕 연구소는 적자를 면치 못했고, 1992년 밀러도 두 손을 들었다. 왕 연구소는 파산법 11조에 의거한 파산 보호를 신청했다.

신기루가 된 메사추세츠의 기적

동서고금을 막론하고 기업이 경쟁력을 유지하기 위해 올바른 선택을 하는 것이 얼마나 중요한지는 아무리 강조해도 모자란다. 종업원들은 일자리를 지킬 수 있고, 주주들은 투자금을 날리지 않으며, 채권자들은 돈을 '떼이지' 않을 수 있다. 게다가 그 회사가 위치한 지역사회는 경기 침체를 겪지 않아도 된다.

　　DEC와 왕 연구소는 생존을 위해서라면 '새끼도 내칠' 수 있어야 했다. 그들 기업의 사유 시스템은 고객들이 그들의 시스템에 계속 충성하도록 만들었고, 이는 그들 기업이 성장할 수 있는 원동력이 되었다. 그러나 그들은 성공에 취해 강력한 경쟁자의 잠재력을 정확히 간파하지 못했다. 개방형 시스템은 DEC와 왕 연구소의 시스템만큼 훌륭한 것은 물론이고 더 저렴하고 통합하기도 쉬웠다. 그러니 기업 고객들의 선택은 빤한 것 아닌가. 그들로서는 DEC와 왕 연구소의 제품을 고수할 이유가 없었고 이탈 행렬이 이어졌다. 그들은 IBM, 컴팩, 휴렛팩커드, 쓰리콤, 마이크로소프트 등으로 갈아탔다.

　　DEC와 왕 연구소가 아직 충분한 기회가 있었을 때 자사의 사유 시스템을 위한 소스 코드source code(원시 코드라고도 하며 컴퓨터 프로그램을 사람이 읽을 수 있는 프로그래밍 언어로 기술한 글을 말한다. - 옮긴이)를 공개했다면 어땠을까? 미니컴퓨터 시장을 선도했던 DEC와 워드프로세서 시장을 주름잡았던 왕 연구소가 다른 기업들이 따라야 하는 산업 표준이 되었을 가능성도 배제할 수 없다. 하지만 그들 기업은 소스 코드를 공개하지 않았고, 그리하여 파산의 멍에를 썼다. 당시 매사추세츠 주지사였던 마이클 두카키스Michael Dukakis가 무한한 애정을 드러냈던 '매사추세츠 기적'은 '매사추세츠 신기루'가 되고 말았다.

　　마지막으로, DEC와 왕 연구소의 몰락은 여타의 IT 기업들에게 가혹한 경고의 역할을 했다. 파괴적인 변화를 예의 주시하라. 파괴적인 변화가 찾아오면 무조건 붙잡아라. 그런 변화가 기존 제품과 서비스에 가져올 영향에 대해서는 걱정하지 마라.

　개방형 시스템의 광풍에서 살아남은 일부 IT 공룡들은 오늘날 또 다른 광풍 속에서 흔들리고 있다. 이번에는 클라우드 컴퓨팅cloud computing(인터넷 기반 컴퓨팅의 일종으로 정보를 자신의 컴퓨터가 아닌 클라우드, 즉 인터넷에 연결된 다른 컴퓨터로 처리하는 기술 - 옮긴이)과 인지 컴퓨팅cognitive computing(광의적으로는 인공지능과 신호 처리의 과학적 원리에 기초하는 기술 플랫폼을 의미하고, 일반적으로는 인간 뇌의 기능을 모방하고 인간의 의사 결정 과정에 도움을 주기 위한 새로운 하드웨어나 소프트웨어를 뜻한다. - 옮긴이)의 광풍이다. 가령 IBM은 발등에 불이 떨어졌고, 그런 변화를 받아들이기 위해 목하 노력 중이다. 그럴 수밖에 없는 것이, 두 분야는 미래의 성장 잠재력이 아주 높기 때문이다. 한편 휴렛팩커드는 회사를 반으로 쪼갰고, 둘 중 더 나은 반쪽이 서비스와 클라우드 컴퓨팅에 집중한다. 심지어 지난 30년간 사무용 응용프로그램과 OS의 지배자로 군림해 온 마이크로소프트조차 이번 광풍을 예의 주시하고 있다. 마이크로소프트는 아직 재정적 여력이 뒷받침해 줄 수 있을 때 스스로 재창조하기 위해 역량을 쏟아붓는다.

　제 힘으로 날 수 없어 자동차 안테나에 매달린 마지막 도도새(인도양 모리셔스 섬에서 서식했던 조류로, 섬에 먹이가 풍부하여 굳이 날 필요가 없다 보니 결국 날개가 퇴화되어 날 수 없게 되었다. 처음 발견된 지 180년 만에 완전히 멸종되었다. - 옮긴이)가 되고 싶은 IT 기업은 세상에 없다. 또한 다음 차례의 DEC나 왕 연구소가 되고 싶은 기업도 세상에 없다.

한때 냉전이 뜨거웠던 때가 있었지 : 1979년

윌리엄 터도슬라비치

"동쪽은 동쪽이고 서쪽은 서쪽이다. 동과 서는 결코 공존할 수 없는 상극이다"

냉전 시대에는 삶이 아주 단순했다. 그 시대는 '우리 대 그들'로 극명하게 갈렸고 애매한 회색 지대는 없었다.

전 세계는 민주주의를 추구하는 자유 시장 국가와 통제 경제를 지향하는 공산주의 국가라는 인위적인 잣대로 갈렸다. 이처럼 양극화된 세상은 독재자들에게 새로운 무대를 제공했다. 그들은 일종의 자유 계약 선수로서 자신에게 가장 좋은 거래를 제공하는 진영과 손을 잡았다.

냉전 시대에는 모든 국가가 나름의 중대한 의미를 가졌다. 아무리 가난해도, 아무리 작아도 문제가 되지 않았다. 중요한 것은 숫자였다. 가령 미국이 특정 국가를 동맹으로 선택하면 소련은 편을

하나 잃는 것이었고, 그 반대도 마찬가지였다. 요컨대 제로섬게임이었다. 따라서 남베트남, 니카라과, 모잠비크, 소말리아 등은 바로 이런 역학 관계 때문에 지극히 중요해졌다.

마침내 아프가니스탄에서 제로섬게임의 민낯이 여실히 드러났다.

잡은 물고기를 다시 놓칠 수는 없어

소련의 공산당 서기장 레오니트 브레즈네프Leonid Brezhnev는 1970년대 후반에 건강이 아주 나빠져 거의 죽을 날을 받아 놓은 신세였다. 평생 보드카를 마시고 담배를 피웠으니 그의 몸도 버틸 재간이 없었던 것이리라. 그나마 폴리트뷰로, 즉 중앙 정치국의 다른 모든 '노장파' 위원들은 최소한 브레즈네프보다는 '팔팔'했다.

이들 노장은 예전 러시아 공산당원들과는 결이 확연히 달랐다. 그들은 혁명적이고 잔혹하기보다는 엄격하고 관료적이었다. 그럼에도 불구하고 소련은 1970년대에 화려한 10년을 장식했다. 공산 체제가 남베트남, 캄보디아, 라오스, 앙골라, 모잠비크, 에티오피아, 소말리아, 니카라과 등으로 뻗어 나갔다. 반면 미국은 1970년대를 빈손으로 보냈다.

1972년에 협상을 시작해 1979년 6월 오스트리아 빈에서 조인된 제2차 전략무기제한협정은 또다시 10년간 소련과 미국에게 핵전력 균형이라는 족쇄를 채웠다. 한편 1975년 핀란드 헬싱키에서 개최된 유럽안보협력회의에서 채택된 최종 합의 문서인 헬싱키 협약은, 소련의 세력권을 인정한 반면 인권에 대해서는 공허한 약속에 그쳤다. 이렇게 볼 때 소련에게 물렁한 지미 카터 미국 대통령은 그야말로 호구였다.

그러나 문제 하나가 있었다. 아프가니스탄이었다. 아프가니스탄 공산당 내에서 두 당파 사이의 내분이 1979년 극으로 치달았다. 절대 깨뜨리지 말아야 하는 냉전의 규칙이 무너질 위험에 처했다. 미국은 아프가니스탄 공산당의 내분이 아프가니스탄 정부를 전복시킬 절호의 기회라고 생각했다. 이에 소련이 선택할 수 있는 해결책은 하나뿐이었다. 먼저 아프가니스탄에서 쿠데타를 일으키고, 그런 다음 아프가니스탄을 침략해서 통치권을 완전히 장악하는 것이었다.

이 모든 것은 '브레즈네프 독트린'으로 포장되었다. 일단 특정 국가에 공산주의가 진입하고 나면 그곳에서 절대 물러나서는 안 된다는 것이 그 독트린의 골자였다. 그 규칙에 의거해 소련은 세상 모든 공산주의 정권을 무슨 일이 있어도 반드시 지지해야 했고, 이를 위해서는 무기만이 아니라 돈이 필요했다. 그런데 소련은 무기는 차고 넘쳤지만 곳간이 많이 비었다. 소련의 취약한 경제가 '악의 제국evil empire'(미국의 로널드 레이건 대통령이 소련을 지칭했던 표현으로 1983년의 어떤 연설에서 처음 사용했다. - 옮긴이)을 꿈꾸는 소련의 발목을 잡았다.

일단 망가뜨리고 다시 세우면 돼

소련이 아프가니스탄을 침공했고, 이 비열한 임무를 소련의 제40 차량화 소총병 군대가 맡게 되었다. 1차 침략군은 5만 2,000명에 이르렀고, 나중에 증원 병력이 파병되어 규모가 두 배로 늘어났다.

공수부대와 특수부대의 신속한 공격으로 소련의 지원을 받던 현 정부를 전복시키고 새로운 정권을 세웠다. 기갑부대들이 아프가니스탄 전국을 잇는 국도를 따라 이동하면서 모든 도시를 점령했다. 이때까지만 해도 1956년 헝가리 또는 1968년 체코슬로바키아의 상황과 비슷했다.

그러나 아프가니스탄에서는 상황이 다르게 전개되었다. 소련의 침공이 끝나자 카불에 세워진 새 정권은 자신들의 무신론적이고 세속적인 공산주의 가치를 시골 지역의 무슬림들에게 강요했다. 그러자 그들 무슬림이 무장 항쟁을 일으켰다.

소련군은 전체 병력을 1만~1만 5,000명으로 쪼개 여단을 구성했다. 그리고 각 여단이 독립적인 작전을 펼쳤는데, 일단 반란군이 점령한 지역을 포위한 다음 한꺼번에 쇄도해서 분쇄하는 각개격파 전술을 썼다. 그런데 수적 우위를 앞세운 전술은 전혀 효과를 거두지 못했는데, 반란군은 여건이 허락하는 한 절대로 맞대결하지 않았기 때문이다. 오히려 압도적인 소련군과 직면할 때 그들은 산악 지대로 숨어들었고, 고립된 소련의 주둔군이나 수송부대에 맞설 만한 병력이 결집되면 곧바로 반격했다. 근접전에서는 소련의 우세한 포병과 공군력도 아무 소용이 없었다.

정치적 측면에서 보면, 아프가니스탄의 반란군은 히드라처럼 머리가 여러 개 달린 괴물이 되었다. 소련군에 맞서 싸워 어느 정도 유의미한 성과를 거둔 주요 저항 세력은 13개였다. 그중 일부 세력은 민족 기반으로 구성되었는데 우즈베크 족, 타지크 족, 하자라 족, 파슈툰 족 등이었다. 한편 미국의 CIA는 파키스탄과의 국경 지대를 본거지로 활동하던 약 일곱 개의 무장 세력에게 파키스탄 정보부를 통해 적극적인 원조를 아끼지 않았다. 사우디아라비아를 비롯해 부유한 중동 국가들도 이들 무슬림 조직에게 현금과 무기를 지원했다. 게다가 무슬림 공동체들이 항쟁을 벌이는 아프가니스탄은 아랍 국가들에게 또 다른 가치를 제공했다. 각국의 현 정부에 위협이 될 수 있는 극단주의자들을 이슬람을 위한 성전, 즉 지하드라는 명목으로 파견하기에 안성맞춤이었던 것이다.

소련은 무력으로는 이길 수 없다는 사실을 깨달았다. 600만 명의 아프가니스탄 사람들이 소련군을 피해 이란이나 파키스탄으로 도망쳐 난민으로 전락했다. 결국 그들 난민이 대소련 항쟁 운동의 전투원으로 참여하면서 저항을 이어 가는 원동력이 되었다. 소련군은 자국이 감당할 수 있는 수준 이상으로 전쟁이 확전되는 것을 각오하지 않는 한 그들 난민 보호구역을 공격할 수 없었다. 더욱이 미국 CIA가 비공식적으로 공급한 미제 지대공 미사일 스팅어는 소련의 공군 우위를 무력화시킴으로써 소련을 더욱 수렁으로 몰아넣었다.

오사마 빈 라덴을 품은 아프가니스탄

소련과 아프가니스탄 사이의 전략적 교착 상태는 1980년대 중반까지 이어졌다. 소련군이 전개한 수색 섬멸 작전으로는 무자헤딘이라고 불리던 반군 세력이 점령한 거점들을 빼앗을 수 없었기 때문이다. 그러던 중 1985년 미하일 고르바초프Mikhail Gorbachëv가 권력을 장악함에 따라 소련 지도부의 전략적 사고에 변화가 찾아왔다.(고르바초프는 1982년 브레즈네프가 죽고 이후 3년간 두 명의 후임 서기장인 유리 안드로포프Yuri Andropov와 콘스탄틴 체르넨코Konstantin Chernenko가 사망한 뒤에 서기장이 되었다)

고르바초프는 소련의 입장이 갈수록 악화되고 있음을 간파했다. 미국의 재무장 속도가 너무 빨라서 소련이 미국의 속도를 따라갈 수 없는데다 아프가니스탄 전쟁이 소련의 국력을 소모시켰다. 뿐만 아니라 에티오피아와 앙골라에서 벌어지던 부수적인 소규모 전쟁들도 소련의 힘을 고갈시켰다. 고르바초프는 어떻게든 손실을 줄여야 했고, 아프가니스탄이 국력 누수를 줄이기 위한 최적의 출발점이었다.

소련은 아프가니스탄 내전에서 발을 빼기 시작했다. 대신에 아프가니스탄 공산 정부가 이슬람 의용군 무자혜딘을 상대로 전쟁을 이어 가도록 장비와 자금을 지원했다. 1988년 소련의 마지막 군대가 아무다리야 강을 건너 테르메스로 철수했고, 이로써 소련과 아프가니스탄 전쟁이 종식되었다.(한편 아프가니스탄의 내전은 이후에도 6년간이나 지속되었다)

소련은 아프가니스탄 전쟁으로 약 1만 5,000명의 병사를 잃었고 부상자는 무려 4만 명에 육박했다. 무자혜딘의 피해는 더 심각해서 전사자와 부상자를 합쳐 14만에서 20만 명 정도였다. 아프가니스탄에 파병된 소련군이 최고 정점이었을 때 전투병이 10만 명에 이르렀을 것으로 추산되는 반면 무자혜딘의 반군 세력은 9만 명이었다. 게다가 무자혜딘은 전사들이 지속적으로 유입된 덕분에 병력 손실에도 불구하고 그 정도 규모의 병력을 계속 유지할 수 있었다.

그런데 아프가니스탄에서는 무자혜딘보다 더 위험한 세력이 자라고 있었다. 아프가니스탄 전쟁에 뛰어든 아랍의 자원병이었다. 그 수만도 수천 명에 이르렀다. 그들 이슬람 세력의 부상은 냉전 시대의 '우리 대 그들' 세계관에 부합하지 않았고, 그리하여 양 진영 모두 이슬람의 성장에 별다른 주의를 기울이지 않았다. 아프가니스탄에는 아랍권으로부터 병력과 자금을 지원받는 온전한 비밀 네트워크가 여전히 존재했고, 이슬람을 위해 지하드를 벌일 또 다른 명분이 나타나기를 숨을 죽인 채 기다렸다. 그런 조직 중 하나가 바로 아랍어로 '기초'를 뜻하며 근본주의라는 의미를 가진 알카에다였고 그들의 지도자는 오사마 빈 라덴Osama bin Laden이었다. 사우디아라비아 출신의 빈 라덴은 당시에는 잘 알려지지 않은 인물이었다. 그렇다면 그가 기다렸던 다음 지하드는 무엇이었을까?

만약 아프가니스탄을 침공하지 않았더라면 소련은, 더 나아가 세상은 어떻게 달라졌을까? 더 좋아졌을까? 냉전 시대에는 소련의 피후원 국가가 원한다고 마음대로 진영을 바꿀 수 있는 상황이 아니었다. 이는 정치적인 필요 때문이었다. 미국이 냉전에서 승리하는 것처럼 비춰질 수도 있었던 것이다.

브레즈네프와 세상을 하직할 날이 멀지 않은 중앙 정치국의 노장들이 아프가니스탄을 능숙하게 요리하려면 사고의 급격한 변화가 필요했을 것이다. 아프가니스탄의 공산당은 내분으로 몸살을 앓고 있었지만 결국에는 어느 한쪽이 공산당을 장악했을 것이다. 그리고 소련은 지켜보다가 내분이 종결된 후 승리한 파당을 지원해도 그만이었다. 심지어 아프가니스탄에서 새로 집권한 공산당 정권은 소련이 아프가니스탄 시골의 무슬림 공동체들에게 무신론적인 공산주의 가치를 막무가내로 적용하려는 시도를 저지했을 수도 있었다. 경중을 따지자면 후자가 더 중요한 의미가 있다.

당연히 이런 접근법에는 전제 조건이 따른다. 소련은 아프가니스탄이라는 국가의 성격을 이해하고 있는 그대로 받아들였어야 했을 것이다. 아프가니스탄은 많은 부족과 파벌로 분열된 국가이며 그런 부족과 파벌은 통치자가 누가 됐든 중앙 권력에 절대로 복종하지 않는다. 요컨대 괜히 들쑤셔 벌집 만들지 말고 그들을 그냥 내버려 두는 것이 상책이다.

소련이 아프가니스탄 전쟁을 벌이지 않았더라면 많은 것이 달라졌을지도 모르겠다. 물론 소련의 국운이 쇠퇴일로를 걷는 것은 변함이 없었을 것이다. 하지만 '악의 제국'을 짓누르는 하강 압력은 줄어들었을 것으로 보인다. 또한 아프가니스탄에서는 다양한 파벌의 게릴라 세력이 무장 항쟁을 일으키지도, 미국의 CIA가 개입하지도 않았을 것이며, 아프가니스탄에 급진적 이슬람을 유입시킨 아랍의 자원 무장 세력들도 없었을 가능성이 컸다. 그렇다면 이슬람에는 어떤 변화가 있었을까? 이슬람이 부활했겠지만 이슬람을 둘러싼 역사적인 흐름은 다른 경로를 따랐을지도 모를 일이다.

소련과의 전쟁이 끝난 후 아프가니스탄이 내전에 휩싸였다. 고로 전후 관계를 따져 볼 때 소련이 침공하지 않았더라면 내전은 발생하지 않았을 가능성도 배제할 수 없다. 또한 그랬더라면 탈레반 정권이라는 용어 자체가 역사에 등장하지 못했을지도 모르겠다. 탈레반은 제3차 아프가니스탄 내전이 한창이던 1994년에 아프가니스탄 정권을 타도하기 위해 처음 등장했다. 이것은 또 다른 가능성으로 이어진다. 1996년 탈레반이 내전을 종식시키며 정권을 수립하지 못했더라면, 아프리카 수단에서 활동하던 알카에다와 수장 빈 라덴이 아프가니스탄으로 근거지를 옮기지 않았을지 누가 알겠는가?

빈 라덴이 2001년 미국에 대한 테러 공격을 승인했을 때 그가 있었던 곳이 바로 아프가니스탄이었다. 하지만 빈 라덴을 아프가니스탄으로 이끌었던 연쇄적인 사건들이 발생하지 않았더라면 무슨 일이 벌어졌을까? 그가 세계 최악의 테러리스트로 악명을 얻는 과정은 다른 경로로 전개되었을 것이고, 아마도 다른 결과를 낳았을 것이다.

그 경로가 어떤 것이었을지는 단정하기 어렵다. 그럼에도 불구하고 부수적인 결과 하나는 단언할 수 있다. 9.11 테러 공격이 절대로 발발하지 않았을 거라는 점이다. 세계 무역 센터는 지금도 위용을 과시하며 뉴욕의 마천루를 장식하고, 펜타곤 즉 국방부 건물로 납치된 비행기가 돌진하는 일은 없었을 것이며, 생스빌은 지금도 펜실베이니아의 평범한 작은 마을에 불과했을 것이다.(9.11 테러 공격 당시 워싱턴 D.C.의 국회의사당이나 백악관에 충돌할 계획이던 비행기에서 승객들이 납치범들에 저항해 싸우다가 생스빌에 추락했다. - 옮긴이) 소련의 아프가니스탄 침공이 야기한 도미노 효과가 세상을 바꿔놓았다.

사막에 패배한 인질 구출 작전 : 1980년

윌리엄 터도슬라비치

"사막 1점, 미국 0점"

미국의 힘에 족쇄를 물리면 결과는 빤하다. 실패로 귀결된다. 미국을 약하고 무기력한 종이호랑이처럼 보이게 만들 수도 있다. 1970년대 후반 지미 카터 대통령이 이끌던 미국의 모습이 딱 그랬다. 좋은 의도를 가진 그의 도덕주의 정책과 우유부단함은 상황만 악화시켰을 뿐이었다.

카터는 자신의 통제력을 벗어나는 국내외의 많은 문제들로 사면초가에 몰렸다. 안방에서는 경제 불황과 살인적인 인플레이션 때문에 곡소리가 끊이지 않았다. 경제학자들은 경제 불황과 인플레이션은 공존할 수 없는 불가능한 조합이라고 말했다. 한편 이란의 국왕이 혁명으로 축출되었고, 이란의 석유 수출이 중단되었으며, 그 바람에 유가가 두 배로 치솟았다. 미국 주유소에서는 6년 만에 두 번째로 자동차에 기름을 넣으려는 긴 행렬이 늘어섰다.

그러던 중 1979년 11월 4일 이란의 과격파 학생 시위대가 테헤란 주재 미국 대사관에 난입해 점거하면서 50명이 넘는 국무부 직원들을 인질로 잡았다. 처음에는 그저 그런 또 다른 위기처럼 보였다.

하지만 언론은 그 사건을 다른 관점으로 바라보았다. 1980년 1월을 시작으로 미국 CBS 뉴스 앵커인 월터 크롱카이트가 매일 밤 방송 말미에 그 인질 사건이 벌어지고 며칠이 지났는지 미국인들에게 상기시켰다. 그리고 날짜가 하루하루 쌓여 갔다… 60일… 65일… 72일… 84일… 90일… 100일… 120일….

분노한 미국인들이 성조기를 들고 거리로 나왔다. 그들이 보기에는 미국 정부의 누구도 인질로 잡힌 국민들을 구출하기 위해 아무 노력도 하지 않는 것만 같았다. "국가가 외국에서 위험에 처한 국민들을 외면하다니, 말도 안 돼."

인정을 베풀다가 국민을 인질로 내주다

이란 대사관 인질 사태를 촉발한 원인은 무엇이었을까? 인질 사태가 벌어지기 몇 달 전 이란 혁명이 발발했고, 전제적 공포정치로 이란 국민들의 미움을 받았던 팔레비Pahlevi 국왕이 축출되어 이집트로 망명했다. 당시 암 투병 중이던 팔레비는 미국에서 암 치료를 받고 싶었다. 처음에는 카터 대통령이 그의 요청을 거부했다. 그러나 체이스 맨해튼 은행의 데이비드 록펠러David Rockefeller 회장과 과거 미국 외교정책의 1인자였던 존 J. 맥클로이John J. McCloy가 카터 대통령에게 마음을 바꾸라고 압박했다. 그들은 팔레비가 집권 시절 친서방 정책을 펼쳤다는 점을 들며 미국은 좋든 싫든 항상 우방들 편에 서야 한다고 주장했다.

반면 이란 주재 미국 대사관의 브루스 레인젠Bruce Laingen 대리대사는 국무부 고위자들에게 이란 국왕의 입국을 허용하는 것은 나쁜 선택일 거라고 경고했다. 이란 국민들은 자신들의 손으로 쫓아낸 왕을 미국이 복위시킬까 봐 두려워했다. 어쨌든 우여곡절 끝에 카터는 '인도주의적인 이유'로 그가 신병 치료를 위해 미국에 입국하도록 허락했다. 그러나 이란 정부는 그것을 인도주의적인 조치로 생각하지 않았다. 급기야 팔레비 왕의 신병 인도를 요구하던 이란의 학생 시위대가 미국 대사관 건물로 몰려갔다. 그들은 해병대의 허술한 경비를 뚫고 아무런 제재를 받지 않은 채 대사관으로 난입해 미국 국무부 직원들을 인질로 잡았다.

처음에는 카터 대통령이 이란 인질 사태에 단호하게 대처하는 듯 보였다. 미국 내 이란 유학생들을 전원 강제 출국시켰고, 이란의 자산을 동결시켰으며, 이란산 원유 수입을 금지시켰다. 하지만 다섯 달에 걸친 세 차례의 인질 석방 협상은 무위로 끝났다. 미국의 협상가들이 조건을 제시하면, 이란의 실질적 통치자였던 아야툴라 호메이니가 즉각 거부하는 식이 반복되었다.

하필 이 모든 일이 카터가 재선을 위해 선거운동을 벌이던 와중에 발생했다. 당시 그는 민주당 대통령 후보 경선에서 존 F. 케네디의 막냇동생으로 매사추세츠 상원 의원이었던 테드 케네디Ted Kennedy라는 강적을 만났다. 온화한 성품으로 도덕주의 정치의 한 길을 걸어 왔던 카터가 1980년 4월 11일 샛길로 빠졌다. 이란과 대화하는 것보다 군대를 투입한 구출 작전이 더 낫다고 결정한 것이다. 다른 말로 정치적 방법보다 군사적 해결을 선택했다. 자신의 신조를 잠시 접을 만큼 그에게는 구체적인 결과가 시급했다. 그것도 재선에 성공하려면 당장 결과를 봐야 했다.

급히 먹는 밥이 체한다

찰리 벡위스Charlie Beckwith 대령이 인질 구출 계획을 수립했다. 벡위스 대령은 1977년 제1 특수부대 작전 분견대 델타, 즉 델타 포스를 창설한 인물로 유명했다. 그는 테러리스트들로부터 인질을 구출하는 아주 위험한 해결사 임무를 맡았다. 벡위스 대령의 계획은 단순하지 않았다. 처음 계획을 단계별로 살펴보자.

먼저 대테러 부대인 델타 포스의 특공대원들은 C-130 수송기에 나눠 타고 이란의 방공망을 뚫고 이란 영내로 진입해 사막의 폐활주로에 착륙한 다음 미국 해군의 RH-53 헬기로 갈아탄다. 재급유한 헬기들은 특공대원들을 비밀 장소로 수송하고, 특공대원들은 그곳에서 트럭으로 옮겨 타 테헤란 시내로 잠입한다. 그리고 나중의 일이지만, RH-53 헬기들은 구출 작전이 완료되면 대사관으로 직접 날아가 특공대원들과 구출한 인질들을 태워 오기로 되어 있었다.

일단 테헤란 주재 미국 대사관에 도착하면 델타 팀 하나가 대사관 경내로 잠입하고 다른 팀 하나가 주변 경계를 서기로 했다. 그리고 그들 팀보다 인원이 적은 세 번째 팀은 레인젠 대리대사를 포함해, 대사관 직원들과는 다른 장소에 억류된 미국의 고위 외교관

들을 찾아낼 계획이었다. 그리고 구출 작전이 완료되면 구출된 인
질들과 함께 RH-53 헬기를 이용해 테헤란을 빠져나오기로 했다.
마지막으로 또 다른 활주로로 날아가서 C-130에 나눠 타고 모두가
이란을 탈출하기로 되어 있었다.

그런데 애초 계획은 정치적인 필요에서 몇 가지 수정해야 했
다. 먼저 군부 간의 경쟁으로 말미암아 육군, 해군, 공군, 해안경비
대까지 4군이 작전에 참여하게 되었다. 따라서 이 작전은 각 단계
별로 진행될 수는 있었어도 전체가 유기적으로 진행될 수 없는 태
생적 한계가 있었다.

그럼에도 불구하고 '독수리 발톱 작전'의 막이 올랐다. 계획
단계에서부터 예고된 실수들은 작전을 수행하는 동안에 나타났다.

실패로 돌아간 독수리 발톱 작전

계획과 현실은 어긋나기 십상이고, 서류상의 작전은 현실과 조우
하는 순간 변하기 마련이다. 벡위스와 델타 포스에게 그 순간은 4
월 24일에 찾아왔다. 작전에 투입할 병력과 장비 그리고 헬기 연료
를 싣고 여섯 대의 C-130이 이륙했다. 수송기들은 계획된 시간에
정확히 맞춰 데저트 원으로 알려진 착륙 지점인 폐활주로에 도착
했다.

그때부터 일이 틀어지기 시작했다. C-130 수송기들이 착륙
해서 지상 주행할 때 트럭 한 대와 버스 한 대가 데저트 원 인근을
지나갔다. 특공대원들은 정보가 새어 나가지 않도록 로켓포를 발
사해 트럭을 파괴했고 버스에 탄 민간인들을 억류했다.

특공대원들을 테헤란으로 데려다줄 여덟 대의 RH-53 헬기가 해군 항공모함 니미츠에서 발진했다. 그런데 데저트 원으로 비행하던 중에 모래 폭풍을 만났고, 헬기 한 대는 문제가 생겨 항공모함으로 되돌아가야 했다. 설상가상으로 또 다른 한 대는 비행 중 기계적인 결함으로 사막에 불시착했고, 다른 헬기들이 그 헬기의 승무원들을 구출했다. 그리하여 애초 계획보다 두 대가 모자란 여섯 대의 RH-53 헬기들이 예정 시각보다 늦게 도착했을 뿐 아니라, 동시에 도착하지도 않았고, 연료도 거의 바닥이었다. 문제는 거기서 끝나지 않았다. 또 다른 헬기가 유압 장치에 문제가 생겨 아예 비행할 수 없는 상태가 되었다. 벡위스의 머리가 바빠졌다. 산술적으로만 봐도 구출 작전은 무리였다. 인질과 대원들을 합쳐 178명 정도가 테헤란을 빠져나와야 했다. 그만한 인원을 수용하려면 헬기가 최소한 여섯 대는 있어야 했다. 그런데 남은 헬기는 다섯 대뿐이었고, 작전 수행 중에 헬기를 추가로 잃을 위험도 있었다. 벡위스는 작전 수행이 불가하다고 판단해 작전을 취소시켰다.

무슨 마가 꼈는지 불행은 거기서 그치지 않았다. 수송기와 헬기가 복귀하려고 서둘러 이륙하는 중에 RH-53 헬기 한 대가 급유를 해 주던 C-130을 들이받았다. 그리하여 헬기와 수송기가 함께 폭발해 커다란 화염에 휩싸였고, 수송기 승무원 다섯 명과 헬리콥터 승무원 세 명이 사망하는 참극이 벌어졌다. 화상을 입은 부상자를 포함해 생존자 네 명은 다른 C-130 수송기에 나눠 탔고, 더 이상의 사건 없이 무사히 이륙해 복귀했다.

헬기 하나가 부족해서 대통령 선거가 날아가다

인질 구출 작전과 카터의 재선 성공은 떼려야 뗄 수 없는 관계였다. 카터 대통령으로서는 재선에 성공하려면 인질 구출 작전이 성공해야 했다. 그러나 재선에 대한 그의 희망은 데저트 원에서 화염에 휩싸여 사라졌다.

그렇다면 대사관 인질들은 어떻게 되었을까? 그들은 1981년 1월 20일 로널드 레이건이 대통령에 취임하고 몇 시간 만에 석방되었다. 인질로 잡혔던 52명의 미국인들은 먼저 군용기를 타고 독일로 이송되었고, 그곳에서 이제는 전 대통령이 된 지미 카터가 자유의 품으로 생환한 그들을 맞았다.

혹시 이란 인질 사건을 둘러싼 일련의 사태가 다른 결과를 가져왔을 가능성은 없었을까? 결과를 논하기 전에 인질 사태를 발생시킨 원인부터 따져 보자. 카터 대통령이 축출된 이란 국왕 팔레비의 입국을 거절하고 미국이 아닌 다른 곳에서 암 치료를 받도록 권유했더라면 인질 사태 자체를 예방할 수도 있었다. 물론 카터는 외교정책 전문가들로부터 무차별 공격을 당했을 가능성이 컸다. 그래도 팔레비를 미국 땅에 들이지 않았다면, 이란 시위대가 테헤란 주재 미국 대사관에 난입하게 만드는 뇌관 자체가 제거되었을 것이다.

미국이 1953년 이란 정부를 전복시키는 데서 중요한 역할을 했기 때문에 미국과 이란의 관계는 시한폭탄으로 비화될 수 있는 여러 불씨를 안고 있었다.(1953년 민주적 절차로 수립된 개혁 성향의 모하마드 모사데크Mohammad Mosaddeq 총리의 정권은 미국과 영국의 첩보 기관들이 주도한 친왕조 쿠데타로 전복되고 팔레비 왕가가 복위되었다. 이 쿠데타는 CIA가 외국 정부를 전복한 첫 사례로 알려져 있다. – 옮긴이) 한편 레인 젠 대리대사의 훗날 증언에 따르면, 미국은 인질 사태가 발생하기 전에 이란 혁명으로 수립된 이란 정부와 관계를 개선할 의지가 있었다. 더욱이 암에 걸려 죽어 가는 팔레비를 복귀시키는 데에는 조금도 관심이 없었다.

이후에도 이란에 대사관을 계속 주재시켰더라면 이란을 감시하기가 한결 용이했을 것이다. 테러 공격이나 핵 프로그램 같은 일들은 본래 현장에 있을 때 진상을 파악하기가 훨씬 쉬운 법이다. 심지어 이란과의 국교를 이어 왔다면 오늘날 미국은 이란에 대해 더 많은 영향력을 행사했을지도 모르겠다.(미국은 1980년 4월 7일 이란과 공식적으로 단교했다. – 옮긴이) 아울러 오늘날(2015년 중반) 미국이 고려하는 것보다 더 치밀한 조약을 협상했을 가능성이 컸다.

팔레비 국왕을 미국에 들이지 않았다고 해서 카터가 반드시 재선에 성공할 수 있었던 것은 아니었다. 무엇보다도 그의 재임 기간에 미국 경제가 만신창이가 되었다. 그러나 인질 사태가 벌어지지 않았다면 레이건으로선 카터를 궁지로 몰 수 있는 최고의 카드가 없었을 것이다. 그랬더라면 선거는 박빙이 되었을 것이고, 결과는 아무도 장담할 수 없다.

좀 더 비현실적인 다른 가능성도 있다. 특공 부대까지 동원한 인질 구출 작전이 성공했다고 가정해 보자. 카터는 민주당 예비선거에서 테드 케네디를 가뿐히 따돌리고 가을 대선에서 레이건을 상대로 완승을 거두었을지도 모르겠다. 보수주의의 영웅 레이건이 백악관을 차지하지 못했더라면 미국 보수주의의 부활은 급제동이 걸렸을 것이다.

카터와 그의 측근들은 그를 재선의 문턱에서 좌절시킨 원인이 이란 인질 사태였음을 잘 알았다. 카터가 2015년 어떤 기자회견에서 했던 발언에 깊은 회한이 담겨 있었다.

"헬기 한 대만 더 보냈더라면 인질들을 구출하는 것은 물론이고 나는 재선에 성공했을 것이다."

정말로 카터가 재선에 안착했더라면 이는 '3수' 만에 백악관을 차지한 로널드 레이건의 정치적 경력에 종말을 가져왔을 것이다. 그러나 오늘날에는 레이건이 없는 미국 역사를 상상도 할 수 없는 미국인들이 아주 많다.(레이건은 전현직 미국 대통령 중에서 가장 위대한 대통령을 뽑는 여론조사에서 매번 상위권에 이름을 올린다. – 옮긴이)

사담 후세인이 세상에 선전포고하다! : 1980년

윌리엄 터도슬라비치

"과대망상과 과도한 권력욕의 조합"

1970년대 사담 후세인은 처세술에 밝은 불한당이었고 이라크의 바트당에서 악다구니처럼 권력의 사다리를 올랐다. 1977년 부통령이 된 그는 정권의 2인자로서 아흐마드 하산 알바크르Ahmed Hassan al-Bakr 대통령의 충견이 되었다. 특히 맡겨진 일은 끝장을 보고 마는 인정사정없는 해결사로 신임을 받았다. 당연히 해결사 재능은 사담 후세인이 1979년 하산 알바크르와 그의 추종자들을 권좌에서 몰아낼 때 커다란 역할을 했다.

　이제 사담 후세인은 이라크의 최고 통치자가 되었다. 그는 위대한 국가를 통치하는 위대한 지도자가 되고 싶었다. 하지만 당시 이라크는 위대한 국가가 되기 힘든 지리적 한계가 있었다. 페르시아 만과 그 너머 아라비아 해로의 접근성이 매우 제한적이었던 것이다. 한마디로 지리가 이라크가 가장 먼저 해결해야 하는 적이었다. 이라크의 유일한 항구인 움카스르와 이라크의 2대 도시 바스라를 잇는 연결로는 샤트알아랍이라고 불리는 강 하나뿐이었다. 이 수로는 또한 이라크와 이란의 국경 역할을 했다. 역사 전반에 걸쳐 이란은 물론이고 이라크 영토를 지배했던 다른 국가들(오스만제국, 아라비스탄[후제스탄의 옛 이름] 등)도 샤트알아랍 강을 '사이좋게 나눠 갖기'보다는 바다로 이어지는 전체 수로에 대한 단독 권리를 주장하는 경향이 강했다.

이라크는 이란의 해안까지 이어지는 샤트알아랍 강 전체에 대한 영유권을 주장했고, 이란은 그런 이라크의 주장을 결코 인정하지 않았다. 1970년대에 이란을 통치하던 팔레비 국왕은 이라크 내 쿠르드 족이 이라크 정권에 대항해 반란을 일으키도록 뒷돈을 대 주었을 뿐 아니라 이란 영내에 대한 이라크의 무력 침공을 좌절시켰다. 1975년 알제리의 수도 알제에서 열린 석유수출국기구 회담에서 이라크와 이란은 이번 국경분쟁과 관련해 샤트알아랍 강을 양국의 국경으로 정한다는 원칙에 합의했다. 그러나 이라크 입장에서는 이른바 알제 협정이 못내 불만이었다. 이라크가 바스라와 움카스르 사이를 자유롭게 왕래할 수 있도록 보장해 주는 완충재를 제공하지 못했기 때문이다.

4년 뒤인 1979년 이란은 민중 혁명으로 몸살을 앓았고, 결국 팔레비 국왕이 축출되고 아야툴라 호메이니가 정권을 거머쥐었다. 이란의 혁명주의자들은 축출된 국왕의 신병 인도를 요구하며 테헤란 주재 미국 대사관을 점거했을 뿐 아니라 50여 명에 이르는 미국인들을 인질로 잡았다. 또한 이란 정부는 군부 내의 친미 분자들을 숙청했다. 한편 이란의 주요 유전들이 후제스탄 지방에 있었는데 샤트알아랍 강의 바로 선너편이었다. 그런데 후제스탄의 아랍계 주민 대부분은 이란의 통치를 좋아하지 않았다.(이라크 국민은 셈 족 계통의 아랍인이지만 이란 국민은 인도-유럽어 족 계통의 페르시아인이다. - 옮긴이) 이란의 시아 파 신정神政 체제는 완전히 혼돈의 도가니였다. 게다가 무능했다. 이라크는 이번이야말로 이란에게서 후제스탄을 정정당당하게 빼앗을 다시없는 기회라고 생각했다.

마침내 사담 후세인은 선전포고도 없이 이란을 공격했다. 그때가 1980년 9월 17일이었다.

나쁜 놈들 대 나쁜 놈들

결과부터 말하면 이란-이라크 전쟁은 이라크가 계획한 대로 전개되지 않았다. 비록 초반에는 고전했지만 이란 정권은 무너지기는커녕 극렬히 저항했고, 이라크 군대는 후제스탄을 점령하는 대신에 곤경에 빠졌다. 이라크 군대는 비록 무기와 장비는 어지간히 갖췄지만 훈련 상태가 엉망이었고 작전 계획을 실행하는 데서도 몇몇 문제를 드러냈다. 이라크를 수렁에 빠뜨린 가장 큰 이유가 습지인 후제스탄의 지형 때문인지 아니면 승리에 대한 투지가 부족해서였는지 꼭 집어 말하기는 어렵다.

이란은 기습 공격의 충격을 수습해서 다섯 개 사단을 동원한 이라크 공격에 대항했다. 대규모 혁명 수비대가 전면에 나서 반격하고 이란 정규군이 그들을 지원하는 협공 형식이었다.(이란 헌법에 따르면 정규군은 이란의 국경과 국내 질서를 유지하는 반면 혁명 수비대는 이란의 이슬람 체계를 수호한다. - 옮긴이) 혁명 수비대는 비록 호메이니의 친위군이라고 해도 전투 훈련을 받은 적이 없었고, 정예군도 국내 혁명 등으로 전력이 약화된 상태였다. 그런데도 혁명 수비대가 이라크 진영에 정면 공세를 퍼부으며 총알받이가 되어 주었다. 마치 제1차 세계대전 때의 돌격전을 보는 듯했다. 그렇게 혁명 수비대가 이라크 전선을 돌파하고 나면 이제는 정규군이 비록 얼마 되지 않은 숫자이지만 전차와 병력 수송 장갑차를 탈탈 그러모아 적을 섬멸했다.

그런 식으로 이란은 이라크를 후제스탄에서 몰아냈고 이라크의 2대 도시인 바스라의 문턱까지 밀어붙였다. 열악한 이란의 해군도 훨씬 열악한 이라크의 해군을 무찔렀다. 이제 이란은 페르시아 만을 점령했고, 이로써 이라크는 이번 전쟁의 자금줄인 석유를 수출할 길이 막혔다.

1982년 이라크는 패배하기 직전으로 내몰렸다. 이란이 후제스탄을 탈환했고 바스라를 함락하는 것도 시간 문제였다. 이라크 군대는 사력을 다해 방어에 총력을 기울여 이란 군대를 물리치고 바스라를 지켜 냈다. 양국의 교착 상태가 지속되다가 1986년 이란 군대가 샤트알아랍 강 어귀를 건너 이라크 영토를 급습했고 습지 대인 알파우 반도를 점령했다. 이제 이라크는 페르시아 만으로 접근할 수 있는 경로가 아예 차단되었다.

전황이 이렇게 되자 사담 후세인이 믿을 사람은 휘하의 장군들뿐이었고, 마침내 그들이 적절하다고 판단하는 대로 전투를 수행할 수 있는 재량권을 허용했다. 이라크 장군들은 작전 '대본을 작성'하는 방법을 선택했다. 사실상 이것은 아주 상세한 작전 계획서로, 부대들은 작전을 완수하기 위해 명령서에 나와 있는 대로 따라야 했다. 일단 하나의 작전 대본을 실행하고 나면 공격을 중단했고 새로운 작전 대본을 작성했다.

　　1988년 이란이 바스라를 점령하기 위한 마지막 시도로 총공세를 펼쳤다. 이란 군대의 마지막 발악에 대해 이라크 군대는 다섯 차례에 걸친 일련의 대본화된 공격으로 맞섰다. 작전은 효과가 있었다. 이라크 군대가 이란 군대를 알파우 반도(샤트알아랍 강의 서쪽에 위치함), 바스라 인근 지역, 구릉지에서 몰아냈고 이란 군대는 국경을 따라 북쪽으로 쫓겨났다. 뿐만 아니라 이라크는 이란 국민의 전의를 꺾고 아야툴라 호메이니가 평화를 원하도록 '설득'하기 위해 테헤란에 스커드 미사일로 맹폭을 가했고, 호메이니는 이라크에 '설득'당했다. 이로써 8년간에 걸친 이라크-이란 전쟁이 '휴전'이라는 형식으로 막을 내렸다. 양국은 국경을 전쟁 전과 똑같이 유지하기로 합의했고, 이란은 영토의 아주 일부를 이라크에 양도했다. 이번 전쟁은 사담 후세인의 '승리'라고 봐도 크게 틀리지 않았다.

쿠웨이트 해방 전쟁의 성공과 한계

8년간의 전쟁으로 이라크는 100만 명의 사상자, 수천 대의 전차, 수백 대의 전투기, 경험 많은 장교 군단 등을 잃었다. 어쩌면 체급이 높은 상대와 싸우는 것은 좋은 선택이 아니었을 것이다. 그렇다면 체급이 낮은 상대는 어떨까? 이라크의 남쪽에는 중동의 소국 쿠웨이트가 있었다. 쿠웨이트는 육군도 공군도 '구멍가게' 수준이었다. 그러나 석유 매장량은 어마어마했다. 게다가 쿠웨이트에서 가장 큰 부비얀 섬이 움카스르 서쪽에 위치했다. 부비얀 섬을 점령한다면 페르시아 만으로 이어지는 이라크의 유일한 진출로를 보호할 수 있는 완충지대가 되어 줄 터였다.

그리하여 1990년 8월 사담 후세인이 또다시 전쟁을 일으켰다. 이번에는 남쪽 접경국인 쿠웨이트가 이라크의 제물이었다. 잘 짜인 침공 작전 시나리오에 따라 이라크 공화국 수비대의 여덟 개 사단 모두가 쿠웨이트를 침공했고, 단 몇 시간 만에 쿠웨이트를 점령했다. 이라크의 계획은 이를 세상에 기정사실로 각인시키고, 그래서 서방세계가 한껏 자세를 낮춰 협상 테이블로 기어 나올 때까지 편안히 앉아서 기다리는 것이었다. 그리고 사담 후세인이 협상의 조건을 결정하고, 쿠웨이트를 지배하며, 자국의 석유 시장점유율을 두 배로 끌어올릴 심산이었다. 그렇게 유가가 인상되면 '오일 머니'를 기반으로 더 많은 무기를 구매하고 핵무기 프로그램을 발전시킬 수 있을 터였다.

쿠웨이트를 점령하고 보니 이라크 군대가 사우디아라비아 유전의 북쪽 끝에 위치하게 되었다. 솔직히 말해 이라크 입장에서는 사우디아라비아와 너무 가까워 안심할 수 없는 처지였다. 결국 이것은 미국의 반응을 이끌어 냈다. 사담 후세인은 쿠웨이트를 점령하기 위해 이라크 군대의 6분의 5를 동원했다. 미국의 조지 H. W. 부시 George Herbert Walker Bush 대통령이 '전화 외교'로 반이라크 동맹을 규합했다. 그로부터 6개월 후 미국은 두 개의 기계화 군단과 두 개의 해병대 사단을 사우디아라비아에 파병했다. 이때까지는 "사막 방패 작전"으로, 이후부터 종전까지는 "사막 폭풍 작전"으로 불린다. 어쨌든 미국 병력 외에도 연합국의 주축이었던 프랑스, 영국, 시리아, 이집트 등이 사단 규모의 병력을 지원했다. 또한 사우디아라비아는 전군을 투입했다. 뿐만 아니라 미국은 항공모함 여섯 척을 걸프 지역으로 파견했고 공군은 1,100대가 넘는 전투기로 참전했다.

1991년 1월 미국과 동맹국의 전투기들이 이라크의 최전방 부대들에게 폭격을 시작했고 이라크의 방어 시스템을 결딴냈다. 이라크의 수도 바그다드는 폭격을 받아 쑥대밭이 되었고 쿠웨이트로 이어지는 도로와 교량도 제 모습을 찾을 수 없었다. 한편 이라크 공군이 간신히 반격의 흉내를 냈다. 연합군은 대규모 공습에 이어 2월에는 나흘에 걸친 대대적인 지상 작전으로 쿠웨이트를 향해 북진했다. 한편 두 개 군단은 사막 쪽으로 서진하다가 북부에서 이라크 영내로 진입한 다음, 동쪽으로 방향을 틀어 이라크 군대의 퇴각로를 차단했다. 이 계획은 부분적으로 성공했고, 이라크 군대의 거의 절반을 파괴했다.

미국의 전쟁 계획은 이라크를 점령하는 것이 아니라 쿠웨이트를 해방시키는 것이 목적이었다. 덕분에 연합군은 피해를 입지 않을 수 있었다. 그러나 이것은 잔불 정리를 하지 않아 불안한 불씨를 남겨 두고 말았다. 사담 후세인은 이길 수 없는 전쟁을 시작하는 특출한 재주를 가진 독재자인데다가 이제는 다 잡은 쿠웨이트를 빼앗겨 속이 부글부글 끓었다. 그런 그가 여전히 이라크의 통치자로 건재하게 된 것이다.

더 좋은 방법은 없었을까?

거두절미하고, 사담 후세인이 활개 치며 돌아다니지 못하게 했으면 가장 완벽했을 것이다. 물론 후세인이 없었어도 이라크의 운명은 변하지 않았을 것이다. 이라크의 지리적 약점 때문에 어떤 식으로든 제약을 받는 것은 불가피했고, 이라크의 유일한 항구는 호시탐탐 노리는 주변국들의 위협에 항시 노출되었을 것이다.

이라크가 좀 더 이성적인 전략을 구사했더라면, 양국 모두에게 커다란 피해를 안겨 준 이란-이라크 전쟁은 아예 발발하지 않았을 수도 있었다. 아무리 혁명으로 정권이 바뀌었어도 이란이 갑자기 기존의 방식을 버렸을 것 같지는 않다. 따라서 후세인은 은밀한 수단으로 후제스탄의 아랍인들을 암암리에 선동할 수도 있었고, 그들은 이라크에게 보호를 요청했을 것으로 보인다. 정치적 관점에서는 현상 유지를 제안하는 것이 침략보다 훨씬 효과적인 법이다. 또한 후세인은 이란을 침공하지 않고도 이라크의 유일한 항구 움카스르를 지키기 위한 완충지대를 가질 가능성도 있었다.

이란-이라크 전쟁이 발발하지 않았다고 가정해 보자. 사담 후세인이 선택할 수 있었던 대안은 무엇이었을까? 핵이 가장 유력한 대안이지 싶다. 실제로 이라크는 1981년 이스라엘의 오페라 작전 공습으로 파괴된 오시라크 원자로를 대체하는 핵무기 프로그램을 점진적으로 추진했다. 원자폭탄을 손에 넣을 때까지 기다렸더라면 사담 후세인은 자신의 꿈을 달성했을 수도 있었다. 어떤 식으로든 쿠웨이트를 함락해 병합하고 영원히 자국 영토로 만들었을 가능성이 훨씬 컸다. 미국은 자칫 제3차 세계대전이나 핵전쟁으로 비화될 위험 때문에, 핵보유국과 군사적으로 대치하는 것에 대해 극도로 신중하다. 그리하여 이라크는 직접적인 무력 응징보다 미국 주도의 경제제재 또는 봉쇄 조치를 당했을 것이다. 그런 제재 조치는… 실수를 저지르지 않는 한… 언젠가는 끝나게 되어 있다.

물론 사담 후세인의 성정을 고려할 때 달리 생각해 볼 여지도 있다. 어쩌면 우리가 아는 실제 결과가 잠재적인 결과보다 훨씬 나을지도 모르겠다. 사담 후세인은 자신의 자만심이 무엇보다도 중요하고 또한 휘하의 예스맨들에게 쉽게 휘둘리는 독재자였다. 게다가 생각보다 행동이 앞서는 사람인 것처럼 보인다. 따라서 이성적인 잔인한 독재자가 핵무기를 보유한 이라크를 통치하고 종국에는 중동을 지배하는 것보다, '생각이 짧고 귀가 얇으며 행동이 앞서는' 후세인이 이라크의 지도자인 게 백배는 낫지 않았을까?

탠디 코퍼레이션의 장밋빛 꿈과 몰락 : 1985년

K. B. 보겐
Karen B. Bogen

"몰락을 향한 긴 여정의 닻을 올리다"

탠디 코퍼레이션의 성장 역사

컴퓨터들은 쉼 없이 등장했다가 끝없이 사라진다. TRS-80, 일명 코코라고 불린 컬러 컴퓨터, 모델 1, 모델 4, 모델 16, 모델 100, 모델 1000 등등. 이런 컴퓨터들을 기억하는 사람이 있을까? 한때 탠디 코퍼레이션/라디오섹(TRS, Tandy Corporation/RadioShack)은 가정용 컴퓨터 용품 시장에서 최대 브랜드 중 하나였다. 그런데 이제는 그 이름조차 기억하는 사람이 별로 없다. 도대체 그 회사에 무슨 일이 있었을까?

탠디는 1919년 가족 소유의 가죽 매장으로 시작해 피혁과 가

죽공예 재료를 주로 판매했다. 그러다가 벽 장식품과 바닥재를 제품 목록에 추가했고 사진 액자, 거울, 벽과 바닥용 타일 같은 제품도 취급하기 시작했다. 급기야 탠디 코퍼레이션은 1963년 보스턴에 본사를 둔 전자 제품 매장을 인수해서 새로운 시장에 뛰어들었다. 짐작하겠지만 바로 라디오섁이었다. 그리고 2세 경영인이었던 찰스 탠디Charles Tandy의 뛰어난 마케팅 능력에 힘입어 라디오섁은 전자 제품 소매점 분야에서 거인이 되었으며 부품, 전선, 소형 전자 제품, 전기 장난감 등을 취급했다. 하지만 탠디의 변신은 그게 끝이 아니었다. 1975년 피혁 사업과 벽과 바닥 관련 사업이 독립적인 기업으로 분사되었고(탠디 레더Tandy Leather, 탠디크래프트Tandycrafts, 컬러 타일Color Tile), 탠디 코퍼레이션은 전자 제품 시장에 초점을 맞추기 시작했다.

1957년 존 로치John Roach가 탠디 데이터 프로세싱의 책임자로 탠디 사단에 합류했다. 몇 년 후 로치는 라디오섁 유통 담당 부사장으로, 1975년에는 제조 담당 부사장으로 승진했고, 1980년 찰스 탠디가 사망한 이후 전무 겸 부사장으로 임명되었다. 이후 그는 라디오섁의 사장 겸 최고 운영 책임자를 꿰찼고, 1981년에는 CEO에 올랐으며, 마침내 1982년 회장이 되었다.

로치는 컴퓨터 시장에 관심을 집중했는데 그가 기업 사다리를 올라가는 동안 라디오섁의 컴퓨터 매출이 동반 상승했다. 시작이 있으면 끝이 있는 법, 로치의 성공에도 라디오섁의 성장에도 끝이 찾아왔다.

앞서 언급한 모델 4와 모델 16은 탠디 코퍼레이션이 라디오섁으로 판매하던 초창기 가정용 컴퓨터의 일부였고, 이외에 라디오섁의 컴퓨터 제품 라인업에는 다른 모델들도 있었다. 사실상 라디오섹은 워드프로세서, 베이직 등 실용적인 다양한 소프트웨어들을 포함해 '신인류'로 등장한 컴퓨터 괴짜들에게 필요할 법한 모든 것을 취급했다. 뿐만 아니라 C-언어 컴파일러(특정 프로그래밍 언어로 작성된 문서를 다른 프로그래밍 언어로 옮기는 프로그램이다. - 옮긴이)와 데이터베이스 관리 소프트웨어(다수의 사용자들이 데이터베이스 내의 데이터에 접근할 수 있도록 해 주는 소프트웨어다. - 옮긴이) 같은 소프트웨어도 공급했다.

1983년에 출시된 TRS-80 모델 100은 노트북 크기의 초창기 휴대용 컴퓨터 중 하나였다. 작은 크기(300×215×50밀리미터)는 서류 가방이나 손가방에 넣어 휴대하기에 안성맞춤이었다. 게다가 완전한 키보드가 장착되었고 모뎀과 최대 32K 정적 램(SRAM, static RAM. 반도체 기억장치의 한 종류로 에스램이라고도 하며, 주기적으로 내용을 갱신해야 하는 동적 램, 다른 말로 디램[DRAM, dynamic RAM]과는 달리 기억장치에 전원이 공급되는 동안에는 그 내용이 계속 보존된다. 램[RAM, random access memory]은 읽고 쓰기가 가능한 주기억장치를 일컫는다. - 옮긴이)이 내장되었다. 여기저기서 컴퓨터 괴짜들의 헉 하고 숨넘어가는 소리가 들리는 듯하다. 맞다. 32킬로바이트였다.

불행하게도 1977년부터 출시된 TRS-80 컴퓨터는 모두 사유 소프트웨어를 사용했다. 다시 말해 TRS-80 컴퓨터용으로 작성된 프로그램이 아니라면 그 컴퓨터를 구동시킬 수 없었다. 당시 시장에서 유통되던 컴퓨터들이 모두 사유 프로그램을 사용했으니 특이한 일도 아니었다. 가령 IBM-PC 소프트웨어가 아니라면 IBM-PC를 구동시킬 수 없었고, 애플 소프트웨어가 아니라면⋯ 글쎄, 절대 변하지 않는 것들도 있다.

그런데 믿기 힘든 일이 벌어졌다. IBM의 사유 소프트웨어 아성에 금이 생겼다. 컴퓨터 제조업체들이 IBM PC와 호환할 수 있는 컴퓨터를 경쟁적으로 출시했다. 당연히 탠디도 그 경쟁에 동참했다. 통계적 품질 관리(SQC, statistical quality control. 품질관리 기법의 하나로 생산관리에 통계적 방법을 이용하여 불량품의 발생 원인을 발견하고 그것을 제거함으로써 품질의 유지와 향상을 꾀하는 것을 말한다. – 옮긴이) 팀은 탠디 모델 1000(당시는 '프로젝트 557'로만 알려졌다)이 IBM의 기성 소프트웨어와 완벽히 호환되도록 만들기 위해 수많은 시간을 투자했다. 그런 다음 모델 2000이 출시되었고, 이 기종은 (말이 안 된다고 생각할지 모르지만) 속도가 너무 빨랐다. 모델 2000은 IBM의 소프트웨어를 작동시킬 수 없었다. 처음에는 그랬다. 그러다가 모델 3000, 모델 4000 등이 연이어 출시되었다. 라디오섁은 486(인텔에서 개발한 개인용 컴퓨터용 마이크로프로세서를 말한다. – 옮긴이) 시대가 끝날 때까지 더 새롭고 더 빠른 PC들을 계속 생산했다.

탠디 코퍼레이션/라디오섁, 즉 TRS는 수십 년간 PC 시장의 맨 꼭대기에, 아니 최소한 꼭대기 언저리에 머물렀다. 그런데 그 회사에 무슨 일이 생겼을까?

몰락이 시작되다

탠디는 IBM PC 호환 시장에 두 발을, 아니 온몸을 다 담갔다. 그리고 탠디는 최선을 다했다. 정말이지 사활을 걸었다 해도 과언이 아닐 정도로 매달렸다. 그런데 세상의 많은 일들이 그렇듯이 탠디는 그 과정에서 몇 가지 실수를 저질렀다.

1985년 탠디는 모델 600을 출시했다. 사실 모델 600은 최신

제품이 아니었다. 원하는 사람도 좋아하는 사람도 없이 회사 창고에 '처박혀' 있었다. 얼마나 오랫동안 창고에 있었는지 정확히 아는 사람조차 없다. 못해도 족히 몇 년은 그랬을 것으로 보인다. 모델 600을 출시하기까지만 해도 탠디는 컴퓨터 경쟁에서 상당히 선전하고 있었다. 심지어 그 경쟁을 선도했다고 할 수도 있었다. 엡손, IBM 등과 어깨를 견주어도 손색이 없을 정도였으니 말이다. 그런데 모델 600은 그런 경쟁력을 확보하지 못했다.

모델 600은 휴대용 컴퓨터였는데 접이식 모니터에 모뎀이 내장되었고 플로피디스크 드라이브도 장착되었다. 쉽게 말해 크기가 작아서 서류 가방에 들어가고도 여유가 남는 휴대용 TRS-80 PC라고 보면 정확하다. 탠디는 모델 600을 창고에서 끄집어내어 먼지를 털어 내고 SQC 팀에게 일상적인 테스트를 맡겼다. 다만 그 모든 것은 철저히 비밀에 부쳐졌다.

SQC의 한 팀원이 모델 600을 테스트하는 임무를 맡았다. 대신 사무실에서가 아니라 집으로 가져가서 사용해 봐야 했다. 그는 퇴근하면서 서류 가방 두 개를 '남몰래' 들고 나갔다. 하나에는 모델 600을 넣었고 다른 가방에는 그 컴퓨터보다 더 무거운 작업용 문서를 넣었다. 이런 '도둑' 테스트 과정이 일주일간 계속되었다. 매일 근무가 끝날 때마다 그는 가방 두 개를 가지고 퇴근했고, 저녁 내내 그 컴퓨터의 OS, 소프트웨어, 문서 작업 등에서 오류를 검사했다. 그리고 매일 아침 출근할 때 무거운 가방 두 개를 힘겹게 들고 와서는 자물쇠까지 채워 안전하게 보관했다.

테스트 결과 모델 600과 관련해 좋은 소식과 나쁜 소식, 그리고 정말 나쁜 소식이 있었다. 좋은 소식은 테스트에서 아무런 문제가 발견되지 않았다는 점이었다. 나쁜 소식은 모델 600은 TRSDOS

기종이었는데, 탠디의 유명한 사유 소프트웨어를 사용했다는 점이었다. 그리고 정말 나쁜 소식은 모델 600을 테스트할 즈음 이미 시장에서는 비슷한 사양의 제품이 몇몇 유통되고 있었다는 점이다. 오스본Osborne 1(영국의 오스본 컴퓨터 코퍼레이션이 출시한 세계 최초의 상용 휴대용 컴퓨터이다. - 옮긴이), 세계 최초의 '진정한' 휴대용 컴퓨터로 평가받은 엡손 HX-20 등이 그것이었다. 이는 마구간이 불타서 재만 남은 뒤에 말을 마구간에서 내보내는 형국이었다.

탠디는 모델 600을 개발한 직후에 곧바로 출시할 수도 있었다. 그랬더라면 모델 600은 회사를 위대한 성공의 반석 위에 올려줄 중대한 초석이 되었을 수도 있었다. 그러나 탠디는 모델 600을 개발해 놓고도 출시하지 않았다. 너무 늦게 출시했고, 다른 컴퓨터 제조업체들이 시장을 선점했다. 모든 선수가 출발선을 떠난 한참 후에 출발하는 격이었다. 탠디는 모델 600의 존재를 철저히 비밀에 부쳤고, 또한 철저한 보안 하에 테스트를 진행했다. 고위 경영진은 마치 누군가 알게 되면 사라질세라 모델 600이 세상에 알려지는 것을 원하지 않은 듯했다. 고객과 종업원은 물론이고 특히 경쟁자들이 모델 600에 대해 알기를 바라지 않은 것 같았다. 뿐만 아니라 사내의 마케팅 부서에게조차 감추고 싶었던 것이 분명했다. 후발 주자의 운명은 잔인했다. 모델 600의 판매는 극히 저조했다.

모델 600을 비밀리에 내부적으로 테스트하고 출시한 직후, SQC 부서는 뒷정리를 위해 소수만 남겨 두고 해체되었다. 왜 군이 SQC를 해체하는 극단적인 선택을 했을까? 탠디가 서드 파티third-party 소프트웨어(통상적으로 하드웨어 생산자는 퍼스트 파티first party, 소프트웨어 개발자는 서드 파티로 불린다. - 옮긴이)의 '공급업체 지원'으로 사업을 전환하고 있었기 때문이었다. SQC 부서의 주요 기능이 서드 파티 소프트웨어를 테스트하는 것이기 때문에 SQC가 더는 필요하지 않았다. 불행하게도 '공급업체 지원'이란 사실상 '지원을 하지 않는다'는 말과 동의어이다.

만약 탠디가 모델 600을 개발한 직후에 테스트를 거쳐 곧장 출시했다면 세계 최초의 휴대용 컴퓨터로 역사에 길이 남았을지도 모른다. 일단 출시한 다음 적절한 마케팅을 전개하고 IBM PC 호환 기종의 시대에 휴대용 컴퓨터 개념을 소개했더라면, 또한 (이것은 아주 중요한 '또한'이다) 자체적인 소프트웨어와 하드웨어 제품을 개발하고 테스트하는 일을 계속했더라면 탠디의 운명이 달라졌을지 누가 알겠는가? 탠디가 시장의 선도자로 남았을 가능성은 매우 높았다. 집안을 더욱 일으키고 빛내 주었던 효자를(컴퓨터와 컴퓨터 관련 전자 제품을) 내쫓음으로써 탠디는 가문의 미래를 제 손으로 파괴하고 말았다. 그리고 그것은 오직 몰락을 위한 시작이었을 뿐이다.

결국 고귀하지 못했던 고르바초프의 실패 : 1987년

윌리엄 터도슬라비치

"고르바초프가 베를린 장벽을 허물었다…"

40년이 넘는 냉전 시대에서 미국과 소련은 서로를 상대로 한 치의 양보도 없는 대치를 이어 왔다. 그것은 이데올로기들 간의 전략적 교착 상태였다. 자본주의의 자유 시장 대 마르크스주의의 중앙 통제 경제의 대립이었다.

미국과 소련은 여차하면 곧바로 전쟁에 투입할 수 있도록 막대한 육해공군을 항상 만반의 준비 상태로 대기시켰다. 다행히 그 병력을 투입하는 일은 벌어지지 않았다. 심지어 핵미사일로 20분 안에 상대방의 안방을 파괴할 준비가 늘 되어 있었다. 이 또한 다행히도 빨간 단추를 누르는 일은 벌어지지 않았다.

미국인들은 베를린 공수 작전(미국, 영국, 프랑스가 서베를린의 관할권을 포기하도록 만들기 위해 1948년 6월부터 약 11개월간 소련이 베를린을 봉쇄하자, 생활고에 직면한 서베를린 시민들을 위해 미국이 비행기로 식량과 연료를 제공한 작전이다. – 옮긴이)에서 로널드 레이건 대통령의 활약까지 양국의 대치 상황에서 벌어진 미국 측 이야기를 속속들이 잘 알았고 지금도 잘 안다. 반면 소련의 행동이 강력한 군사력에서 비롯한다고 막연히 생각하면서도 그들의 약점에 대해서는 전혀 몰랐다. 양국이 대치하는 상황에서 소련 측 이야기는 미스터리였고, 그랬기에 소련의 붕괴는 미국인들에게는 비록 기쁜 소식이었지만 마른하늘에 날벼락처럼 놀라운 일이었다. 아무도 소련의 붕괴 조짐을 알아차리지 못했다. 어떻게 그럴 수 있었을까?

대답은 한 사람에게서 찾을 수 있다. 소련의 마지막 국가수반이자 서기장이었던 미하일 고르바초프였다. 오늘날 미국과 유럽에서 고르바초프는 소련을 변화시킬 용기를 지녔던 인물로 존경받는다. 물론 그가 내린 용단의 결과는 '고귀한' 실패로 끝났다. 반면 오늘날 러시아에서 고르바초프는 소련 제국을 무너뜨린 원흉으로 경멸의 대상이다.

공산주의가 스스로의 한계에 도달하다

1980년 냉전의 균형추가 한쪽으로 기울어지는 듯했다. 소련은 아프가니스탄을 침공했고 에티오피아, 모잠비크, 앙골라, 니카라과 등에 새롭게 들어선 공산 정권을 지원했다. 그랬으니 소련이 냉전에서 승리하고 있는 것처럼 보이는 것도 무리가 아니었다. 게다가 공산주의가 진출한 모든 곳에서 후퇴하지 않을 거라고 당시 소련

지도자 레오니트 브레즈네프가 선언했다. 그의 선언은 브레즈네프 독트린으로 불린다.

한편 미국은 깊은 혼란에 빠졌다. 베트남전쟁에서 패배했고, 마야게즈호 구출 작전(남베트남이 패망한 후 캄보디아 인근 공해상에서 캄보디아 해군 초계정에 나포된 미국 선적의 화물선 마야게즈호를 구출하기 위한 작전으로, 베트남전에서 철수한 미군의 공식적인 마지막 작전이기도 했다. – 옮긴이)도 실패했으며, 미국이 지원했던 전 세계의 독재자들이 하나같이 축출되었다. 또한 이란 주재 미국 대사관에서 발생한 인질 사건은 미국인들을 경악하게 만들었고 끝날 기미조차 보이지 않았다. 심지어 미국은 1, 2차 전략무기제한협정에서 소련과 핵전력의 균형을 맞추는 조건을 받아들였다. 어떤 관점으로 보는가에 따라 미국의 힘은 견제를 당하거나 명백히 후퇴하거나 둘 중 하나였다. 확실한 한 가지는, 미국이 동네북처럼 사방에서 얻어터졌다는 것이다.

그러나 보이는 것이 다가 아니다. 겉으로 드러난 모습에 속기 십상이다. 승승장구하는 것 같았던 겉모습과는 달리 소련의 경제는 이미 곪을 대로 곪아 있었다. 경제 자체가 아예 성장을 멈추었다. 어쩌다가 소련 경제가 사망 선고까지 받게 되었을까? 당시까지의 경제 성장은 위협과 미약한 장려책, 그리고 최종적으로는 집단 기망 행위를 통해 자국 국민들로부터 억지로 쥐어짜 낸 것이었기 때문이다. 소련에서는 이런 극단적인 상황을 고스란히 보여 주는 우스갯소리가 있었다. "그들은 우리에게 임금을 지불하는 척하고, 그래서 우리는 일을 하는 척한다."

위태로운 이 구조의 맨 꼭대기에 브레즈네프가 이끌던 폴리트뷰로, 즉 소련 중앙 정치국이 있었다. 중앙 정치국 위원들은 하나같이 너무 나이가 많거나 건강이 좋지 않았고, 그야말로 줄초상이 이어졌다.

브레즈네프가 1982년 사망했고, 후임으로 유리 안드로포프가 서기장에 올랐지만 그도 1984년에 무덤에 누운 신세가 되었다. 그런 다음 소련공산당의 최고위 일꾼으로 콘스탄틴 체르넨코가 선택되었지만, 그는 서기장에 오를 때부터 이미 건강이 좋지 않았고 1985년 세상을 떠났다.

그 후 54세의 '젊은 피' 미하일 고르바초프가 소련의 권력 승계의 특징인 의자 뺏기 싸움에서 승자가 되었다. 고르바초프는 자신에게 허락된 역할을 잘 알았다. 당시 상황에서는 악역을 맡을 수밖에 없었던 것이다. 성장이 멈춘 소련 경제의 심장을 다시 뛰게 만들려면 위로부터 혁명을 시작하는 도리밖에 없었다.

미국의 경우 이처럼 불행한 상황에 놓이게 되면 대개는 스스로를 재창조한다. 남북전쟁과 대공황을 겪은 후 미국이 보인 행보가 대표적인 사례다. 그러나 소련은 그렇지 않았다. 소련이 가장 근래에 경험한 커다란 변화는 1917년에 있었던 러시아혁명이었다. 고르바초프는 현상을 그대로 유지하도록 만들어진 시스템 자체를 바꾸고 싶었다.

개혁과 개방으로 심폐 소생을 시도하다

고르바초프가 서기장이 되어 가장 먼저 시도한 일은 소련의 국가 수반으로서 임무 수칙을 갱신하는 것이었다. 하지만 이 시도는 무위로 끝났다. 일례로 아프가니스탄과의 이길 수 없는 전쟁을 중단하기로 결정한 것은 합리적인 선택이었지만 당장에 발을 뺄 수도 없는 형편이었다. 아프가니스탄 공산 정권의 군대가 소련 병사들을 대체할 수 있을 정도로 훈련을 받을 때까지는 실행할 수가 없었던 것이다. 또한 냉전 말기에 아이슬란드 수도 레이캬비크에서 레이건 대통령과 정상회담을 가졌지만, 양국 정상이 핵무기를 감축할 방법을 찾지 못한 채 회담은 결렬되었다. 막대한 방위비가 계속해서 경제를 더욱 깊은 수렁으로 끌어들일 것이 불을 보듯 뻔했다.

이에 고르바초프는 1987년 행동 방침을 급격히 바꾸었다. 글라스노스트glasnost, 즉 개방 정책을 선언한 것이다. 글라스노스트의 핵심은 소련 정부가 더 이상 언론과 방송 매체를 통제하지 않는다는 것이었다. 고르바초프가 자신의 다음번 정책인 페레스트로이카perestroika, 즉 재건 또는 개혁의 환경을 조성하려면 소련의 결함들을 드러내야 했고, 이를 위해서는 언론의 힘이 필요했다. 그는 빈사 상태인 소련 경제의 심장을 다시 뛰도록 만들기 위해 일종의 제한적인 자유 시장 개혁을 실시하려 했다.

하지만 평생토록 공산당에 몸담은 뼛속까지 공산주의자인 고르바초프는 자유 시장경제가 어떤 모습인지, 또는 그런 경제가 어떻게 작동하는지에 관해서는 그런 세상에 사는 어린아이만큼도 몰랐다. 소련의 공산당은 이미 생명력을 잃은 보수적인 '고목'들로 가득했고, 그들은 당연히 변화를 거부했다. 그리하여 고르바초프의 개혁은 사실상 아무런 효과를 내지 못했다. 소련에서는 거의 모든 것이 부족한데도 어느 하나 상황이 개선되지 않았다. 소련 국민들은 여전히 우유와 빵을 구하기 위해 긴 줄을 서야 했고, 공산당은 모든 것에 대해 독점을 유지했다.

고르바초프는 소련 안팎에서 양동작전을 전개했다. 먼저 국내에서 공산당의 저항을 우회하기 위해 의회를 소집했고, 국민들이 다양한 정당의 후보들 중에서 대표자를 직접 선출할 수 있는 길을 열었다. 한편 미국의 위협에서 벗어나기 위해 서방세계와 묵인적默認的 정책을 추구했고, 심지어 미국의 레이건 대통령과 유럽에서 핵무기를 전면 폐기하는 조약에 서명하기도 했다.

아무도 위협하지 마라. 고르바초프의 이 정책은 이내 잔인한 시험대에 오르게 되었다.

국민 국가들의 가을, 1989년 혁명

폴란드, 헝가리, 동독, 불가리아, 체코슬로바키아, 루마니아는 모두 소련의 위성국가들로, 북대서양조약기구, 즉 나토를 소련에서 떨어뜨려 놓는 완충지대의 역할을 했다. 소련은 서유럽의 심장을 겨냥해 이들 국가에 다양한 전차 군대를 주둔시켰다.

이들 위성국의 국민들은 소련 주둔군을 좋아하지 않았다. 자국에 대한 소련의 영향력을 보여 주는 상징이었기 때문이다. 소련 군대는 1956년 헝가리 혁명을 잔인하게 진압했고, 1968년에는 체코슬로바키아를 점령했다. 뿐만 아니라 1980년대 초반에는 사실상 폴란드를 무력으로 침공했다가, 폴란드 군대가 노동조합 운동을 진압하기 위해 군사 쿠데타를 일으켰을 때 철수했다.

동유럽 국가의 국민들은 고르바초프가 자국민에 대한 공산주의 지배력을 완화하는 움직임에 주목했다. 그러다가 1989년 마침내 그들이 행동에 돌입했다. (1989년 혁명은 1980년대 말부터 1990년 초까지 이어진 동유럽을 휩쓴 혁명의 일부로 '국민 국가들의 가을Autumn of

Nations'이라고도 불린다. 1989년 폴란드 인민공화국의 붕괴가 전체적인 혁명 사건들의 시초가 되었다. - 옮긴이) 이들 국가의 대도시 광장에 대규모 인원이 연이어 모여들었고, 이들은 거대한 물결을 이루며 서방세계와의 국경을 향해 이동하기 시작했다. 마침내 베를린 장벽이 무너졌다. 상부의 명령을 기다리던 국경 수비대가 지켜보는 가운데 시위대가 장벽을 깨부쉈지만, 국경 수비대에는 아무런 명령도 하달되지 않았다.

고르바초프는 소련군에게 그런 움직임을 제지하라는 명령을 내리지 않았다. 1989년 말이 되자 소련의 위성국이었던 동유럽 6개국은 모두 더 이상 공산주의 정부가 아니었다. 특히 동독은 미국의 조지 H. W. 부시 대통령이 통일 외교의 기치 아래 중재한 덕분에 서독과 통일되었다.

고르바초프는 소련 의회가 자신을 소비에트사회주의공화국연방의 대통령으로 선출하도록 만들었고, 자신의 역할을 공산당 당수로 축소시켰다. 그런 다음 고르바초프 대통령은 소련과 소련을 구성하는 '공화국들' 간의 관계를 약화시키는 작업을 시작했다. 그리하여 새로운 러시아 연방 공화국 체제가 탄생했다. 종속된 공화국들은 원한다면 독립할 수 있었지만, 군사와 외교정책에 대한 통치력은 러시아가 계속 유지하게 되었다. 마침내 소련공산당이 권력을 독점하던 시대가 막을 내렸다. 진정한 공산주의자들의 시대는 이제는 완전히 한물갔다.

결정적 한 방

1991년 8월 부통령 겐나디 야나예프^{Gennady Yanayev}, 수상 발렌틴 파블로프^{Valentin Pavlov}, 국방부 장관 드미트리 야조프^{Dmitry Yazov}, 국가 보안 위원회^{KGB} 의장 블라디미르 크류츠코프^{Vladimir Kryuchkov} 등을 주축으로 공산당 내 보수파들이 고르바초프 정권을 전복시키기 위해 쿠데타를 일으켰다. 쿠데타 세력은 정치적인 모든 활동을 중단시키고 모든 신문사를 폐쇄한다고 명령했다. 고르바초프는 크림 반도에서 휴가를 가지던 중에 가택 연금에 처해졌다.

쿠데타 세력은 러시아 국민이 봉기해서 자신들의 대의에 동참하기를 희망했다. 실제로 많은 사람들이 인간 사슬을 만들어 러시아의 백악관인 의회 건물 주변을 둥글게 에워쌌다. 하지만 쿠데타 세력의 기대와는 달리, 그들은 자신들이 민주적으로 선출한 정부를 보호하기 위해 나선 것이었다. 게다가 국회의사당을 점거하기 위해 파병된 특수부대들이 명령에 불복하기로 결정했다. 새로운 러시아 연방 대통령 보리스 옐친^{Boris Yeltsin}이 전차 위에 올라 군중들에게 총파업으로 항의 시위를 벌이자고 촉구했다.

대중의 반발 때문에 쿠데타는 3일 만에 실패했고 쿠데타 세력은 체포되었다. 그리고 고르바초프는 모스크바로 돌아왔지만 이미 그의 권력 장악력은 크게 줄어들었다. 실패한 쿠데타가 한 가지는 확실히 증명했는데, 고르바초프가 아무 실권이 없는 허수아비였다는 사실이었다.

최근에 선출된 러시아 연방의 옐친 대통령이 명실상부한 러시아의 최고 지도자였다. 그해 말에 우크라이나와 카자흐스탄 같은 소련의 구성 공화국들이 독립을 선언했다. 벨라베자 조약으로 알려진 그들 독립국과 옐친의 협정을 러시아의 평의회, 즉 소비에트(soviet는 본래 러시아어로 평의회라는 뜻이며, 소비에트사회주의공화국연방의 국호에서 소비에트는 '노동자, 농민, 인민의 민주적 자치 기구'를 의미한다. - 옮긴이)가 비준했고, 1991년 12월 8일에는 독립국가 연합(CIS, Commonwealth of Independent States)의 근간이 소련의 합법적인 승계국이라고 선포했다. 그러나 CIS에는 예전에 소련을 구성했던 공화국들의 군사와 외교정책을 통제할 권한이 없었다.

고르바초프에게 남은 선택은 무의미한 허수아비 대통령직에서 내려오는 것뿐이었고, 12월 25일 대통령직을 사임했다. 레닌의 무덤에 내걸렸던 소련의 상징인 붉은 기가 내려지고 대신에 러시아의 삼색 국기가 게양되었다.

마지막으로 소련의 국가가 울려 퍼지는 가운데 소련의 국기가 내려지는 것을 끝으로 소련은 사라졌다. 지구상에서 영원히.

푸틴, 21세기의 차르를 꿈꾸다

미국의 입장에서는 무력 충돌 없이 소비에트연방이 해체되는 모습을 지켜보는 것은 정말로 굉장했다! 이것은 제3차 세계대전으로 소련을 붕괴시키는 것보다 훨씬 더 바람직했다. 게다가 이제 소련이 붕괴함으로써 미국이 세계 유일의 강대국이 되었다.

하지만 이후에 일어난 사건은 훨씬 더 나빴다.

옐친은 불안정한 러시아호의 선장으로서 연이어 위기가 찾아오는 동안 좌초하지 않기 위해 최선을 다했다. 이것은 러시아에게는 또 다른 '동란 시대time of troubles'(공위空位 시대 또는 군주/정부 부재

기라고도 한다. - 옮긴이)였다. 그리고 이는 1500년대 말 류리크 왕조가 무너지고 1600년대 초 로마노프 왕조가 집권하기 전의 잃어버린 수십 년과 매우 흡사했다. 이번이 400여 년 전 동란과 다른 점이라면 러시아가 외세의 침략을 받지 않았다는 사실이다.

러시아는 체첸에서 발생한 민중 봉기 세력, 일명 체첸 반군과의 전쟁에서 패했다. 1998년 통화위기는 예전 공산당의 기득권적 관료들이 지배하던 러시아의 신생 자본주의경제를 파괴했고, 부패와 혼란은 일상이 되었다. 건강이 악화된 옐친은 1999년 예전 KGB 요원으로 무명이었던 블라디미르 푸틴Vladimir Putin을 차기 대통령으로 지명하며 사임했다.

훗날 '21세기의 차르'로 불리게 되는 푸틴은 권력을 어떻게 강탈하고 사용해야 하는지를 잘 알았다. 어느 정도 시간이 걸리기는 했지만 결국 푸틴은 민주주의에서 독재국가로 러시아의 시계를 되돌렸고, 2008년 조지아, 2014년 우크라이나, 2015년 시리아에 무력으로 개입함으로써 서구 세계의 심기를 크게 건드렸다.

이제는 고르바초프의 '고귀한' 실패가 그다지 고귀하지 않았음을 이해했을 걸로 믿는다. 만약 고르바초프가 시장경제를 통해 소련을 분권화된 국가로 성공적으로 재건했더라면 러시아의 '컴백' 과정은 안정적이고 성공적이었을 수도 있었다. 고르바초프가 재선에 성공하고 재임 기간이 끝난 후 질서정연하게 승계가 이뤄졌더라면, 러시아 정부에 민주주의 정권이 확실하게 뿌리내렸을지도 모른다. 그랬더라면 푸틴은 이름 없는 그저 그런 공산주의자로 남았을 것이고, 베를린 장벽이 무너지고 공산주의가 해체된 역사의 피해자라는 꼬리표가 더 어울렸을 것이다. 그런데 실제로는 그런 사건들이 되레 푸틴을 역사의 수혜자로 만들어 주었다. 오늘날 러시아를 누가 통치하고 있는지만 봐도 명확하다. 그리고 패배를 깨끗이 인정할 줄 모르는 '뒤끝 왕'은 러시아를 위대한 국가로 '컴백'시키고 싶어 한다. 그것도 미국을 밟고 올라서서 그렇게 하고 싶어 한다.

중국 민주화를 꿈꾸었던 비운의 지도자 자오쯔양 : 1989년

윌리엄 터도슬라비치

"세상 어디에도 없는 착한 사람"

자유. 착한 사람들은 자유를 좋아하고 나쁜 악당은 자유를 싫어한다. 이는 바로 미국인들의 선악관이라고 해도 틀리지 않다.

사람들이 독재자의 억압에 항거하기 위해 거리로 나갈 때마다 우리는 그들에게 동정 어린 지지를 보낸다. 우리는 힘없는 약자들을 응원하고 착한 그들이 이기기를 바란다. 하지만 가끔은 그들이 이기지 못한다.

1989년 중국에서 수만 명의 사람들이 정부의 책임 있는 태도를 요구하며 베이징 톈안먼 광장에 모여들었다. 이에 중국 정부는 책임 있는 태도를 약속하기는커녕 시위자들을 진압하기 위해 군대를 보냈다. 그리고 시위대의 마음에 똬리를 튼 '부르주아적 자유주

의'를 억제할 수 있기를 내심 바랐다. 그런데 진압 시도가 실패하자 군대는 비무장 시민들을 향해 발포했다.

그로부터 30여 년이 지난 지금도 우리는 또렷이 기억한다. 당연히 중국 정부는 그 사건이 잊히기를 바랐다. 무엇보다도 톈안먼 사태의 중심에 한 남자가 있었기 때문이었다. 사람들의 뇌리에서 오래전에 지워졌음에도 중국 정부가 그토록 잊지 못하는 그는 누구일까? 바로 자오쯔양趙紫陽이었다.

암초에 부딪히는 덩샤오핑의 개혁

중국은 1960년대 중앙위원회 주석 마오쩌둥의 문화대혁명 정책으로 피폐해졌고 약해졌다. 문화대혁명은 공산주의 이전 중국의 마지막 잔당을 모조리 숙청하기 위한 운동이었다. 그 결과 중국에는 공포 통치가 고착화되었다.

급진적인 학생들이 베이징과 다른 주요 도시들로 구름처럼 모여들었다. 지식인, 전문직 종사자, 야당 인사들이 하루아침에 각자의 일터에서 끌려 나왔고, 모든 것을 빼앗겼으며, 집단농장과 공장에 강제로 감금되어 노역자 신세가 되었다. 공산당의 거물들도 문화대혁명의 광기를 피해 갈 수 없었다. 그런 피해자 중 한 사람이 덩샤오핑鄧小平이었고, 또 다른 사람은 자오쯔양이었다.

문화대혁명의 여파로 국가를 운영할 노련한 관리자들이 부족해져서 경제가 파탄 나고 상황이 악화되었다. 그제야 중국을 정상 궤도로 되돌리기 위해 많은 기술 관료들과 예전의 정당 지도자들이 '복권'되었다. 마침내 문화대혁명의 원흉 마오쩌둥이 1976년에 사망했다. 그러나 여전히 마오쩌둥의 급진적인 측근들이 권력을 장악했다. 굴욕과 박해의 세월에서 부활한 덩샤오핑은 지난 경험을 거울 삼아 신중하게 움직였다. 우선 자신의 권력 기반을 공고히 다지는 데 집중했고, 마침내 권력 기반이 충분히 강해졌다는 판단이 섰을 때 비로소 칼을 빼 들었다. 공산당 내 급진주의자들을 숙청하고 당을 일신했다.

1980년대에 덩샤오핑은 경제개혁을 시작했다. 이는 중국을 집단 경제에서 시장경제로 전환하기 위해 반드시 거쳐야 하는 통과의례 같은 조치였다. 그는 경제개혁을 감독하는 공산당 총서기로 후야오방胡耀邦을 기용했다. 그러나 개혁은 구체적인 성과를 거두지 못했고 오히려 많은 사회 혼란만 야기했다. 그러자 덩샤오핑은 1986년 후야오방을 해임하고 사태 수습에 도움을 받고자 자오쯔양에게 손을 내밀었다.

덩샤오핑의 개혁 정책은 쉽지 않았다. 국영 산업들은 폐쇄되었고, 인민들은 일자리를 잃었으며, 간부들의 부정부패는 체계적으로 자행되었다. 중국 정부는 '한 가정 한 자녀'라는 산아제한 정책을 추진했고 사람들의 자유로운 이동을 막았는데, 그럼에도 일자리를 찾아 도시로 몰려드는 사람들의 행렬은 끊이지 않았다. 중국 정부는 어떤 일도 책임 있게 관리하는 것 같지 않았다.

이 모든 복잡한 관계의 한복판에서 후야오방이 1989년 4월 15일 심근경색으로 세상을 떠났다. 중국에서 중앙 정치국 위원의 죽음은 정치적인 문제일 뿐이었다.

보이는 게 다가 아니다

중국에서는 공산당이 정치를 독점해야 한다. 대규모 군중이 참여하도록 승인된 모든 행사는 보여 주기 위한 겉모습 아래에 숨은 의미가 있다.

고인이 된 후야오방은 생전에 정부 개혁을 지지했고, 부패 척결을 위해 노력했으며, 국민을 위해 더욱 책임 있는 정부를 만들기를 바랐다. 후야오방의 영결식에 참석한다는 것은 그가 추구한 가치들을 '지지'하는 행위였다.

후야오방의 영결식에 수만 명의 추모객들이 모였다. 대학생들은 시위를 시작했고 이는 처음에는 소규모로 진행되었다. 학생 시위대는 그간 중앙정부에 대해 쌓인 많은 불만을 일시에 표출하고자 했다. 특히 총서기장에서 해임된 후야오방의 명예를 복권시키고, 표현, 언론, 집회의 자유를 허용하라고 요구했다. 또한 대학과 연구에 대한 재정 지원이 확대되기를 바랐고, 마지막으로 자신들의 시위와 요구가 국영 언론에서 공정하게 보도되기를 희망했다.

'4월 18일 청원'은 대부분 무시되었다. 한편 중국 공안은 그 청원을 배후에서 주도한 학생들을 체포하기 위한 어떤 행동도 하지 않았다. 학생들 눈에는 중국 정부가 나약해 보였고, 학생들은 행진을 계속했다. 학생 시위대가 혁명의 선봉에 섰다. 학생 시위에 대해 중앙 정치국은 어떤 결정을 해야 할까? 시위대를 진압해야 할까? 아니면 그들을 회유해야 할까?

여기에서 총서기 자오쯔양이 등장한다. 먼저 그는 시위 학생들에게 학교로 돌아가라고 촉구했다. 그리고 중국 정부에는 시위 학생은 물론이고 지식인들과 광범위한 토론을 시작해야 하고 공안은 폭력을 자제해야 한다고 요구했다.

4월 23일 자오쯔양은 후야오방의 영결식에서 그 말을 남기고 기차에 올라 국빈 방문을 위해 북한으로 출발했다. 그것은 그가 저지른 최대 실수였다.

오직 한 사람의 결정만 중요하다

자오쯔양이 북한을 방문하느라 자리를 비운 사이에 국무원 총리 리펑李鵬이 그 틈을 이용해 움직이기 시작했다. 강경파였던 리펑에게는 오직 한 사람의 결정만이 중요했고, 어느 누구도 거치지 않고 그 사람에게 접근할 수 있는 권한도 있었다. 바로 국가 주석 덩샤오핑이었다. 당시 그는 정치 일선에서 물러나 반은퇴 상태였다. 그러나 리펑은 언제나 해바라기처럼 덩샤오핑의 입만 바라보았다.

리펑은 북한 순방에 오른 자오쯔양을 대신해 자신에게 임시로 주어진 권한으로 중앙위원회 정치국 상무위원회 회의를 소집했다. 자오쯔양이 있었다면 혼란을 잠재우기 위해 좀 더 온건하고 유화적인 접근법을 주장했을 것이다. '비둘기파'인 자오쯔양은 그 회의에 참석하지 못했고, 강경한 '매파'에 대항할 목소리를 낼 수 없었다. 상무위원들은 시위자들이 불순한 의도를 가지고 사전에 신중하게 계획한 정부 전복 시도를 하고 있다고 결론 내렸다. 그리고 상무위원회의 결론은 덩샤오핑에게 곧바로 전달되었다. 이미 시위라면 문화대혁명으로 '학을 떼었던' 덩샤오핑은 시위자들에게 일말의 동정심도 없었다. 그는 강경파들의 손을 들어 주었다. 그리고 중국에서는 오직 덩샤오핑의 결정만이 중요했다.

그다음 리펑은 덩샤오핑의 성명문에 손을 대서 제 입맛대로 고쳤고, 중국공산당의 공식 기관지 〈인민일보〉에 '덩샤오핑'의 성명문을 실었다. 당원들이 〈인민일보〉에서 읽은 성명문에서 덩샤오핑은 시위자들이 '반당反黨, 반사회주의 동기'를 갖고 있다고 비난했다.

이제 분노는 학생들의 몫이었다. 시위는 중국 전역으로 확산되었다. 북한 순방에서 돌아온 자오쯔양은 자신의 동료인 중앙 정치국 위원들과 접촉할 방법이 전혀 없음을 깨달았다.

5월 중순 학생들은 베이징의 중심이자 마오쩌둥의 무덤이 있는 마오쩌둥 기념당과 인민대회당, 그리고 자금성에서 가까운 곳에 위치한 톈안먼 광장에 집결했다. 워싱턴 D.C.로 치면 국회의사당과 백악관과 링컨 기념관 사이에 있는 내셔널 몰 전체에 시위자들이 쫙 깔렸다고 보면 된다.

5월 15일 소련의 미하일 고르바초프 서기장이 30년간 이어져 온 양국의 적대적 관계를 종식하기 위해 나흘 일정으로 중국을 방문했다. 대중과 언론의 접근이 엄격히 제한된 가운데 공항에서 고르바초프에 대한 환영식이 열렸다. 본래는 톈안먼 광장을 지나는 카퍼레이드가 예정되어 있었지만, 톈안먼 광장은 이미 시위자들이 점거하고 있었다.

5월 17일 자오쯔양은 마침내 덩샤오핑을 만날 수 있게 되었고, 회의 장소는 덩샤오핑의 자택이었다. 그런데 자오쯔양이 도착해 보니 덩샤오핑만이 아니라 중앙 정치국 위원 모두가 그 자리에 있었다. 자오쯔양은 이미 판이 자신에게 불리하게 짜여 있음을 깨달았다. 시쳇말로 그들끼리 짜고 치는 고스톱 판이었다. 그럼에도 그는 어떻게든 자신의 의견을 주장했고, 정치국 위원들에게 시위

학생들을 불온 세력으로 낙인찍은 〈인민일보〉 사설을 철회해 달라고 요청했다. 그렇게 하면 정부는 상황에 대한 정치적 통제력을 되찾을 수 있다고 주장했고, 질서를 회복하기 위해 폭력으로 시위를 진압하는 것은 상황만 악화시킬 뿐이라고 간곡하게 호소했다.

그렇지만 자오쯔양의 주장에 아무도 동조하지 않았다. 오히려 리펑은 그를 대놓고 비난했다. 마침내 덩샤오핑이 입을 열었다. 지금 와서 물러서는 것은 상황을 악화시킬 뿐일 거라고 그가 말했고, 이로써 상황이 종료되었다. 그러면서 베이징에 계엄령을 선포하라고 요구했고, 결국 인민 해방군이 베이징에 입성했다.

자오쯔양은 이틀 후 톈안먼 광장을 찾아 학생들에게 연설했다. 그가 그날 연대감을 보여 준 행위는 실각한 지도자로서 그의 마지막 공개 활동이었다.

전차들이 지나간 톈안먼에는…

5월 20일을 시작으로 약 25만 명의 군인들이 베이징에 도착했고 시내 전역에서 거점들을 점령했다. 주요 시위 장소 바깥에서는 많은 베이징 시민들이 군대를 설득해 도시 외곽으로 물러나도록 만들었다. 그러나 그것도 잠시, 베이징 교외에 머물던 병사들은 베이징으로 재진입하라는 명령을 받았다. 그들의 베이징 재입성은 중국 전역 도시들에서 발생한 비슷한 시위대들에 대한 여타의 군사 작전들과 시간을 맞춰 진행됐다. 6월 3일 밤과 4일 새벽 사이에 사단 두 개가 투입되었고 톈안먼 광장에서 시위자들을 강제해산시키기 시작했다. 무력 강제 진압에 동원된 군인들은 의도적으로 베이징에 연고가 없는 중국 변방 지역 출신들로 구성되었다. 그래서 그들은 시위자들에게 무차별 발포하는 데 사실상 아무런 동정심도 갖지 않았다. 그저 기계처럼 명령을 따를 뿐이었다.

전 세계의 기자들이 톈안먼 광장으로 몰려들었다. 그리하여 트럭에서 쏟아진 군인들이 비무장 시위자들을 향해 발포하고, 군인들이 설치한 저지선 때문에 구급차가 접근을 못해 부상당한 시위자들을 후송하지 못한다는 등의 소식이 TV 뉴스와 신문 기사를 통해 전 세계로 퍼져 나갔다. 심지어 무력 진압 현장이 생중계되기도 했다. 한편 시위에 참여하지 않은 일반 시민들이 자전거와 수레에 부상자들을 싣고 인근 병원으로 달려갔다. 그러나 병원마다 이미 부상자들로 넘쳐 났다. 그날 밤부터 새벽까지 총소리가 끊이지 않았다. 새벽 여섯시, 톈안먼 광장에서는 사람의 그림자를 찾아볼 수 없었고, 광장은 쓰레기와 잔해와 파편과 피로 온통 뒤섞여 지난밤 폭력의 진상을 여실히 보여 주고 있었다. 오늘날까지도 우리는 정확한 사망자 수를 알지 못한다. 218명이 사망했다는 중국 정부의 공식 발표보다 조금 더 많은 300명 정도였을까? 아니면 1,000명이 넘었을까?

덩샤오핑은 며칠 후 국영 TV에 출연해서 진압 군대의 장군들이 중국을 구했다며 치하했다. 그의 곁에는 중앙 정치국 위원들은 물론이고, 비록 정치 일선에서는 물러났지만 그들을 지지하는 공산당 원로들이 자리했다. 또한 군인들이 톈안먼 광장에 도착해서 해산하는 시위자들을 비폭력적으로 제압하는 영상을 내보냈다. 당연히 진실을 호도하기 위해 심각하게 편집한 영상이었다.

자오쯔양은 몇 주 후 중앙 정치국 회의에 참석했다. 만약 그가 자신의 교리적 과오를 인정하며 '자아비판적' 발언을 했더라면 어쩌면 어느 정도 용서를 받았을지도 모르겠다. 그러나 자오쯔양은 자신의 뜻을 굽히지 않았다. 그는 총서기직에서 해임되어 가택 연금에 처해졌고, 이는 2005년 숨을 거둘 때까지 계속되었다. 사후에도 복권되지 못한 자오쯔양은 '착한 사람들이 꼴찌를 한다', 즉 착한 사람들이 언제나 당하고 손해 본다는 것을 보여 주는 대표적인 사례였다.

선한 사람이 설 자리는 없다

상하이의 공산당 서기장 장쩌민江澤民이 자오쯔양의 후임으로 당총서기에 위촉되었다. 장쩌민은 상하이에서 무력을 사용하지 않고 시위대를 해산시켰으며 덩샤오핑의 치안 정책을 지지했다.

마침내 1993년 덩샤오핑은 막후 통치에서조차 완전히 손을 뗐고 장쩌민의 시대가 활짝 열렸다. 국가 주석으로서 그는 중국을 초超국가주의 방향으로 이끌었다. 공산당은 정치권력을 변함없이 독점했지만 민간 기업이 뿌리를 내리도록 허용했다. 중국 경제가 호전되었고 인민들의 생활수준도 향상되었다. 그리고 인민들의 삶이 향상되는 한 중국 정부는 아무런 문제가 없었다. 하지만 중국 정부에게는 역린이 있다. 톈안먼 광장 학살을 언급하는 것은 범죄다.

이것이 바로 오늘날 중국이라는 국가가 작동하는 방식이다. 예전에 황제들이 중국을 통치하던 시절에는 어땠을까? 통치자로서의 정통성은 당연히 평화와 번영을 유지하는 것에 달려 있었다. 홍수, 기근 같은 천재지변은 물론이고 부패한 관료, 내전 등으로 백성들의 삶이 피폐해지자마자 통치 왕조는 정통성을 잃고 멸망하거나 전복되었다. 그다음 새로운 왕조가 등장하고 한동안 태평성대가 이어졌다. 그러다 또다시 백성들의 삶이 피폐해지면… 그렇게 흥기-번영-쇠퇴-몰락의 순환 주기가 되풀이되었다.

그렇다면 '공산주의 왕조'는 어떻게 중국의 '난세기'를 다루었어야 했을까? 가장 좋은 시나리오는 자오쯔양이 실각하지 않고 자신의 뜻을 펼치는 것이었다. 게다가 자오쯔양의 정책 방향은 중국의 전통적인 정치 문화와도 일치했을 것이다. 예로부터 중국의 소작농들은 황제에게 어려움과 문제를 탄원했고, 자신들의 문제를 해결해 달라고 요구했다. 톈안먼 광장을 가득 채웠던 민심도 그런 오랜 전통과 조금도 다르지 않았다.

1989년에 실각하지 않았더라도 어차피 자오쯔양은 총서기직을 오래 유지하기는 힘들었을 것이다. 길어야 6~7년을 못 넘겼을 성싶다. 하지만 그 시간도 중국에는 결코 짧은 시간이 아니었을지도 모른다. 자오쯔양의 평소 행보로 보건대 경제 변화와 사회정의의 균형을 맞추는 방향으로 중국을 통치했을 가능성이 컸다. 그랬더라면 주변 국가들에게 미치는 군사적 위협감이 줄어들어 중국이 좀 더 '다정한' 이웃이 되었을지 누가 알겠는가? 또한 그랬다면 주변 국가들은 '다정한' 아시아 최대 국가와의 교역을 더욱 열망했을 것이다. 이는 다시 중국에도 유익했을 수 있다. 누구도 위협하고 겁줄 필요 없이 지역에 대한 패권적 지배력을 손에 넣을 수 있었을 테니 말이다.

하지만 현실은 달랐다. 중국은 4반세기가 훨씬 넘는 시간 동안 초국가주의적 노선을 정책의 최우선 순위로 두었다. 중국은 군사력을 증강했고, 국제법을 무시하는 것은 물론 주변 국가들을 희생시키면서까지 남중국해에 대한 영유권을 줄기차게 요구한다. 또한 자국 기업의 경쟁 우위를 강화하기 위해 사이버 전쟁 역량을 앞세워 미국 기업들로부터 지식 재산을 강탈하는 도둑질도 서슴지 않는다.

자오쯔양이 권력투쟁에서 승리했더라면, 중국은 세계 어느 국가에 대해서건 적대국으로서가 아니라 우방으로서 훨씬 위대한 나라가 되지 않았을까?

냉전 종식의 역효과, 올바로 쓰이지 못한 평화 배당금 : 1992년

폴 A. 톰센

"짧았지만 찬란한 그 순간… 카멜롯이… 있었음을"

(존 F. 케네디의 미망인 재키 케네디가 케네디의 재임 시절을 아서 왕의 카멜롯에 비유하면서 한 말이다. - 옮긴이)

1990년 소련이 해체되었을 때 미국은 경제 전쟁을 통해 냉전이 완전하고 평화적으로 종식되었다고 깊은 안도의 한숨을 내쉬었다. 소련은 그야말로 철저히 붕괴했다. 이유는 결국 돈이었다. 미국과 나토는 방위와 첩보 활동에 막대한 재정을 투입했고, 소련은 더 이상 그런 분야에서 예산적 균형을 유지하기가 불가능해졌기 때문이다. 그런데 미국인들은 승리의 달콤함에 젖어 이성을 잃고 말았다. 물리적 방어에 소요되던 막대한 예산을 이제는 산적한 국내 프로젝트들에 마음껏 투자할 수 있을 거라고 생각했다. 그러나 그것은 순전한 착각이었다. 미래의 필요를 정확히 예측하지 못한 근시안적인 판단이었고, 엉뚱한 예산 항목들에 커다란 구멍을 내고 말

았다. 미국의 지도자들은 국민의 바람에 호응해 국내 투자에 과욕을 부렸고, 이에 따른 피해는 국방에 고스란히 돌아갔다. 군대는 전투에서 힘을 쓰지 못했고, 17개 조직으로 구성된 정보 공동체(IC, intelligence community)는 미래의 위협을 저지할 수 없게 되었다.

냉전 시대에는 미국인들이 국방 예산 확대를 지지했다. 그러나 냉전이 끝난 1990년대에 미국 지도자들은 민심의 향배가 확연히 달라진 것을 깨달았다. 이제 유권자들은 국방 예산 축소를 더 좋아했다. 가령 1989년에 미국은 국방비로 3,035억 달러를 지출했다. 그리고 1992년 대통령 선거에서 민주당 후보 빌 클린턴Bill Clinton이 일반 유권자 투표에서 승리할 수 있었던 이유 중 하나를 그가 내건 공약에서 찾을 수 있는데, 클린턴 후보는 5년에 걸쳐 방위비를 600억 달러 삭감하고 대신에 그 예산을 국내 경제성장에 투자하겠다고 약속했다. 세상에 일자리가 증가하고 주택 가격이 안정화되는 것을 마다하는 사람은 없다. 대통령이 된 후 클린턴은 대선 공약을 성실히 지켰다. 군대 규모, 장비, 장병들의 복리 후생 등은 물론이고 그로 말미암은 '비필수적' 군대 기지를 포함해 가시적인 군사비 예산을 삭감했다. 또한 1994년에는 국방부 소속의 민간 인력과 비전투 행정 인력 18만 1,000명을 감축해서 40억 달러를 추가로 삭감하자고 제안했다. 그리하여 클린턴의 첫 번째 대통령 임기 마지막 해인 1996년 국방비 예산은 2,657억 달러였다. 이것과 관련해 희비가 엇갈렸다. 유권자들은 다시 찾은 경제 번영으로 신바람이 났다. 반면 군대는 전투 준비가 전혀 되지 않은 거의 무늬만 군대였고 냉전 시대 당당했던 위용은 온데간데없이 사라졌다. 게다가 어차피 이제는 전쟁을 하지 않을 것인데 새로운 군사교범이나 미래의 전쟁 수행을 위한 전략을 세울 군대 행정관들이 군이 필요할까? 결국 군대 내에는, 냉전 시대의 소련 같은 또 다른 적이나 새로운 악의 세력이 등장하는 것을 감시하고 그에 대비해 계획을 수립할 담당자가 완전히 씨가 말랐다.

정보기관들의 예산도 국방비와 비슷한 운명을 맞았고, 당연히 정보 수집 활동이 위축되었으며, 이는 부메랑이 되어 돌아왔다. 대선 공약 중 하나로 클린턴은 4년에 걸쳐 정보 공동체 예산을 70억 달러 감축하겠다고 약속했다. 그런데 1992년 당시 하원 의원이었던 버니 샌더스Bernie Sanders 같은 일부 민주당 의원들은 한술 더 떴다. 평화 배당금peace dividend gains(전쟁 등 갈등 상황이 마무리되면서 발생하는 경제적인 이득이다. – 옮긴이)을 늘리기 위해 CIA에 대한 재정 지원을 축소하는 것을 포함해 더욱 대폭적인 삭감을 강력히 주장한 것이다. 그리하여 클린턴 임기 첫해인 1993년 민주당 의원들은 정보기관 예산에서 일단 10억 달러를 추가로 삭감하고, 이후 몇 년간 점진적으로 삭감하는 것으로 마무리 지었다.

CIA 하나만 놓고 봐도 이것은 '보고된' 전체 예산이 18퍼센트 줄어들고 인력이 16퍼센트 감소한다는 뜻이었다. 이것은 냉전 시대에 인적 정보 수집(정보원, 공작원, 협조자 등 인적 네트워크를 통한 정보 수집을 말한다. – 옮긴이), 분석, 첩보 인력 충원 등의 업무를 진행했던 CIA 영웅들에게 소련의 어떤 공격보다 신속한 타격을 주었다. 그야말로 청천벽력이었다. 더욱이 국가 안보 기밀 유지 명령에 따라 입에 재갈이 물린 터라 정보기관 직원들은 스스로를 보호할 수도 없는 처지였다. 예산이 대폭 삭감된 이후 IC의 많은 직원들이 넌더리를 내며 사표를 던졌다. 잔류한 소수도 예산 삭감으로 구식 PC를 사용하게 되었고 보안 인터넷 액세스 서비스는 엄두도 낼 수 없었다. 1990년대 말이 되자 정보기관들은 사실상 '영양실조'에 걸렸고 반쯤 실명되었으며, 새롭게 부상하는 미국의 다음번 적을 감지할 수 없을지도 모른다는 두려움에 사로잡혔다.

그런데 미국 바깥에서 미국 정부가 휘두르는 예산 삭감의 칼춤을 조용히 지켜보던 세력이 있었다. 그들은 미국의 새로운 국가 안보 현실을 예의 주시하며 긴밀히 조사했다. 처음에는 아무도 그들의 존재에 주목하지 않았지만 이내 미국의 새로운 '악몽'으로 존재감을 드러내게 된 알카에다였다. 과격파 이슬람 민병대 조직인 알카에다의 일부 조직원들은 몇 년 전 소련과 아프가니스탄 전쟁에서 CIA를 도와 소련군과 싸우기도 했다. 또한 사우디아라비아와 이집트에서 정부 전복을 시도했던 민병대원들도 있었다. 미국이 1990년대에 이라크의 공격성을 억제하고 평화 배당금을 유지하려고 기를 쓰는 동안, 이제 그들은 세상의 무관심 속에서 하나로 뭉쳤다. 그들은 미국의 그런 움직임을 나약함의 표시로 보았고 그런 약점을 공략하면 미국을 중동에서 몰아낼 수 있겠다고 생각했다. 1993년 10월 알카에다가 내전 중인 소말리아에서 미국을 향해 첫 번째 마수를 드러냈다. 당시 미국의 특수 임무 부대가 소말리아에서 인도적 임무를 수행하던 중에 민병대에게 매복 공격을 당했는데, 알카에다가 그 공격을 은밀히 지원했다. 모가디슈 매복 공격을 받은 이 부대는 인도주의 차원의 임무를 수행하던 터라 당연히 최정예 부대가 아니었다. 어쨌든 소말리아 민병대의 매복 공격으로 그들의 임무는 실패했고 미군은 사상자까지 발생했다. 그러자 인근에 주둔하던 유엔의 다국적군이 급히 구조 부대를 조직해 이들 미군을 구출했고, 이로써 미국은 국제적인 망신을 샀다. 무엇보다 유엔 다국적군이 미군보다 장비가 월등히 뛰어났다. 그건 시작에 불과했다. 몇 년 후 1998년과 1999년에 알카에다 소속의 소규모 자살 폭탄 테러 팀들이 아프리카 주재 미국 대사관 두 곳을 파괴해 각각 수백만 달러의 피해를 입혔다. 또한 2000년에는 예멘에서 재급유 중이던 미 해군 전함 콜이 알카에다의 자살 폭탄 공격으로 거의 파괴되다시피 했다.

이후 CIA와 군대는 알카에다의 수장 오사마 빈 라덴을 색출해 제거하려고 혈안이 되었지만 모두 실패했다. 알카에다가 미국 본토에 대한 매우 실질적인 위협인 것은 분명했다. 그러나 자원이 부족한 CIA는 알카에다가 단순히 운 좋은 광신자들의 게릴라 집단이 아니라는 사실을 미국의 정책 결정자에게 납득시킬 수 없었다. 냉전이 끝났을 때 클린턴이 해고했던 국방부의 행정관들을 기억하는가? 아마도 그들은 냉전 시대 이후의 새로운 공격 대응 프로토콜을 만들 기회도 없이 짐을 싸야 했을 것이다. 그 결과는 정말 뼈아팠다.

2001년 미국 본토에 대한 공격의 징후가 감지되어 군대는 경계 태세에 돌입했다. 9월 11일 아침에 납치된 항공기가 미국의 심장인 뉴욕을 공격했다. 이미 출격 태세를 갖추고 있던 전투기 조종사들은 첫 번째 공격이 있고 수 분 내로 출격했다. 그런데 그들이 수색한 것은 공중 납치된 항공기가 아니었다. 그들은 토씨 하나 변경되지 않은 냉전 시대의 공격 대응 프로토콜을 그대로 따랐다. 그래서 그들은 소련의 핵 잠수함을 찾아 바다 위를 수색했다. 새로운 지시를 받고서야 자신들이 헛짓을 하고 있음을 깨달았다. 그럴 수밖에 없었던 것이, 그들이 가진 매뉴얼에 따르면 소련의 핵 잠수함이 미국에 대한 가장 큰 위협이었다. 그리하여 2001년 9월 11일 공중 납치된 항공기 세 대가 미국의 상징인 건물 세 개에 충돌했고, 다른 한 대는 테러범들에 맞선 민간인 승객들의 영웅적인 행동 덕분에 펜실베이니아의 들판에 추락했다. 결과적으로 냉전의 평화 배당금에 연연했던 대가를 약 3,000명의 미국인들의 목숨으로 치렀다.

미국의 정책 결정권자들에게는 군대와 정보기관의 물리적인 인프라를 축소하지 않고도 평화 배당금을 취할 수 있는 좋은 방법이 있었다. 국방비 예산에서 '돈 먹는 하마' 항목만 골라 '족집게' 식으로 삭감하는 것이다. 예를 들어 클린턴은 국방부의 연구 프로그램 두 개, 구체적으로 탄도탄 요격 유도탄 기술(ABM, antiballistic missile)과 V-22 오스프리(수직 이착륙과 단거리 이착륙 능력을 가진 군용 수송기다. - 옮긴이) 프로그램에 대한 지원을 축소하고 소규모 잉여 병력 감축을 실시함으로써 예산 삭감 공약을 달성할 수도 있었다. 1993년 클린턴은 ABM 프로그램에 54억 달러의 예산을 배당했다. 2001년이 되자 ABM 프로그램은 연간 80억 달러의 예산을 소모하면서도 여전히 아무런 결과물을 내놓지 못했다. V-22 오스프리 프로그램도 비슷했다. 1981년, 수직 이착륙이 가능한 틸트로터형 V-22 오스프리 수송기에 390억 달러의 개발 예산이 들어갔다. 그리고 수차례에 걸친 재설계와 치명적인 사고들을 겪은 후 2007년에야 비로소 실제 전투에 투입되었다. V-22 오스프리 수송기의 총 개발비는 애초 예산에서 거의 50퍼센트가 증가한 560억 달러였고 한 대당 생산 비용은 1억 달러였다. 굳이 계산기를 꺼내지 않아도 얼추 감이 오지 않는가? ABM과 오스프리 프로젝트에 들어간 예산만 합쳐도 클린턴이 약속한 평화 배당금을 충당할 수 있었을 것이다.

미국이 이처럼 '족집게' 방식으로 예산을 삭감했더라면, 1990년대 초반에도 여전히 강력한 국방 능력으로 직접적인 혜택을 거두는 것은 물론이고 사실상 세상도 바꿀 수 있었을지 모른다. 첫째, 새로운 평화 배당금으로 1993년 미국의 소말리아 특수 임무 부대에 대한 공중 지원과 병력 수송 장갑 차량에 예산을 지원할 수도 있었다. 그랬더라면 사상자를 최소화했을 것이고, 아울러 소말리아 민병대에 의한 모가디슈 매복 공격의 결과를 바꿔 놓았을 가능성이 컸다. 둘째, 새로운 평화 배당금은 부상하는 위협 세력을 포착하고 저지시키는 미국 정보 공동체 IC의 능력을 약화시키는 것이 아니라 더 나은 장비로 보완할 수도 있었다. 그랬더라면 CIA는 충원된 인력, 최신식 PC, 고용된 외부 정보원 등을 활용해 9.11 테러 공격의 계획이 수립되기 전에 알카에다를 추적해서 섬멸할 수 있었을지도 모른다. 또한 빈 라덴을 제거하고 아프가니스탄과 이라크에서 10년 넘게 이어진 전쟁을 미연에 방지했을지 누가 알겠는가? 새로운 평화 배당금으로 전 세계에 이득을 나눠줄 수 있었을지도 모르겠다. 미국은 세계 곳곳에서 소규모 국지전이 벌어질 때마다 '돌려막기식'으로 소규모 병력으로 대응하지 않아도 되었을 것이다. 오히려 뛰어난 인력과 단호한 의지를 현명하게 활용하여 세상의 혼란에 적극적으로 관여할 수 있지 않았을까? 나아가 온전한 상태를 유지한 미국의 국방 인프라가 미국의 이익 수준을 넘어 외국과 미국의 동반 경제 발전에 이바지하는 밑거름이 되었을지 누가 알겠는가? 다시 말해 팍스 아메리카나, 즉 미국 주도의 세계 평화를 지탱하는 인프라가 될 수도 있었다는 이야기다. 클린턴은 자신의 두 번째 임기가 끝나 갈 즈음에야 비로소 이런 개념에 눈을 뜨기 시작했다.

정말이지 세상은 지금과는 다른 곳이 되었을지도 모른다. 1993년 모가디슈 전투가 재앙으로 끝나지 않았을 것이고, 1994년

르완다 집단 학살(르완다 내전 중에 후투 족이 투치 족과 후투 족 중도파를 대상으로 자행한 집단 학살을 말한다. – 옮긴이)을 저지할 수도 있었다. 또한 미군과 나토 다국적군의 강력한 군사력이 버티고 있었더라면, 유고슬라비아 연방공화국 대통령 슬로보단 밀로셰비치Slobodan Milošević와 그의 동조자들이 감히 코소보 전쟁(1999년 유고슬라비아 연방공화국의 코소보와 알바니아에서 벌어진 전쟁이다. – 옮긴이)을 시작하지 못했을 수도 있다. 한편 알카에다는 1990년대에 이름도 없이 사산되어 누구에게도 악몽이 되지 못했을 것이다. 빈 라덴이라는 공포의 요소가 없었더라면 제2차 걸프 전쟁은 잉태되지 않았을 가능성이 크다. 조지 W. 부시 행정부의 딕 체니 부통령이 이라크가 대량 살상 무기를 보유하고 있다는 잘못된 정보에 근거해 이라크 침공을 주장했을 때, 충분한 인력과 뛰어난 장비로 무장한 미국의 정보 공동체는 확실한 정보를 토대로 그의 주장에 반박할 수 있었을 것이기 때문이다. 그랬더라면 100만 명의 이라크 국민과 6,800명의 미군 병사들 그리고 6,900명의 민간 군사 기업 직원들이 희생될 필요가 없었다. 팻 틸먼Pat Tillman(현역 미식축구 스타로서 자원 입대해 이라크 전쟁에 참전했다가 귀환한 다음 2004년 아프가니스탄에 다시 파병되었고 그곳에서 벌어진 교전에서 전사했다. – 옮긴이)은 지금도 미식축구 선수로 활약하고, 가수 닐 영Neil Young의 '레츠 롤Lets' Roll'은 절대로 탄생하지 않았을 것이다.(9.11 테러 당시 납치 비행기의 한 승객이 "레츠 롤"이라는 외침과 함께 다른 승객들과 합심해 테러범들과 몸싸움을 벌여 비행기가 펜실베이니아에 추락했는데, 이들 영웅의 용기를 기리는 노래로 '시작하자'는 뜻이다. – 옮긴이)

반면에 민주당의 여성 하원 의원 개비 기퍼즈Gabrielle Dee 'Gabby' Giffords(2011년 애리조나 투손에서 발생한 괴한의 총기 난사 사건으로 머리에 총상을 입었다가 회복했다. - 옮긴이)와 다른 많은 사람들은 제 2차 걸프 전쟁에서 획득한 중대한 의료 경험이 없었더라면 머리 총상으로 숨졌을 것이다. 한편 대형 방위산업체 몇 곳은 한동안 어려움을 겪었을지 몰라도 결국에는 갈수록 줄어드는 저임금 노동자들을 대체하는 자동화 소프트웨어를 개발하는 일을 수주했을 가능성이 크다. 게다가 지속 가능한 평화 배당금 덕분에 더 많은 미국인들이 일자리를 구하고 집을 구입하며 일상을 성공적으로 영위했을 것이다. 그것도 공포에서 완전히 해방된 세상에서 말이다.

넷플릭스의 달콤한 제안을 거절한 대가

빌 포셋

"어쨌건 인터넷은 그냥 하나의 추세일 뿐이야"

1980년대에는 단연코 비디오 영화가 가정용 오락의 대세였다. 비디오 녹화기 기술이 오락 세상을 접수했고, 극장 상영보다는 가정용 비디오로 더 많은 수익을 올리는 영화들도 많았다. 비디오 영화 시장의 제왕은 소매 체인 블록버스터^{Blockbuster}였다. 1985년 설립된 블록버스터는 폭발적으로 성장해 1988년 400개가 넘는 매장을 운영했고 1991년에는 체인점 수가 1,000개를 돌파했다. 1994년 언론 재벌인 바이어컴에 인수된 블록버스터는 1990년대 중반에 방향을 바꾸어 대여용 DVD가 매장 선반을 차지하기 시작했다. 블록버스터의 경이로운 성공에 다른 기업들도 앞다투어 DVD 시장에 진출했다. 가장 눈에 띄는 기업은 아마존이었다. 1994년 온라인 서점으로 출발한 아마존은 1997년 음악 CD 등으로 제품 라인업을 다양화했는데 DVD도 그중 하나였다. 아마존과 여타 새로운 경쟁자들이 블록버스터의 DVD 판매 매출을 잠식했지만, 핵심적인 사업 영역인 오프라인 DVD 대여에 뛰어든 기업은 없었다. 한편 1997년에는 전혀 새로운 방식의 DVD 대여 업체가 등장했다. 오직 우편을 통해서만 DVD를 대여하는 넷플릭스였다. DVD 우편대여 업체인 넷플릭스는 하루가 다르게 성장했지만, 성장 속도 면에서나 규모 면에서 DVD 대여 시장에서 블록버스터의 아성에 실제적인 도전이 될 만큼은 아니었다.

2000년 넷플릭스가 블록버스터에 만남을 요청했다. 넷플릭스 경영진이 캘리포니아에서 텍사스 주 댈러스에 있는 블록버스터를 찾아와 온라인 시장과 그 가능성에 대해 장황하게 설명했다. 넷플릭스의 경영진은 블록버스터에게 손을 잡자고, 나아가 블록버스터의 모든 온라인 사업을 관리해 주겠다고 제안했다. 사실상 넷플리스가 블록버스터에게 제휴 관계를 제안한 것이었다. 어쩌면 블록버스터 입장에서는 푼돈으로 넷플릭스를 인수할 수 있는 기회가 찾아온 것이었다. 블록버스터의 선택은? 퇴짜를 놓았다. 블록버스터 경영진의 반응은 단순히 근시안적이라는 말조차 솔직히 아깝다. 그날 회의에 참석했던 넷플릭스의 최고 재무 책임자 배리 매카시Barry McCarthy는 언젠가 이렇게 말했다. "그들은 실실 쪼개면서 우리를 사무실에서 내쫓다시피 했다."

2008년 비디오 대여 업계의 거인 블록버스터는 전 세계에서 8,000개의 매장과 6만 명의 종업원을 거느렸으며 연 매출도 50억 달러가 넘었다. 넷플릭스도 블록버스터와 아무런 연결 고리 없이 성장을 시작했다. 인터넷은 하루가 다르게 빨라졌고 효율성이 커졌다. 그러자 넷플릭스는 자사의 온라인 DVD 대여 프로그램에 영화를 다운로드할 수 있는 서비스를 추가했다. 반면 인터넷이라는 신문물이 무섭게 다가오는데도 블록버스터 매장들은 계속해서 DVD 판매에 올인했다.

2014년 시대의 흐름을 읽지 못한 블록버스터는 파산했다. 오늘날 블록버스터는 사실상 사라졌고,(현재는 오리건 주 벤더 시에 한 곳만 남아 있다.-옮긴이) 그들이 실실 쪼개며 사무실에서 쫓아냈던 기업은 분기별 매출이 10억 달러를 초과한다. 격세지감이 따로 없다. 블록버스터의 조롱을 받았던 넷플릭스는 지금 수십억 달러짜리 기업으로 성장했고 오리지널 콘텐츠까지 제작하고 있다.

블록버스터의 실수는 명확하다. 미래를 내다보지 못했을 뿐 아니라 자사의 비즈니스 모델이 영원할 거라고 착각했다. (한때) 매우 성공적인 경영으로 업계의 부러움을 한 몸에 받았던 블록버스터의 경영진이 넷플릭스의 잠재력을 알아보고 받아들였더라면, 지금도 당신 동네에 블록버스터 매장이 있었을지도 모르겠다.

부시와 앨 고어의 운명을 가른 연방 대법관의 선택 : 2000년

마이크 레즈닉

"표 하나가, 의견 하나가 미국의 차기 대통령을 결정했다"

미국 역사상 최고 박빙이었던 대통령 선거는 2000년 선거였다. 주인공은 공화당 후보 조지 W. 부시와 민주당 후보 앨 고어Al Gore였다. 미국 동부 시간으로 밤 열한시, 일부 방송사는 부시의 당선을 예측했다. 동부 시간으로 다음 날 새벽 두시 삼십분, 이들 방송사는 예측을 번복했다. 둘 중 하나였다. 앨 고어의 당선이 확정되었다는 측과, 접전 양상으로 선거 결과가 오리무중이라는 측이었다. 동부 시간으로 새벽 네시, 모든 방송사가 한 목소리를 냈다. 승부가 초박빙이어서 아무도 결과를 장담할 수 없다.

　마침내 최대 격전지였던 플로리다 주가 승패의 칼자루를 쥐게 되었다. 개표하고 재검표하고 또다시 재검표가 진행되었다. 재

검표 결과 부시가 327표 차이로 앞섰다. 그러나 플로리다의 주법에 따라 고어는 자신이 원하는 선거구들을 대상으로 수검표를 할 수 있는 기회가 허락되었다. 그러자 부시 측에서 소송을 냈고, 연방 대법원은 7 대 2로 고어가 재검표 선거구들을 선택할 수 없다고 판결했다. 고어가 원하는 선거구들을 대상으로 실시하는 선별적인 재검표는 다른 선거구들의 표를 역차별하는 행위라는 이유에서였다.

이번에는 고어 진영이 항소를 제기했고 부시 측이 반소로 맞불을 놨다. 차기 대통령이 결정될 때까지 미국 전체의 눈과 귀가 심리가 열리는 연방 대법원에 쏠렸다. 마침내 연방 대법원이 양측의 주장을 모두 들은 후 판결을 내렸다. 수재검표는 헌법에 위배된다며 5 대 4로 부시의 손을 들어 주었다. 이로써 말도 많고 탈도 많았던 대통령 선거가 36일 만인 12월 13일에 막을 내렸다. 미국의 제41대 대통령의 큰아들이었던 부시가 제43대 미국 대통령에 올랐다. 부시는 자신이 '투표 종이' 한 장 차이로 백악관의 주인이 되었음을 깊이 의식했고, 민주당 지지자들을 달래기 위해 각고의 노력을 기울였다. 민주당 상원 의원 테디 케네디가 추진하던 '아동 낙오 방지법'(일반 교육과정에서 낙오하는 학생이 없도록 미국의 각 주가 성취도 평가의 기준을 정하고, 이를 충족하지 못한 학교, 교사, 학생은 제재를 받도록 하는 법이다. - 옮긴이)을 지지한 것도 그 한 예다. 부시는 대통령에 취임하고 처음 아홉 달 동안 일거수일투족에 신중하고 또 신중했다.

그런 다음 운명의 9월 11일이 되었다. 미국 본토를 상대로 자살 테러 공격이 발생했다. 이름조차 생소한 적대 세력이 미국을 공격해 뉴욕의 세계 무역 센터가 무너졌고, 워싱턴 D.C. 국방부 건물이 일부 파괴되었으며, 3,000명이 넘는 미국인들이 목숨을 잃었다. 2001년 9월 11일 이전에 그 테러 조직의 이름과 존재는 사실상 미국인들에게 그야말로 '듣보잡'이었다.

부시 대통령은 즉시 군대를 동원했고 전쟁 준비를 명령했다. 그리고 실제로 미국은 테러와의 전쟁에 나섰다. 2001년 10월 7일 미국은 영국과 함께 '항구적 자유 작전'이라는 이름으로 아프가니스탄을 침공했다. 그리고 9.11 테러가 발생하고 몇 달 지나지 않아 오사마 빈 라덴의 근거지를 파괴했고 알카에다를 붕괴시켰다. 항구적 자유 작전은 미군의 사상자가 거의 발생하지 않은 신속하고 효율적인 작전이었다. 부정적인 것은 딱 하나였다. 빈 라덴을 제거하지 못했다는 점이었다. 그는 근거지를 탈출해 은신했다. 그때부터 부시 대통령은 시한폭탄인 빈 라덴을 찾는 데 혈안이 되어 중동과 전 세계를 이 잡듯 샅샅이 뒤졌다.

그 뒤 채 1년도 지나기 전에 테러와의 전쟁 레이더에 새로운 목표물이 포착됐다. 미국, 영국, 이스라엘 등의 정보기관들은 이라크의 사담 후세인이 핵무기를 비축했을 가능성이 높다고 믿었다. 어쨌건 후세인은 자타 공인 미국의 명백한 적이었다. 게다가 부시 대통령과도 '개인적인 악연'이 있었다. 아버지 조지 H. W. 부시가 정확히 11년 전 1991년에 후세인과의 짧은 전쟁에서 승리해 이라크가 점령했던 쿠웨이트를 해방시킴으로써 그에게 치욕을 안겨 주었다. 더욱이 후세인은 실태 조사단의 무기 사찰 활동도 거부했다. 이제 미국의 군대는 전투로 단련되어 있으니 시간을 끌 이유가 없었고, 후세인이 비축한 핵무기를 미국을 상대로 사용하기 전에 선제적인 행동에 나서야 했다. 이라크를 침공해 후세인을 축출하고 이라크 국민을 가혹한 폭정에서 해방시키는 것이 지극히 당연하게 생각되었다.

그래서 2003년 제2차 걸프 전쟁이 발발했고 미국이 전쟁에서 승리했다. 그리고 같은 해 12월 후세인은 체포되었다가 2006년 사형되었다. 전쟁의 결과는 그렇다 치고, 이라크의 대량 살상 무기는 어떻게 되었을까? 미국이 이라크가 대량 살상 무기를 제조한다고 생각했던 기간에 제조된 대량 살상 무기는 지금까지 이라크에서 하나도 발견되지 않았다. 좋건 싫건 중동에서의 제2차 걸프 전쟁은 조지 W. 부시가 미국에 남긴 불행한 유산이 되었고, 그의 유산은 아직도 미국에 영향을 미친다.

그러나 돌이켜 생각하면 그의 유산은 다른 누군가 때문에 창조되었다. 딱 한 사람이었다. 누구일까? 2000년 12월 연방 대법원의 판결과 관련이 있다. 앨 고어가 아니라 부시에게 손을 들어 준 다섯 명의 대법관 중 한 사람이었다.

만약 '세기의 재판'으로 불리는 대법원 심리에서 샌드라 데이 오코너Sandra Day O'Connor가 마음을 달리 먹었다면 어땠을까? 또는 대법관들인 클래런스 토머스Clarence Thomas와 앤터닌 스캘리아Antonin Gregory Scalia, 그리고 대법원장 윌리엄 렌퀴스트William Hubbs Rehnquist의 주장이 오코너 대법관의 마음을 흔들지 못했더라면 루스 베이더 긴즈버그Ruth Bader Ginsburg가 그녀의 마음을 얻을 수 있었을까?(아홉 명의 대법관 중 렌퀴스트, 토머스, 스캘리아 등을 포함해 네 명은 보수 진영이었고 긴즈버그 외 세 명은 진보 진영으로 4 대 4로 편이 갈린 상황이었다. 그래서 보수 성향이지만 가끔 중도적 입장을 보여 준 오코너가 캐스팅보트를 쥐었는데, 그녀가 부시의 편에 섰다. ─옮긴이) 수천만 명의 미국인들이 투표를 했지만 단 한 사람의 표가 역사를 바꿀 수도 있었다.

오코너 대법관이 실제로 마음을 바꾸었고 그래서 앨 고어가 제43대 대통령이 되었다고 가정해 보자. 처음에는 부시 대통령 때와 크게 다르지 않았을 가능성이 크다. 그리고 부시와 마찬가지로 고어도 취임 90일이 지난 후부터는 빈 라덴의 목을 원하게 되었을 것이다. 그러나 약간 다른 점도 짐작해 볼 수 있다. 앨 고어는 취임 초기부터 아프가니스탄에 있는 알카에다의 위협에 대한 경고에 부시보다 귀를 더 기울였을지도 모른다. 아울러 그 위협을 제거하기 위한 계획에도 더 관심을 가졌을 것으로 여겨진다. 그렇다고 알카에다가 9.11 테러를 실행하기 전에 오사마 빈 라덴을 제거하고 미국에 대한 그들의 공격을 사전에 탐지하여 19명의 비행기 납치범들을 저지할 수 있었을 거라는 뜻은 아니다. 그렇게 하려면 운이, 그것도 아주 커다란 운이 따라 주어야 했을 것이다. 그리고 어쩌면 운이 따라 주었을지 누가 알겠는가?

그런데 알카에다와 오사마 빈 라덴에 대한 응징보다 더 중요한 것이 있다. 좌파 성향의 진보주의자인 고어는 이라크를 침공하는 데 훨씬 미온적이었을 거라는 점이다. 아마도 외교적인 접근법부터 모색했을 공산이 크다. 어떻게 했을까? 먼저 후세인 정권이 지속적으로 평화조약을 명백히 위반하는 것에 대한 보복으로 유엔에 더욱 엄격한 제재를 요구했을 것이다. 만약 그런 노력이 실패한다면, 앨 고어는 자신이 부통령이었던 시절 클린턴 대통령이 사용했던 카드를 다시 꺼냈을 수도 있다. 크루즈미사일과 페르시아 만에 대한 해군 정찰 활동이 그것이다. 마지막으로 이라크가 자금 조달을 위해 석유를 암거래하려는 시도를 억제하고, 무력 사용보다는 지속적인 봉쇄 전략을 우선했을 것이다. 그리하여 오늘날 우리는 사담 후세인과 그의 바트당 정권이 장악한 이라크와 같은 하늘을 이고 있지 않았을까?

그러나 광기 어린 열정에 사로잡힌 사람들에게는 이성적인 접근법이 소용없다. 이는 오늘날 ISIS만 봐도 분명하다. 전 세계에서 ISIS를 통해 그 교훈을 얻는 사람들이 매일 늘어 간다. 9.11 이후 알카에다가 미국에 대한 공격을 중단했을까? 언감생심이다. 그들의 공격이 늘어날수록 앨 고어도 결국에는 빈 라덴의 목을 원하는 국민들의 압박에 굴복할 수밖에 없지 않았을까 싶다. 그리고 자연히 이라크 문제는 뒤로 밀려났을 것이다.

일단 알카에다와 전쟁을 하게 되었다면, 고어는 신속하고 깔끔하며 제한적인 전쟁을 선택했을 가능성이 높다. 아버지 부시 대통령이 1991년 이라크와의 제1차 걸프 전쟁에서 그랬던 것처럼 말이다. 하지만 이라크와 알카에다는 근본적으로 다르다. 무엇보다도 이라크가 어디 있는지는 알고 있지 않은가? 게다가 이라크에는 동맹도 없었다. 아니, 최소한 사담 후세인을 위해서 미국과의 전쟁을 기꺼이 감수하려는 국가는 없었다. 반면 알카에다는 활동 무대가 특정한 국가나 지역에 국한되지 않았고 지도부는 은신처에서 모습을 드러내지 않았다. 아마도 중동 어딘가에 은신 중인 것으로 추정되었지만 그것조차 확실하지 않았다.

이런 상황 중에 앨 고어는 지구 온난화라는 개념에 눈을 뜨게 되었을 것이다. 그리고 지구 온난화의 개념을 완전히 믿고 해결사를 자처했을 것이 틀림없다. 그런 고어는 지구 온난화로 한몫 챙기려는 기업들에게 쉬운 먹잇감이 되었을지도 모를 일이다. 그들에게 휘둘려 막대한 연방 자금을 투자했을 수도 있다. 그러나 지구 온난화 문제는 보이는 것과는 다를 수도 있다. 가령 영국 이스트 앵글리아 대학에서 해킹으로 유출된 다수의 이메일과 다른 곳에서의 주장에 따르면, 그간 지구 온난화가 과장되었고 증거가 조작되었다는 내용이 포함되어 있다. 그렇다면 지구 온난화 문제는 실제보다 부풀려진 건지도 모른다.

　고어는 재임 기간 내내 알카에다를 무너뜨리는 것에 공개적으로 전념한데다 남은 임기 2년 동안 경제가 붕괴하는 조짐을 보이지 않았기 때문에, 비록 근소한 차이겠지만 2004년 재선에 성공하는 데에는 무리가 없었을 것이다. 그러나 그의 재임이 그렇게 순탄했을 것 같지는 않다. 무엇보다 두 가지 어젠다가 진공청소기처럼 돈을 빨아들였을 수 있다. 알카에다와의 전쟁, 그리고 지구 온난화의 주범으로 지목되는 화석 연료의 대안적 에너지원에 대한 투자가 그것이다. 그런 틈바구니 속에서 2006년 미국 경제는 내리막길을 걷기 시작하고, 고어는 두 번째 임기의 마지막 2년을 생태계 친화적인 기술로 경제를 회복시키는 데 바쳤을 것이다. 그렇다면 그간 미국의 관심 순위에서 저만치 밀려나 있던 사담 후세인은 어떻게 될까? 2008년 고어가 백악관을 떠날 즈음, 사담 후세인이 21세기판 아돌프 히틀러가 되었을 가능성도 배제할 수 없다. 히틀러 이후에 미국이 군사적으로 직면했던, 그리고 아직도 직면하고 있는 가장 강력한 적이 되었을 수도 있다는 이야기다.

　누군가가 경고하지 않았던가. 못 하나가 부족해서 결국 전쟁에서 패했다고.(미국 건국의 아버지 중 한 사람이었던 벤저민 프랭클린Benjamin Franklin의 시로, '못 하나가 없어서 편자를 잃고, 편자가 없어서 말을 잃으며, 말이 없어서 기마병을 잃고, 기마병이 없어서 전쟁에서 진다'는 내용이다. – 옮긴이) 연방 대법관의 표 하나가 부족해서 미국의 또 다른 전쟁은 필요 이상으로 승리에서 훨씬 멀어졌다.

또 다른 아즈텍 제국의 멸망 : 2001년

윌리엄 터도슬라비치

> "최근 미국 연방 대법원은 기업도 인간이라고 판결했다.
> 영 터무니없는 말은 아니다. 아무리 큰 기업이라도
> 한 인간만큼이나 어이없는 실수를 저지를 수 있으니 말이다"

제너럴 모터스(GM, General Motors)의 폰티액 아즈텍Pontiac Aztek은 출시 때부터 미운 오리 새끼였다. 하지만 아즈텍은 백조가 될 수도 있었다.

아즈텍은 본래 '크로스오버' 즉 미니밴과 SUV를 결합한 다목적 용 자동차였다. 예비 스케치를 보면 콘셉트 자동차(새로운 개념, 스타일, 기술 등을 보여 주기 위한 시제차를 말한다. – 옮긴이) 당시의 아즈텍은 날렵한 보닛이 앞쪽으로 미끈하게 경사가 지고 경쾌하게 생긴 지붕은 비스듬히 뒤쪽 문까지 이어진 모양이었다. 그런데 설계 과정과 제조 과정의 어딘가에서 예비 스케치 속 아즈텍 모습이 사라지고 말았다. 미니밴과 SUV의 특징을 접목하다 보니 결국 네 개의 바퀴가 달리고 벌레 같은 눈을 가진 들통 같은 모습으로 변했다.

어찌 보면 아즈텍의 '일대기'는 자동차를 만드는 아주 잘못된 방식에 관한 이야기다. 그러나 아즈텍은 그 이상의 무언가가 있었다. 그것은 모기업인 GM이 안고 있는 모든 문제를 상징했다. 이미 GM은 관료주의에 완전히 잠식되어 독창적인 어떤 일도 신속하고 효율적으로 할 수 없는 상태였다. 굳이 말한다면 아즈텍은 탁상행정의 끝판 왕이었다. 게다가 경쟁이 치열한 자동차 산업에서 혁신을 이루지 못하는 것은 죽음과 입맞춤하는 것이다.

섹시함의 대명사, 폰티액

폰티액은 예전에 할머니들이 선호하던 자동차다. 소박한데다 저렴하고 믿음직하며 지극히 평범했다. 그러나 1950년대 말에 그런 인식이 180도 바뀌었다. 그 변화를 주도한 것은 폰티액 사업부를 새로 맡은 세몬 크누센Semon Knudsen과 수석 엔지니어로 GM에 입사한 존 들로리언John DeLorean이었다. 둘이 손을 잡자 폰티액은 운전하기 힘들지만 운전을 섹시하고 즐거운 경험으로 만들어 주는 자동차로 변신했다.

첫 번째 변화는 좌우 바퀴 사이의 거리, 즉 윤거를 12.5센티미터 늘린 것이었다. '광폭 트랙'은 폰티액의 핸들 조작 성능을 향상시켰고, 폰티액을 경주용 자동차로 개조한 선수들이 경주에서 승리를 거두기 시작했다. 게다가 폰티액은 다소 '까칠하게' 생겼고 차체가 좀 더 낮아 보였다.

폰티액을 한 단계 더 끌어올린 것은 들로리언이었다. GM의 임원들은 엔진 크기에 제한을 두었다. 그런데 들로리언이 거대한 389입방인치 V형 8기통 엔진을 장거리 고속 주행용 고성능 자동차(GTO, Gran Turismo Omologato)의 '옵션'으로 제안함으로써 그 규칙을 살짝 우회했다. 마침내 GM 경영진이 들로리언의 '장난'에 대해 알게 되었을 때는 폰티액의 GTO가 5,000대 가량 팔린 후였고, 그들이 손을 쓰기에는 이미 늦은 상태였다. 들로리언은 강력한 성능을 자랑하는 미국의 고전적인 머슬카muscle car(고출력을 내는 고성능 자동차를 말한다. – 옮긴이)를 발명했고, 말 그대로 날개가 돋친 듯이 팔려 나갔다.

이후 10년간 길 위에 굴러다니는 자동차 열 대 중 한 대가 폰티액이었다. 비단 GTO만이 아니었다. 들로리언의 손을 거친 본네빌, 파이어버드, 템페스트 등이 연이어 인기를 끌었다. 들로리언의 명성이 오죽했으면 BMW가 오직 들로리언의 마법을 배우고자 폰티액에 기술자들을 파견할 정도였다.

그런데 1970년대 초반 세상이 변했다. 안타깝게도 좋은 방향이 아니었다. 1973년 아랍의 석유 금수로 1차 석유파동이 발생해 석유값이 두 배로 치솟았다. 거대한 머슬카였던 GTO는 최대 400마력을 낼 수 있었지만 연비가 1갤런당 약 3.4킬로미터로 형편없었다. 이는 매번 연료를 채울 때마다 지갑을 홀쭉하게 만들었고, 두 시간씩 줄을 서서 기다려야만 충분한 연료를 채울 수 있었다.

들로리언은 해고되었고 폰티액의 전성기가 저물었다. 폰티액은 몰락했고 GM은 여전히 정신을 차리지 못했다.

독이 약이 되는 순간 099

357

미운 오리 새끼로서의 운명

GM은 자사의 전통적인 기본 전략으로 회귀했다. 소비자들이 정말로 원하는 자동차가 아니라, 그저 자신들이 생각하기에 사람들이 운전하고 싶어 할 것 같은 개성 없고 평범한 자동차를 생산했다. 솔직히 그것 말고 GM이 할 수 있는 것도 없었다. GM의 기업 문화는 이미 악명이 높았다. 창의와 혁신보다는 순응에 보상해 주었고, 신중함을 강조했으며, 비용 절감에 매달렸고, 제품보다 과정을 우선시했다.

공정하게 말하면 GM이 변신을 시도하지 않은 것은 아니었다. 그러나 아무리 노력해도 언제나 끝은 똑같았다. 가령 GM은 전자 관련 전문성을 확보하기 위해 휴스 항공을, 설계와 공학과 제조를 전산화하기 위해 일렉트로닉 데이터 시스템즈를 인수했다. 또한 도요타와 손잡고 누미(NUMMI, New United Motor Manufacturing Inc.)라고 명명된 합작 공장 프로젝트를 야심차게 출범시켜 도요타의 뛰어난 조립 기법을 습득할 기회를 가졌다. 뿐만 아니라 GM의 새턴Saturn 사업부는 전체 시스템에 적용될 수도 있는 새로운 공학 및 제조 기법들에 대한 시험대가 되었다.

이런 프로젝트 중 일부는 무시되었고 다른 프로젝트들은 진척이 아주 더뎠다. GM의 고위 경영자 엘머 존슨Elmer Johnson은 회사의 행태가 하도 답답하고 분통이 터져 1988년 다섯 쪽의 장황한 보고서에서 혁신을 고사시키는 배타적이고 관료주의적인 GM의 '불통' 문화를 꼬집었다. 당시 GM의 문화가 얼마나 관료적이었는지 단적으로 보여 주는 사례가 있다. 제품에서 무언가를 변화시키고 싶으면 무려 70명의 경영진을 거쳐야 했고 꼬박 두 달이 걸렸다. 시장의 역동적인 변화에 반응하기에는 결재 라인이 길어도 너무 길었다. GM의 법률 관련 임원이었던 존슨은 사내의 끔찍한 관료주의적 체계를 간소화하고, 사내에서 검증된 리더들을 발굴해 실적에 따라 승진시키며, 자동차 생산이 이익 창출로 직결되는 구조를 다시 세우고 싶었다. 그러나 존슨의 보고서는 퇴짜를 맞았고 존슨도 자신의 보고서와 같은 운명을 맞았다.

폰티액 아즈텍은 '엄마'인 GM의 눈에도 화려한 백조처럼 보이지 않았으니 미운 오리 새끼로서의 운명은 이미 정해진 것이나 다름없었다.

라디오 쇼의 조롱거리로 전락한 아즈텍

1990년대 중반 GM은 내부로부터 활력을 되찾기 위한 노력을 시작했다. 프록터 앤 갬블의 경영자 출신으로 당시 GM 회장이었던 존 스메일John Smale은 사람들이 고개를 돌려 쳐다보게 만들 만큼 섹시하고 개성 있는 자동차와 트럭이 필요하다고 생각했다. 하지만 안타깝게도 그의 비전은 이른바 '위원회에 의한 설계design-by-committee'(여러 사람이 모여서 논의하면 엉뚱한 결과를 낳을 수 있다는 뜻이다. - 옮긴이)로 좌절되었다. 명백한 책임자 없이 포커스 집단들이 그 과정을 주도하니, 다른 말로 확실한 선장 없이 사공들만 있으니 배가 산으로 가는 것이 당연했다.

1990년대 말 GM의 시장조사 팀은 마침내 '다른 무언가'의 필요성을 확인했다. 바로 크로스오버 자동차였다. 외견상으로는 SUV처럼 보이되 미니밴의 아기자기한 장점들을 결합시킨 자동차였다. 콘셉트 스케치 속의 아즈텍을 살펴보자. 우선 크기는 대형 SUV보다 조금 작은 중형급이었다. 그리고 뒤쪽 트렁크는 약간 비스듬하게 기울어진 상자 모양이었는데, 보기 좋으면서도 공간이 넉넉해 물건을 많이 실을 수 있었다. 마지막으로 앞쪽 보닛 부분은 트렁크와 균형을 이루도록 기다랗게 뺐다.

아즈텍에서 가장 역점을 두었던 점은, 부모가 아이들을 야외 활동에 데리고 다닐 때 사용하는 고리타분한 미니밴처럼 보이지 않게 하는 것이었다. 오히려 아즈텍은 활동적인 캠핑족을 겨냥한 중형 SUV였다! 해치형의 뒷문에 연결할 수 있는 텐트를 옵션으로 제공했고, 앞좌석과 뒷좌석 사이에 위치한 중앙부 콘솔은 탈부착이 가능했을 뿐 아니라, 12개의 캔 음료를 차갑게 보관할 수 있는 미니 냉장고 기능도 겸했다. 한마디로 콘셉트 스케치 속 아즈텍에는 유용한 아이디어들이 가득했다.

그런데 나쁜 아이디어들이 승리했다. 소위 '자동차 전문가'들은 아즈텍에 트럭의 기본 뼈대를 입히고 싶어 했다. 한편 비용 절감에 목매다는 재정 담당자들은 아즈텍이 미니밴 플랫폼platform(자동차 산업에서 플랫폼은 차체를 구성하는 기본 뼈대, 엔진, 변속기 등을 아우르는 개념이다. - 옮긴이)을 사용해야 한다고 강력히 주장했다. 그런데 미니밴이야말로 아즈텍이 가장 탈피하고 싶어 한 개념이었다. 그리하여 콘셉트 스케치보다 보닛 부분이 짧아졌고 뒷부분도 조금 짧아진 반면 천장이 약간 높아졌다. 처음에는 새로운 것을 시도하는 실험적인 디자인처럼 보였던 것이, 이제는 못생긴 커다란 벌레처럼 보였다. 게다가 GM 내부에는 이런 사태를 막을 수 있는 사람이 아무도 없었다.

GM은 대대적인 홍보와 함께 2001년식 아즈텍을 출시했다.

그러나 소비자들의 반응은 뜨뜻미지근했다. GM은 7만 대가 판매될 걸로 예상했지만 막상 뚜껑을 열어 보니 겨우 2만 대만 주인을 찾아갔다. 젊은 소비자들에게는 아즈텍의 가격이 너무 셌다. 특히 사륜구동 기능을 옵션으로 선택하면 가격이 더 올라갔다.

공영 라디오 방송국이 제작해 신디케이션 방송사를 통해 전파하는 라디오 프로그램 '카 토크Car Talk'의 청취자들은 아즈텍을 2005년 미국에서 가장 못생긴 자동차로 선정했다. MIT 졸업생들로서 '카 토크'의 공동 진행자였던 마글리오찌 형제Thomas and Raymond Magliozzi는 시청자들이 보내 준 아즈텍에 관한 촌철살인의 조롱을 신이 나서 낄낄거리며 읽었다.

"매장에 전시되기 전에 압축기에 먼저 들어가야 할 것 같다."

"고등학교의 기술 동아리가 폰티액을 인수했나?"

"뒤에서 보면 가관이다. 꼬락서니가 영락없이 똥 마려운 말처럼 생겼다."

소비자들의 혹평에 폰티액은 가망 없는 디자인을 어떻게든 살려 보려고 이런저런 시도를 반복했다. 하지만 호박에 줄 그어 봤자 수박이 될 리가 없었다. 아즈텍은 판매 목표치 근처에도 가 보지 못한 채 출시 4년 후 생산이 중단되었고, 이는 탁상행정의 비참한 말로였다.

기름 먹는 하마를 생산한 GM

폰티액 아즈텍과 GM의 기업 문화는 샴쌍둥이처럼 분리할 수 없는 한몸이다. 만약 아즈텍의 디자인이 미끈하게 잘 빠졌다면 어땠을까? 여기에는 전제 조건이 있었다. 들로리언 같은 강력한 인물이 필요했다. GM의 부회장 로버트 루츠Robert Lutz가 그런 강력한 인물의 역할을 수행했지만, 그는 아즈텍이 출시된 후 GM호에 승선했다. 언젠가 루츠 부회장은 아즈텍을 만든 작자를 찾을 수만 있다면 당장 해고시킬 거라고 농담처럼 말했다.

루츠는 폰티액 솔스티스를 출시한 일등 공신이었다. 솔스티스는 섹시하게 잘빠진 2인승 자동차로 많은 사랑을 받았다. 그러나 솔스티스는 폰티액을 구하지 못했다. 폰티액은 진실로 성공하기 위해 필요한 무언가가 부족했다. 새로운 대박 상품을 만들기 위해 도박사의 배짱을 가진 디자이너들을 발굴하고 육성해서 계속 공급해 줄 파이프라인이 필요했다. 재능은, 다른 말로 인재는 충분히 육성될 수 있었다.

GM과 관련해 좀 더 거시적인 시나리오를 가정해 보자. 1988년 엘머 존슨이 보고서를 작성한 후 GM이 뼈를 깎는 심정으로 스스로를 일신했더라면 어땠을까? 가장 큰 이득은, 자동차 생산과 이익 창출을 연결시켜 주는 고리를 재구축할 유능한 중간 관리자와 경영진이 많아졌을 거라는 점이다. 이것과 관련해 루츠의 발언은 새겨들음 직하다. 그는 지속적인 비용 절감을 강조하는 '하버드 경영 대학원'의 사고방식이 잘못이라고 꼬집었다. 요컨대 비용 절감이 오히려 제품과 이익 사이의 연결 고리를 파괴한다는 것이다.

우수한 경영진이 있었더라면 GM은 일본산 수입 자동차들의 공세에도 유의미한 시장점유율을 유지할 수 있었을 것이다. 또한 석유 가격이 상승했을 때는 SUV에서 소형 자동차로 신속하게 생산의 초점을 바꾸었을 가능성도 크다. 그랬다면 새턴, 올즈모빌, 폰티액 등이 지금도 도로를 누비고, GM은 여전히 독창적이고 경쟁력 있는 자동차 제조업체의 명성을 이어 가고 있을지 누가 알겠는가? 뿐만 아니라 제도화된 전문적인 경쟁력을 발판으로 2008년 '대침체기'의 파도도 무사히 넘길 수 있었을 것이다. 그런데 GM은 정반대의 길을 택했다. 대형 SUV인 에스컬레이드와 허머를 계속 생산한 것이다. 기름값이 갤런당 4.85달러에 이르면 아무도 '기름 먹는 하마'를 원하지 않는다.

실제 역사는 참담했다. GM은 2009년 파산법 제11조에 의거한 파산을 신청했고 연방 구제금융을 받았다. 당연히 GM이 2008년 글로벌 금융 위기를 버텨 냈더라면 수많은 사람들의 삶이 나아졌을 것이다. 첫째 GM의 주식이나 채권을 보유한 연금 기금과 투자자들은 손해를 입지 않았을 것이다. 그리고 GM의 많은 퇴직자들은 지금도 연금을 꼬박꼬박 받고 건강보험 혜택을 받을 수 있었을 것이다. 마지막으로 GM은 지금보다 훨씬 많은 조립 라인 근로자들에게 든든한 생활 터전이 되었을 것으로 보인다. 그들은 매달 월급을 받는 작은 재미를 누리고 집도 잃지 않았을 것이다.

만약 아즈텍이 멋진 디자인을 입었더라면 '브레이킹 배드Breaking Bad'(브레이킹 배드는 '막가기'를 뜻하는 미국 남부의 속어로, AMC가 제작한 총 62부작 드라마의 제목이다. 시한부 판정을 받은 고등학교 화학 교사 가족을 위해 마약 제조에 뛰어들면서 벌어지는 이야기다. ― 옮긴이)의 주인공 월터 화이트가 다른 자동차를 운전했을지도 모르겠다. 어떤 거냐고? 크라이슬러의 닷지나 카라반이 유력하지 싶다.

사담 후세인이 알카에다와 손잡고 대량 살상 무기를 만든다고? : 2003년

더글러스 나일스

"모두들 알고 있다시피…"

9.11 테러는 미국과 전 세계의 정치 역학을 일순간에 바꿔 놓았다. 미국은 과격한 지하드 조직인 알카에다가 아프가니스탄 탈레반 정부의 지원을 받으며 그곳에서 훈련 캠프를 운영한다는 확실한 정보를 입수하자마자 곧장 행동을 개시했다. 9.11 테러 공격이 발생하고 단 몇 주 만에 미국은 군대를 보내 아프가니스탄에 대한 확실한 응징을 시작했다. 미국은 공군력과 특수부대 그리고 경무장 보병을 동원한 가공할 공세를 앞세워 이슬람 근본주의 정권과 전쟁을 벌였다. 한편 CIA는 그 이전부터 탈레반 정권을 무너뜨리기 위해 아프가니스탄 내부의 반反탈레반 파벌들을 규합하고 지도하고 있었다.

미군의 대공세에 탈레반 정권은 채 몇 달도 버티지 못하고 사면이 육지로 둘러싸인 내륙국인 아프가니스탄에 대한 통치권을 잃었다. 이슬람 과격 단체인 알카에다는 와해되어 게릴라 조직으로 전락해 도주했고, 아프가니스탄과 파키스탄 국경 지대로 뿔뿔이 흩어졌다. 미국의 육군과 해병대 부대들이 속속 도착했고 마침내 아프가니스탄에서 새로운 정부를 수립하기 위한 여정의 막이 올랐다. 역사적으로 볼 때 아프가니스탄은 세상에서 가장 외지고 통제할 수 없는 지역 중 하나였다. 그런 곳에서 새로운 정부를 세우는 일인 만큼 오랜 시간이 걸리고 많은 관심과 투자가 필요할 것은 명약관화했다.

아프가니스탄과 알카에다를 단호히 응징했음에도 미국에서는 아직 분이 풀리지 않은 사람들이 많았다. 그들은 9.11 테러 공격으로 당한 끔찍한 피해에 대해 미국이 추가적인 응징에 나서야 한다고 생각했다. 이것은 중요한 질문으로 귀결되었다. 미국이 응징해야 한다면 다음 대상이 누구인가라는 것이었다. 조지 W. 부시 대통령과 딕 체니 부통령에게는 두 번도 생각할 필요 없는 질문이었다. 그들에게는 이미 답이 정해져 있었다. 수십 년 전부터 얽히고설킨 적대적인 역사에 그 답이 있었다.

2001년 테러 공격이 있기 오래전부터 미국은 잔인한 이라크의 독재자 사담 후세인을 천하의 악인으로 낙인찍었다. 1980년대에 후세인은 이란과의 무의미하고 피비린내 나는 8년 전쟁을 시작해 국력을 소모시키고 국가를 파산 상태로 몰아넣었다. 그리고 이란과의 전쟁이 끝나고 만 2년이 지난 1990년에 후세인은 이라크의 재정 건전성을 복구하기 위한 노력의 일환으로 자국의 최대 채권국인 쿠웨이트를 침공했다. 영토는 작아도 석유 매장량이 풍부해 매우 부유했던 쿠웨이트는 그야말로 후세인에게 한 입 거리밖에 되지 않았다. 이라크는 쿠웨이트를 침공해 단 6일 만에 합병을 선언했다. 그러자 나머지 세계가 후세인에게 본때를 보여 주기로 의기투합했다. 조지 H. W. 부시 미국 대통령의 주도 하에 강력한 다국적 군대가 결성되었고 이라크와 쿠웨이트의 남쪽 국경 지대에 집결했다. 정확히 말해 34개국으로 구성된 연합군이었다.

1991년 1월 17일, 유례를 찾아보기 힘든 정밀 폭격을 포함한 5주간의 공습을 시작으로 사막 폭풍 작전의 막이 올랐다. 이라크 공군과 방공 시설은 물론이고 지상의 많은 고정 표적들이 공중폭격을 맞아 사라졌다. 2월 24일 연합군 지상군이 투입되었고 이내 모든 전선에서 전광석화의 속도로 진격했다. 공격을 시작하고 불과 100시간 만에 연합군 지상군은 이라크 군대의 대부분을 파괴하거나 굴복시켰고 이라크를 쿠웨이트에서 완전히 몰아냈다.

조지 H. W. 부시 대통령의 정전 선언으로 사막 폭풍 작전은 막을 내렸다. 그것은 완전무결한 승리였다. 연합군은 인명 피해도 거의 없이 명명백백히 뛰어난 전술로 작전목표를 훌륭히 달성했다. 하지만 후세인을 제거하는 것은 그 작전의 목표가 아니었고, 따라서 이라크 내에서 사담 후세인의 통치력은 그대로 유지되었다. 큰불은 잡았으되 불씨를 완벽히 제거하지 않은 셈이었다. 게다가 사막 폭풍 작전의 전무후무한 성공은 미국 정치 세계에 의도하지 않은 결과를 가져왔다. 정치 지도자들에게 미국 군대가 어떤 일이든 신속하게 최소한의 희생으로 임무를 완수할 수 있다는 확신을 심어 준 것이다.

한편 제1차 걸프 전쟁 이후 10년간 이라크의 독재자는 여전히 안팎에서 존재감을 드러냈다. 국내에서는 자신의 권력을 공고히 다졌고, 자신의 영원한 숙적인 이란에게 엄포를 놓으며 계속 괴롭히고 자극했다. 이라크의 국민과 군대는 사막 폭풍 작전의 승전국들이 부과한 경제제재와 '비행 금지 구역'으로 고통이 이만저만이 아니었다. 그런데도 후세인은 사치스러운 생활을 이어 갔고 국민들을 계속 억압했으며 이란에 대해서도 거친 입담을 과시하며 강경한 입장을 유지했다.

이것이 2001년 9월 11일 미국이 알카에다의 자살 테러 공격을 당했을 때 이라크의 현주소였다. 사막 폭풍의 문을 열었던 행정부 수반의 아들인 새로운 부시 대통령의 행정부가 9.11 테러 공격의 잠재적 공모자들을 계속 추적함에 따라 사담 후세인이 아주 유력한 용의자로 떠올랐다. 어찌 되었건 그는 언젠가 미국의 미래에 위해를 가할 잠재적인 위협이기도 했다. 9.11 테러 공격의 피해가 그토록 끔찍했던 것은 테러범들이 납치한 항공기들을 무기로 사용했기 때문이었다. 그런 마당에 미치광이들이 화학물질이나 핵물질 같은 군사용의 대량 살상 무기를 손에 넣는다면 얼마나 위험하겠는가?

실제로도 전혀 가능성 없는 시나리오는 아니었다. 이미 사담 후세인은 이란인은 물론이고 쿠르드 족 같은 자국 내 소수민족을 대상으로 독가스를 사용한 것으로 알려져 있었다. 부시 행정부에게 필요한 것은 구체적인 증거였다. 후세인이 대량 살상 무기를 제조할 수 있는 능력을 가지고 있음을 확인시켜 주는 증거 말이다. 그런 증거가 있다면 후세인을 '때려잡기' 위한 이라크 침공 작전을 정당화하는 데 충분한 근거가 될 거라고 믿었다. 거기다가 후세인을 알카에다와 9.11 테러 공격과 연결시킬 수 있다면 금상첨화일 터였다. 전쟁의 명분을 강화할 수 있을 테니 말이다.

이제 목표를 세웠으니 행동으로 나설 때였다. 부시 행정부는 부통령 딕 체니를 통해 CIA, FBI, 국가 안보국(NSA, National Security Agency), 육해공을 포함한 정보 공동체에 이라크 침공을 정당화시켜 줄 '정보'를 찾아오라고 요구했다. 결과적으로 말해 미국의 정보 공동체는 체니가 요구하는 증거를 찾지 못했다. 그렇지만 딕 체니는 다른 어딘가에서 원하는 정보를 얻었다. 당시 민간 자본으로 운영되되 국방부 건물 내에 입주한 분석가 집단이 있었다. 그들에겐 비공개의 기밀 문건이 아니라 오직 공개 가능한 정보 보고서에만 접근할 권한이 있었는데, 그 분석가 집단이 딕 체니의 입맛에 딱 맞는 정보를 내놓았다. 사실 구체적인 증거는 아니었다. 정황적 데이터를 토대로 논리적으로 비약한 몇 가지 결과물이었을 뿐이었다. 체니와 백악관에게는 그들이 엄밀히 민간인이라는 사실도, 그들의 정보가 논리적으로 비약된 결과물이라는 사실도 중요하지 않았다. 그들에게는 딱 한 가지가 중요했다. 정보의 출처와는 상관없이 이라크를 공격한 명분을 주는 증거였다. 반면에 자신들이 생각하는 바람직한 결론에 동의하지 않거나 반박하는 정보를 제시하는 모든 정보원들은 억압받거나 망신을 당했다. 그리하여 40년 전의 '쇼'가 거의 판박이처럼 재연되었다. 주인공은 달라도 무대는 똑같았다. 원작은 1962년 유엔 주재 미국 대사 애들레이 스티븐슨 2세Adlai Ewing Stevenson II가 유엔 안전 보장 이사회 회의에서 벌였던 쇼였다. 그는 소련제 핵미사일이 쿠바에 배치된 증거라며 항공 정찰 사진들을 보여 주었던 발표로 유명했다. 이번 쇼의 주인공은 콜린 파월Colin Powell 국무부 장관이었다. 그는 유엔 안전 보장 이사회의 연설에서 사담 후세인이 대량 살상 무기들을 제조하고 배치하기 위해 사용한다고 알려진 일련의 설비를 보여 주었다. 그런데 그 증거라는 것이 '예술가의 상상력'을 담은 습작들이었다. 아니, 엄밀히 말하면 애니메이션 이상도 이하도 아니었다.(비디오와 슬라이드 등 멀티미디어가 총동원돼 기업 설명회 같았던 파월의 증언은, 의도적이든 아니든 애초 그런 그림을 제공해 준 정보원이 누구인지를 무시했다. 그는 이라크 망명자로서 사담 후세인이 축출된 이라크에서 정권을 잡기 위해 혈안이 된 인물이었다. 다시 말해 이번 전쟁의 부수적인 최대 수혜자가 될 수도 있었다)

지금 와서 생각하면, 이라크 전쟁 찬성자들, 다른 말로 '네오콘(neocon, neo-conservatism)'이라고 알려진 일단의 신보수주의자들이 당시 무슨 생각을 했는지 훤히 보인다. 미국이 이라크를 침공해서 쉽게 승리하는 것은 물론이고 이후 전쟁의 여파도 쉽게 극복할 수 있다고 믿은 것이 틀림없다. 아울러 그런 쉬운 승리가 그들의 공격적인 정책의 타당성을 입증해 줄 거라고 확신한 것도 분명하다. 하지만 여기서 분명히 짚어 봐야 하는 것이 있다. 부시 대통령, 체니 부통령, 도널드 럼즈펠드Donald Rumsfeld 국방부 장관, 폴 울포비츠Paul Wolfowitz 국방부 차관, 존경받던 정치 자문 리처드 펄Richard Perle 등을 포함해 이라크 전쟁을 찬성했던 모든 사람들이, 1970년대 자신들과 동년배인 아주 많은 미국 젊은이들이 국가의 부름을 받아 베트남전쟁에서 총을 들고 싸울 때 과연 어디에 있었는가 하는 것이다. 그들은 모두 다른 일을 하느라 '바빠' 베트남 근처에도 가지 않았다. 다시 말해 그들 중 누구도 실질적인 전투 경험이 없었다.(부시 대통령이 군에 복무한 적이 있다고 주장하는 사람도 있을 듯한데, 정확히 말해 그는 텍사스 주 방위군의 공군 조종사로 복무했을 뿐이다) 부시 행정부에서 영향력 있는 각료 중에 베트남전쟁에서 혁혁한 전공을 세운 사람이 딱 한 명 있었다. 콜린 파월 국무부 장관이었다. 그는 '전쟁을 책으로 배운' 저들 신보수주의자들보다 이라크와의 전쟁에 대해 훨씬 미온적이었던 걸로 널리 알려져 있다.

어쨌든 결과는 빤했다. 부시 행정부의 전쟁 의지가 워낙 단호한데다 한쪽으로 치우친 일방적인 증거까지 가세하자, 대다수 의원들은 이라크와의 전쟁이 정당하다는 주장에 설득당했다. 물론 9.11 테러 공격에 대한 응징을 여전히 원하던 미국인들의 지지도 의회를 설득하는 데 일조했다. 사담 후세인과 알카에다 사이의 연결 고리를 뒷받침해 주는 확실한 증거는 전혀 없었다. 아니 솔직히 말해 이슬람 광신도인 지하디스트들이 세속적인 독재자를 지원할 아무런 이유가 없었기 때문에 둘을 그런 관계로 엮는 논리 자체가 타당하지 않았다. 그럼에도 불구하고 부시 행정부는 그 둘의 연결 고리를 계속 암시적으로 언급했고, 특히 체니 부통령이 그 일에 앞장섰다.

전쟁을 정당화할 증거가 아주 미약했기 때문에 아들 부시 행정부는 아버지 부시 행정부 때보다 군사 동맹을 구성하기가 훨씬 어려웠다. 그래서 2003년 3월 이라크를 침공했을 때는 사실상 미군의 단독 행동이라고 해도 가히 틀리지 않을 정도였다. 겨우 영국만이 어느 정도의 지원, 시늉을 내는 것보다 조금 더 많은 지원을 제공했을 뿐이다. 게다가 당시 아프가니스탄을 평정하기 위한 전쟁도 갈 길이 한참 남은 상태였다. 그러나 발등의 불이 된 이라크 전쟁 때문에 아프가니스탄 문제는 뒤로 밀려날 수밖에 없었다. 미군과 정치 지도자들이 이라크에 레이저 같은 초점을 맞춤에 따라 아프가니스탄 전쟁 수행을 위한 자원과 관심이 계속 줄어들 것은 불을 보듯 빤했다.

당연한 말이지만 사담 후세인 정권은 이내 전복되었다. 그러나 그 뒤에는 재앙이 기다리고 있었다. 전쟁만 서둘렀을 뿐, 그 독재자를 제거한 뒤 이라크를 통치하기 위한 계획을 수립하지 않았던 것이다. 이는 전쟁은 물론이고 병력 주둔과 사상자가 수년 동안 계속 이어질 거라는 의미였다. 미국이 수니 파와 시아 파 사이에서 오락가락하는 데다(사담 후세인은 수니 파였고 미국이 후세인을 축출하고 이라크에 세운 새로운 정권은 시아 파였다. – 옮긴이) 대표적인 수니 파 무장 단체인 알카에다가 건재함에 따라 이라크는 사실상 내전으로 풍비박산이 났다. 알카에다는 같은 수니 파인 후세인이 통치하던 시절에는 이라크에 존재하지 않았지만 후세인이 축출되자마자 이라크로 신속하게 진출했고, 미군과 시아 파의 신생 이라크 정권을 대상으로 끊임없이 테러 공격을 이어 갔다.

2007년부터 미군의 '안정화 작전'으로 병력이 증파되었고 마침내 이라크의 혼란을 통제하기 위한 일부 조치들이 시행되기 시작했다. 하지만 이들 증원군은 애초부터 이라크에 영구히 주둔할 계획은 아니었다. 실제로 부시 대통령의 두 번째 임기 마지막 해인 2008년 중반부터 미군을 철수시키겠다는 계획을 발표했다. 국민들의 압도적인 지지를 받으며 2009년 대통령에 취임한 버락 오바마는 이라크에서 벌어지는 오랜 전쟁에 넌더리가 났다. 오바마 대통령은 자신의 대선 공약대로 이라크에 증파된 미군을 지속적으로 철수시켰다. 그러자 이라크 내전의 불꽃이 맹렬히 재점화되었다. 2014년 알카에다는 그 못지않게 악랄한 광기에 사로잡힌 지하디스트 집단으로 대체되었다. 바로 ISIS라고 알려진 이슬람 원리주의 무장 단체였다. 알카에다의 '아우'뻘인 ISIS는 '형님' 테러범들이 상상했던 것보다 훨씬 더 많은 영토를 장악했고 더욱 강력한 군사력을 행사했다.

제2차 걸프 전쟁에서 약 4,500명의 미군이 전사했고 2013년까지 2조 달러가 소요되었다. 부시 행정부가 주장했던 것과는 달리 존재하지도 않은 유령의 무기를 제거한다는 명분으로 시작된 전쟁에서 말이다. 9.11 테러 공격 20주년을 눈앞에 둔 오늘날까지도 아프가니스탄과 이라크는 여전히 폭력에 파괴된 상태이다. 조지 W. 부시 대통령이 남긴 정치적 유산은 미국의 군사 역사상 최대 실수 중 하나 때문에 영원히 얼룩질 것이다.

미국의 정치 지도자들은 아프가니스탄과 이라크와 관련해 다른 길을 선택할 수도 있었다. 아프가니스탄에서 안정과 어느 정도의 자유를 구축하는 데 미국의 힘을 집중시키고 이라크에서는 현상을 유지했더라면 어땠을까? 아프가니스탄과 이라크 모두가, 나아가 중동 지역 전체가 오늘날 더 평화로웠을 것은 거의 확실하다. 사담 후세인의 철권통치 하에서는 알카에다가 이라크에서 기반을 구축했을 가능성이 전혀 없었다. 심지어 ISIS가 세상에 등장했을 가능성도 전무했다.

일자리를 잃은 이라크 장교들이 ISIS에 입대하다 : 2003년

빌 포셋

> "마지막 흑역사는 과도한 '청소' 욕심으로
> 일을 그르친 경우다. 이념이 상식을 이기는 것이
> 얼마나 위험한지를 다시 한 번 증명해 준다"

2003년 3월 20일 미국은 사담 후세인을 축출하기 위한 전쟁을 개시했고, 4월 9일 이라크 수도인 바그다드를 함락했으며, 5월 1일 전쟁의 포화가 멎었다. 그리고 5월 23일 후세인 축출 이후 이라크의 질서 유지를 맡은 민간 팀을 이끌던 최고 행정관 폴 브레머Paul Bremer는 이라크 군대를 해산한다고 선포했다. 그의 발표와 동시에 전체 군대, 공화국 수비대, 국방부와 정보기관 종사자들이 하루아침에 일자리를 잃었다. 브레머의 계획은, 축출된 독재자에게 조금이라도 충성했던 사람들의 티끌만 한 영향력까지 흔적이 남지 않게 신속하고 완벽히 '청소'한다는 것이었다. 가령 대령 이상의 모든 군인은 물론이고 의사 결정 직책을 수행했던 모든 민간인 행정관들은 이라크 신생 정부나 주둔 미군에 고용되는 것이 전면 금지되었다. 대령 이하의 군인들은 재입대가 허용되었지만 그들은 예전 계급을 인정받을 수 없었다. 즉 모두가 일반 사병으로 재입대해야 했다. 결과적으로 말해 브레머의 계획은 실수였다. 유능하고 훈련이 잘된 군사 지도자, 행정관, 병사들이 한꺼번에 날벼락을 맞아 거리로 내쫓겼다. 그 수만도 40만에 이르렀다. 이제 그들은 실업자로서, 생계를 이어 가거나 가족을 부양하기가 막막해졌다. 80년에 걸친 자랑스러운 역사와 전통을 지녔을 뿐 아니라 불과 10여 년 전에는 이란을 사면초가로 몰아넣었던 이라크 군대가 아침 햇살에 사라지는 이슬처럼 순식간에 사라졌다. 군대만 사라진 것이 아니었다. 그들이 가진 기술과 전통까지 오직 정치적인 이유로 폐기 처분되었다. 특별한 기술과 능력을 지닌 그토록 많은 사람들이 어디로 갈지에 대해서는 전혀 고려하지 않은 것이 분명했다.

그 결과는 즉각적으로 나타났다. 질서는 물론이고 이라크에 대한 미군의 불완전한 점령 상태를 유지할 수 있는 유능한 사람들이 부족하다 보니 무법 행위와 폭력이 증가했다. 게다가 더 중요한 문제가 있었다. 군대에서 고도로 훈련받고 경험도 많은 수만 명의 군 장교들을 길거리로 내몬데다 미국에 대한 적대감을 갖게 만들었다. 반면 새로 창설된 이라크 방위군은 군대다운 면모를 갖추지 못했다. 여기에는 부족 간 대립과 경쟁, 부패, 불신 등을 포함해 다양한 이유가 있었다. 일례로 ISIS와의 전쟁을 위해 군대를 소집해 보니, 군적에 이름을 올려 몇 년간 급여를 받아 왔던 병사들 중 절반이 존재하지 않는 유령 병사들인 것으로 드러났다. 그들 유령 병사의 급여는 관료들과 부대 지휘관들의 주머니로 고스란히 들어갔다. 게다가 그동안 방위군에 수십 억 달러를 투입했음에도 병사들은 충분한 훈련을 받지 못해 실질적인 전투 역량이 턱없이 부족했다. 이라크 방위군은 압도적인 수적 우위에도 불구하고 이슬람 원리주의자들의 공격을 받았을 때 말 그대로 공중분해가 되었다. 솔직히 수적으로는 둘을 비교하는 것조차 어불성설이었다. 이라크 정부군을 무너뜨린 ISIS 병사들의 지휘관이 누구였을지 짐작될 것이다. 2014년 ISIS의 고위 지휘관 40명 중에 최소 25명이 이라크 군대의 장교 출신들이었다.

이라크 주둔 미군 사령관을 지낸 레이먼드 오디에어노Raymond T. Odierno 장군은 언젠가 〈타임〉과의 인터뷰에서 "애초에 전후 이라크의 상황을 더욱 면밀히 조사하고 이라크 군대를 그대로 유지했더라면 훨씬 좋았을 것이다. … 몇 년간 생고생을 하고서야 이라크 군대를 다시 세울 수 있었다"라고 회고했다.

부시 대통령과 승리한 다국적 군대가 이라크를 '청소'하면서 참조했으면 좋았을 훌륭한 '청소법'이 있었다. 제2차 세계대전 중이던 1941년 영국-이라크 전쟁에서 승리한 영국의 사례였다. 60여 년 전에 그랬던 것처럼 이라크 군대를 다시 훈련시키고 선별적으로 '청소'했더라면, 무엇보다도 ISIS가 등장하지 못했을 가능성이 매우 높다. 아니 최소한 ISIS가 지금처럼 세력을 키우지 못했을 것은 분명하다. 또한 시아 파 이란과 격렬한 전쟁을 치렀던 이라크 군대의 장교들이 되레 이란에게 지원과 군대 지도부를 요청하며 손을 내미는 일은 없을 것이라고 봐도 틀리지 않을 것이다. 하지만 이것이 바로 이라크의 현주소다. 마지막으로, 민족주의 전통을 고수하는 강력한 군대가 있었더라면 사담 후세인이 사라진 이라크에서 새로 등장한 부패 정권을 억제하는 견제 세력으로 존재했을지도 모르겠다. 그랬다면 오늘날 이라크는 훨씬 살기 좋고 평화로운 국가가 되었을 것이고, 이란에 대해 효과적인 균형추 역할을 하고 있을 것이 거의 확실하다. 두려움에서든 복수심에서든, 아니면 반사적 충동에 따른 경솔한 행동 때문이든, 잘 훈련된 이라크 군대는 폐기 처분되었고, 그 대가는 고스란히 이라크 국민의 몫이 되었다. 이라크는 지금까지도 그 대가를 치르고 있으며, 앞으로도 수세대에 걸쳐 계속 대가를 치러야 할지도 모른다.

이 책에서 소개한 것 외에도 인류 역사 전반을 얼룩지게 만들었던 흑역사는 아주 많다. 그런 흑역사가 궁금하다면《100 Mistakes That Changed History》와《Trust Me, I Know What I'm Doing》이 도움이 될 것이다. 이들 책은 인류의 아픈 흑역사를 족집게처럼 꼬집는다. 또한 우리의 흑역사 여행은 2003년에서 멈추었지만, 이후에도 우리 인류의 계산 착오와 오판에 따른 흑역사는 진행형이다. 그리고 인류의 역사가 계속되는 한 훗날 역사학자들이 안타까운 마음으로 돌이켜 볼 새로운 흑역사들은 끊임없이 등장할 것이다. 하지만 최근의 실수들은 크건 작건 아직은 역사라고 부르기에는 극히 시기상조다. 가장 최근의 실수들이 무엇이었는지, 그리고 그런 실수에 대해 누가 책임져야 하는지를 정의하는 것은 정치라는 이름으로 불린다. 게다가 그런 실수 중 일부는 아직도 상처가 아물지 않아, 마음이 너무 아파서 흑역사에 포함시키기가 힘들 것이다. 그래도 희망의 끈을 놓지 말자. 인류 역사 전반에서 세 권의 책을 가득 채울 만큼 많은 흑역사들이 있었지만 인류 문명의 행진은 결코 멈추지 않았다. 지금도 인류 문명의 행진은 계속되고 있다. 이것을 알기에 나는 오늘 밤도 편히 잠을 청할 수 있다.

101가지 흑역사로 읽는 세계사 : 현대 편

초판 2쇄 인쇄 2021년 1월 25일
초판 3쇄 인쇄 2021년 6월 14일

지은이 빌 포셋 외
옮긴이 김정혜
펴낸이 김선식

경영총괄 김은영
책임편집 김상영 **책임마케터** 최혜령
콘텐츠개발8팀 최형욱
마케팅본부장 이주화
채널마케팅팀 최혜령, 권장규, 이고은, 박태준, 박지수, 기명리
미디어홍보팀 정명찬, 최두영, 허지호, 김은지, 박재연, 배시영
저작권팀 한승빈, 김재원
경영관리본부 허대우, 하미선, 박상민, 김형준, 윤이경, 권송이, 김재경, 최완규, 이우철
외부스태프 표지 이인희 **본문** 장선혜

펴낸곳 다산북스 **출판등록** 2005년 12월 23일 제313-2005-00277호
주소 경기도 파주시 회동길 357, 3층
전화 02-702-1724
팩스 02-703-2219 **이메일** dasanbooks@dasanbooks.com
홈페이지 www.dasanbooks.com **블로그** blog.naver.com/dasan_books
종이·인쇄·제본·후가공 상림문화인쇄

ISBN 979-11-306-3390-9 04900
　　　979-11-306-3388-6 （세트）

다산북스(DASANBOOKS)는 독자 여러분의 책에 관한 아이디어와 원고 투고를 기쁜 마음으로 기다리고 있습니다.
책 출간을 원하는 아이디어가 있으신 분은 다산북스 홈페이지의 '투고 원고'란으로 간단한 개요와 취지, 연락처 등을 보내주세요.
머뭇거리지 말고 문을 두드리세요.